KB114785

조선의 뒷담화

일러두기

1. 사건들의 자연스러운 이해를 돕기 위해 한 주제들을 모아 소설 형식으로 풀었음을 말씀드린다.
2. 사건의 실제 기록 출처는 각 이야기 말미에 적어두었다.

실록과 야사의 틈에 기록된
비밀스러운 역사

조선의 뒷담화

김경민 지음

권력 앞에 지조와
의리를 지킬 자 누구인가

챕터

작가의 말

2019년 더웠던 어느 날.

출판사 대표님으로부터 연락을 받았다. 전작《한 손에 잡히는 조선 상식 사전》을 출간하고 2년 만이었다.

"작가님, 일 시작하셔야죠?"

"네, 대표님! 감사합니다."

일을 시작한다는 건 늘 설레고 두렵다. 대표님의 전화를 받고 설레기도 했지만, 글 쓰는 직업에 대해 해를 넘길수록 두려움도 커져갔다. 그만큼 내가 발전을 했을 수도 있고, 그만큼 시대의 흐름에 맞추지 못할까 하는 조바심도 크다.

역사에 관한 또 다른 작업, 전작을 준비하고 집필했을 당시 메모해 두었던 게 있었다. '인물에 대한 양면성.' 사실, 일을 시작해서 두려운 것보다는 새로 작업할 책의 내용이 나를 두렵게 만들었는지도 모른다. 꼭 한번은 다뤄보고 싶었던 주제이기도 하다.

우리가 잘 알고 있는 인물에 대한, 바로 역사 인물들의 뒷이야기였다. 동전에 양면이 있듯 우리가 잘 들여다보지 못했던 역사의 이면을 들여다보는 시간. 이 책은 사람 냄새가 나는 그들의 이야기다.

누구는 여자 때문에 골머리를 썩였고, 누구는 자식 때문에 골치가 아팠고, 누구는 권력을 위해 배신했으며, 누구는 힘을 이용해 살인까지도 저질렀다. 이 책의 내용을 야사라고 말하는 이도 있겠지만,《연려실기술》의 재미난 기록과 사료적 무게를 주기 위해《조선왕조실록》을 주요 뼈대로 삼았다.

작업은 한두 달 모자란 3년 동안 진행되었다. 1차 원고는 너무 딱딱해서 뒤집고, 2차 원고는 너무 가벼워 보여 뒤집었다. 숨도 차고 답답하기도 했다. 그리고 결국 3차 원고에서 나는 나의 스타일을 내세웠다.

나는 소설가다. 조선의 역사를 바탕으로 글을 써오긴 했지만 인문서를 전문적으로 집필해오지는 않았다. 대표님과 상의하여 내가 가장 잘할 수 있는 것을 부각시키기로 했다. 그래서 이 책은 다소 지루할 수 있는 자료들을 소설 형식으로 재탄생시켰다. 그렇게 긴 시간도 짧은 시간도 아니었지만, 세 번 원고를 뒤집은 덕분에 완성도는 높아졌다고 말씀드려본다.

역사는 모두 믿을 게 못 된다. 현재 역사적 자료로 남아 있는 실록(實錄)이나 문집(文集), 일기(日記) 등도 인간이 기록한 것이기에 편파적일 수밖에 없다. 또한 사관(史官)이 그 시대 당시 어느 당파에 속해 있었느냐는 것도 매우 중요한 점이다. 따라서 사료적 근거를 내세워 작업한 이 책도 모두 믿을 것은 못 된다는 소리다. 하지만 요즘 방영하는 드라마에 비하면 조금 더 실제 역사와 가까운 책임은 확실하다.

작가로서, 출판 경기가 좋지 않음을 피부로 느낀다. 마지막 책이라고 생각도 해보았다. 그래서 더 심혈을 쏟은 작품이기도 하다. 아무쪼록 어려운 시기에 출판을 결심하고 진행한 책비 대표님께 감사드린다.

책을 출간하며 늘 바라는 마음이지만 독자분들의 눈에는 쉽게, 마음엔 깊게, 입가엔 미소가, 때론 아픔이 골고루 깃들길 바라본다.

— 바람이 차가운 겨울의 깊은 밤 속에 김경민 적다

차례

2부 왕비와 뒷담화

3부 재상과 뒷담화

너를 품으면 집으로 데려가야 한다 ◎ 이이

◎ 부록 재미로 읽는 야사 속 뒷담화

1부

왕과 뒷담화

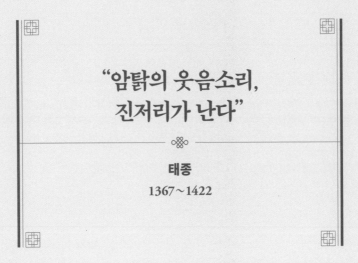

"암탉의 웃음소리, 진저리가 난다"

태종

1367~1422

태종(이방원)은 조선의 3대 임금이다. 태종은 조선을 건국한 태조 이성계의 아들이고, 조선의 두 번째 왕이었던 정종이 그의 형이다.

왕이 되고자 왕자의 난[1]을 일으켰던 태종은 스스로 왕이 되지 않았다. 아버지 태조와 민심을 의식해 자신의 형인 정종을 임시로 왕좌에 앉혔다. 그리고 2년 후, 태종은 왕이 되었다.

태종은 아버지를 조선의 왕으로 옹립하기 위해 정몽주도 처단했다. 〈하여가〉와 〈단심가〉로 유명한 주인공이 바로 태종과 정몽주이다.

태종은 1차 왕자의 난 때 제일 먼저 정도전의 목을 쳤다. 이유는 자신을 조선의 첫 왕세자로 지목하지 않았다는 것이다. 누구도 의심하지 않았던 조선의 첫 세자 자리는 태종의 것이 아니었다. 태조의 두 번째 왕비와 정도전이 태종의 이복형제였던 방석을 세자로 내세웠다.

태조에겐 두 명의 왕비가 있었다.

태종은 그중 첫 번째 왕비인 신의왕후 한씨의 소생이었다. 태조는 두 번째 부인 신덕왕후 강씨로 인해 정치적 입지를 단단히 할 수 있었는데, 태조는 강씨와 혼인한 뒤 주로 그녀와 살았다.

고려 말 태조에게 태종은 든든한 조력자였다. 조선 개국 이후 이복동생에게 세자의 자리를 빼앗긴 태종은 모두에게서 철저

---

1   王子의 亂. 조선 초기, 태조의 왕자들 사이에서 왕위 계승권을 둘러싸고 일어난 두 차례의 난. 1차 왕자의 난으로 정도전과 세자 방석(芳碩), 방번(芳蕃)이 사망했고, 2차 왕자의 난으로 방간(芳幹)과 박포(朴苞)가 사망했다.

히 버림받았다.

그렇다면 유력한 세자 후보였던 태종을 물리치고 자신의 아들을 세자에 올렸던 신덕왕후 강씨의 삶은 어땠을까. 태종은 그의 계모였던 강씨에게 어떤 복수극을 펼쳤을까. 여자에 대한, 대단한 영향력을 가졌던 외척 세력에 대한 반감은 그의 부인에게도, 며느리에게도 화를 입혔다.

❖ 태조의 두 왕비와 가계도 ❖

	첫 번째 왕비	두 번째 왕비
이름	**신의왕후 한씨** • 조선 개국 1년 전 사망하였다.	**신덕왕후 강씨** • 한씨가 버젓이 살아 있는 동안 정식 절차를 밟아 태조의 두 번째 부인이 되었다. • 정2품 벼슬인 찬성사를 지낸 강윤성의 딸로, 그녀의 집안은 이성계의 강화도 회군 때 많은 도움을 주었다. • 여장부 기질이 다분했다.
자녀	1남 진안대군 　　(방우, 조선개국 전 사망) 2남 정종(방과) 3남 익안대군(방의) 4남 회안대군(방간) 5남 태종(방원) 6남 덕안대군(방연, 요절함) 1녀 경신공주 2녀 경선공주	1남 무안대군(방번) 2남 의안대군 　　(방석, 조선의 첫 세자) 1녀 경순공주

여자 때문에
고려를 버리다

조선의 시작은 한낱 기생 때문이었다.
이안사(李安社)는 기생으로 인해 전주를 버리고,
삼척, 의주를 거쳐 원나라에 귀순하게 되었다.

이안사는 전주 출생으로 태조 이성계의 18대 고조부다. 조선 이씨 왕업의 시초는 '목조(穆祖)'로 추존된 이안사 때문이었다. 이안사는 혈기가 뛰어나고 용맹한 사내로, 이십 대까지 전주에서 살았다. 지역에서 두려울 것 하나 없는, 큰 영향력을 가진 집안이었다. 그가 거느리는 식솔과 그를 따르는 가호, 가병²이 많았다. 그래서 함부로 건드는 자도, 건드리려는 자도 없었다.

그런 이안사가 한없이 부드럽고 연약할 때가 있었는데, 바로 연모하는 기생 앞이었다.

---

2   家兵. 권세를 가진 개인이 다스리는 군사

어느 날, 이른 아침부터 이안사가 칼을 빼내 들고 관아로 들이닥쳤다. 얼굴이 붉게 노해서는 건들기만 하면 곧 터질 것 같았다.

"어디 있어, 어디 있느냐고!"

시퍼런 칼을 휘두르며 이안사는 누군가를 찾아 바빴다. 그는 관아의 살림채인 내아(內衙) 마당에서 또 소리를 질렀다.

"산성별감은 썩 나오시오!"

"이러시면 안 됩니다."

이안사를 함부로 막지 못한 관졸들이 쩔쩔 매며 애원했다. 그때 방문이 열리며 저고리와 속바지 차림으로 산성별감[3]이 모습을 드러냈다. 그 모습을 본 이안사의 눈은 돌아가기 직전이었다.

"네, 네놈이…!"

이안사는 신발도 벗지 않은 채 방 안으로 쳐들어갔다. 방엔 기녀 하나가 고개를 숙인 채 흐느끼고 있었다. 여인은 이안사가 사랑하는 기생이었다. 그녀의 얇은 저고리 사이로 드러난 뽀얗고 보드라운 젖가슴이 이안사를 더욱 미치게 만들었다.

이안사가 산성별감에게 칼을 겨누었다.

"일을 하기 위해 내려왔으면 일이나 할 것이지, 이 아이가 누군지 알고 품었더냐?"

이안사가 고래고래 고함을 내질렀다. 산성별감이 목을 뒤로 빼며 대꾸했다.

---

3   山城防護別監. 산성방호별감, 각 도의 산성을 방호하기 위해 파견되었던 임시 벼슬로 산성별감이라 약칭

"무례하다. 이 아이는 한낱 관기일 뿐이다. 관기가 무엇을 하는 아이인지는 그대도 알 터. 칼을 거두지 못할까?"

이안사가 사모하던 기생은 관기였다. 관기는 지방에 새로 부임하는 벼슬아치의 밤 시중을 들어야 했다. 이안사가 사랑한 기생은 뛰어난 미색으로 고을에서도 유명했다. 그래서 너도나도 품고 싶었지만, 너도나도 탐을 내지 못하는 아이였다. 이와 같은 이야기를 전해 들은 산성별감은 일부러 그의 여인을 고집한 것이었다.

"이안사! 이 뭣 하는 짓이더냐?"

그때 마당에서 우레와 같은 소리가 들려왔다. 이안사의 고개가 절로 그곳으로 향했다. 안렴사[4]였다. 안렴사가 다시금 엄히 말했다.

"산성별감은 나라의 명을 받들고 내려온 분이시다. 한데, 이 무슨 경거망동한 짓이냐? 이러고도 살기를 원했더냐?"

이안사가 안렴사를 보며 비웃었다.

"나라에서 명을 받고 내려온 분이라? 계집이나 꿰차고 술이나 마시는 것이 임금의 어명이었소?"

붉으락푸르락해진 안렴사가 말을 더듬거렸다.

"저, 저놈이! 네놈이 정녕 죽고 싶은 것이야?"

"어디 죽여보시든지."

이안사도 지지 않았다. 이깟 관졸들이야 가병으로 휩쓸어버리면 그만이었다. 이안사는 기생의 손을 붙잡아 일으켜 세우고 이내 내아를 벗어났다. 관아의 마당으로 나온 이안사가 기생을 바라보았다. 못난 제

---

4   按廉使. 고려 때 주의 장관

마음이 괜시리 미안했다.

"모두 나의 잘못이다. 너를 어떻게 해서건 관아에서, 기적에서 빼냈어야 했음이야. 처소로 돌아가서 기다리거라. 내 너를 다시 찾아올 것이니."

이대로 도주해도 좋으련만, 관기를 빼내기 위해서는 그 관기를 대신할 아이를 데려가야 했다. 잡히면 이 아이만 목숨이 위태로웠다. 이안사는 급히 관아를 나와 집으로 향했다.

그 시각 안렴사는 지필묵을 내려다보며 절치부심했다.

"감히, 감히 나에게 도전을 했겠다? 네놈이 아무리 대단하다 하더라도, 내 체면을 다시 세우지 못한다면 억울해서 살 수가 없을 것이야."

안렴사가 상소를 쓰기 시작했다. 조정에 군사를 요청하기 위함이었다. 그날 밤, 이안사의 집으로 한 사내가 찾아왔다. 이안사가 심어놓은 관아의 사람이었다.

"조정에서 군대가 내려온다? 나를 잡기 위해서?"

"예. 하오니 속히 이곳을 떠나셔야 합니다. 안렴사가 어찌 조정에 군대를 요청했겠습니까? 산성별감이나 안렴사나 모두 나리를 반란의 주모자로 엮었을 것입니다."

이안사가 서신을 한 장 적어 사내에게 내밀었다.

"그 아이에게 전해다오. 그간 수고 많았다. 내 섭섭지 않게 보상은 할 것이다."

사내가 돌아가고 이안사는 바삐 움직였다. 조금이라도 지체했다가는 끝장이었다. 이미 자신의 동태를 살피기 위해 사람을 심었는지도 몰랐다.

며칠 뒤 이른 새벽, 전주를 떠나기 위한 채비는 모두 끝이 났다. 그러나 이안사가 고향을 버리고서까지 지키고 가지려 했던 기생은 끝내 나타나지 않았다.

그날 이안사를 따라 옮기는 가구는 170호나 되었다. 이안사는 많은 가병과 식솔을 데리고 강릉도의 삼척현에 당도했다. 어른, 아이 할 것 없이 모두 지쳐 있었다.

하지만 그곳에서 터전을 잡으려 했던 이안사의 바람은 물거품이 되고 말았다. 악연이 질겨도 이리 질길까. 전주에서 기생으로 인해 대거리를 놓았던 산성별감이 이번엔 강릉도 안렴사로 임명되었다는 것이다.

"그래, 더 가보자. 나는 절대로 죽지 않을 것이다. 절대로 나의 식솔을 죽게 내버려두지 않을 것이다. 나를 믿고 지금까지 따른 그대들을 위해서라도 꼭 새로운 터전을 마련할 것이야."

이안사는 하는 수 없이 식솔을 이끌고 바다를 건너 함길도의 의주 용주리[5]에 도착했다. 모두 기력이 달려 몰골이 말이 아니었다. 전주를 떠나올 때만 해도 의기양양했던 이안사 역시도 지치기는 마찬가지였다.

그때 쌍성, 영흥에 주둔하고 있던 원나라 산길대왕이 이안사의 소식을 전해 들었다. 산길대왕은 원나라에 귀순하라며 이안사를 부추겼다. 벼슬까지 준다 하니 이안사는 흔들렸다. 어쩌면 거느린 식솔들이 편히 자리를 잡을 수 있는 기회였다. 또한 고려에 남아 있는 한, 안렴사와 산성별감과의 골 깊은 악연은 끝나지 않을 게 분명했다.

결국 이안사는 산길대왕의 회유를 받아들여 원나라에 귀순했다. 그 후 이안사는 알동 땅에 살면서 원나라로부터 5천호소, 즉 5천호를

---

5   지금의 함경남도 원산시

다스리는 다루가치(達魯花赤)가 되었다.

　그렇게 태조의 집안은 대대로 원나라에서 천호의 벼슬을 세습했다. 태조의 아버지 이자춘도 마찬가지였다. 이자춘이 천호가 되었을 때 공민왕이 원나라를 배척하고자 반원정책을 펼치고 있었다. 쌍성총관부가 있던 영흥은 고려에서 꼭 되찾고 싶어 하던 땅이었다.

　이자춘과 이성계는 공민왕과 손을 잡으며 고려에 다시금 진출했다. 그리고 그의 아들인 이성계는 고려를 끝내고 조선을 개국한 첫 번째 왕이 되었다. 여자 때문에 고려를 떠난 이안사로 인해 태조는 조선의 왕이 되었고, 다시금 여자로 인해 그의 아들이었던 태종은 복수의 칼날을 갈게 되었다.

◎ 출처:《태조실록》1권 총서 첫 번째 기사 외,《연려실기술(燃藜室記述)》제1권 태조조 고사본말(太祖朝故事本末) 선계(璿系)

계모의 무덤부터 이장하고
결국 봉분마저 없애다

신덕왕후(神德王后) 강씨(康氏)의 무덤을
사을한[6]의 산기슭으로 천장[7]하였다. 또한 그 봉분을 없애
사람들이 알아볼 수 없게 하였다.

태종은 태조의 첫 번째 부인 신의왕후 한씨의 소생이다. 조선 개국 이후 자신의 아들을 세자로 만든 신덕왕후 강씨는 5년 뒤 생을 마감했다. 세자를 지켜줄 든든한 바람막이가 사라져버린 것이었다.

태종은 그와 같은 기회를 놓치지 않았고 왕자의 난을 일으켰다. 눈엣가시였던 정도전 등을 제거하고 둘째 형님 정종을 왕위에 올렸다. 2년 후, 태종은 그토록 원하던 왕좌를 차지했다.

"내 무던히도 노력을 했었지, 많이도 했었지. 아바마마의 못마땅

---

6   沙乙閑. 지금의 정릉동
7   遷葬. 무덤을 다른 곳으로 옮기는 일

함을 풀기 위해 참으로 많은 노력을 했었지. 아바마마의 후궁들까지도 계급을 올려주며 아첨도 하였지. 그때 보였던 아바마마의 기쁜 안색이 아직도 생생합니다. 한데 아바마마, 이제는 제 어머님과 저의 한을 좀 풀어야겠습니다."

태종이 혼잣말을 해댔다. 그의 얼굴은 꽤나 시원하고도 만족스러워 보였다. 태종 8년 5월 24일 태조가 승하하고 채 1년이 되지 않았다.

"하긴, 그토록 아끼셨던 서자 둘과 서녀, 사위까지 잃었으니 어찌 저를 용서하실 수가 있었겠습니까. 하하, 하하하!"

태종은 왕자의 난 당시 신덕왕후 강씨의 소생인 세자 방석(芳碩)과 방번(芳蕃), 경순옹주의 남편까지 모두 죽였다. 당시 경순옹주는 비구니가 되었는데 태조가 직접 머리를 밀어주었다.

지금 태종은 의금부 대신들과 예조를 한데 모아 분위기를 살피고 있었다. 그들의 눈치를 보는 것이 아니라 원하는 대답을 받고자 겁박하는 범의 형상이었다.

"결론들은 내었는가? 나는 신덕왕후의 능이 성안에 있는 것이 썩 좋지 않다고 여겨진다. 내 굳이 더 이야기를 길게 하지 않아도 무슨 뜻인지는 알 터."

그랬다. 태종의 말처럼 신덕왕후 강씨만 아니었더라면 왕자의 난도, 형제를 죽일 일도, 아버지와의 사이도 그렇게 멀어지지는 않았을 것이다.

지금 태종은 신덕왕후의 능을, 계모의 능을 이장하고자 했다. 예조와 의금부에서 서로 눈치를 보다가 의금부가 먼저 아뢰었다. 이미 이들 또한 태종의 의도를 알고 있었기에 의견을 맞춘 뒤였다.

"옛 제왕의 능묘[8]도 모두 도성 밖에 있는데, 지금 정릉[9]이 성안에 있는 것은 적당하지 못하고, 또 사신[10]이 묵는 관사와도 가까우니, 밖으로 옮기도록 하심이 옳다 보옵니다."

이미 태종은 정릉을 수호하던 군사를 백여 명이나 줄인 상태였다. 그뿐 아니라 원래 능 주변에는 백성이 살지 못하는 법인데도, 정릉 주위 백 보 밖까지 사람들이 들어와 사는 것을 허락했다.

태종이 느긋하게 물었다.

"한데 말이다. 나는 이것으로 족하지는 못하겠다. 내 한을, 내 어머님의 한을 풀기에는 턱없이 모자라구나. 능은 성 밖으로 옮긴다고 하니, 예조에 묻겠다. 능을 옮기고는 어찌해야 하겠는가? 내가 굳이 어머님으로서 대우하여 제사를 지내야 하는가?"

예조가 아뢰었다.

"명나라의 고대 제도를 따져보니 윗대 안릉[11]을 하남 공현으로 옮긴 뒤에 조석전[12]과 삭망제[13]는 지내지 않았고, 다만 봄과 가을 2월과 8월에 제사를 행하였을 뿐이니, 이제부터 신덕왕후의 제사도 이러한 예로서 지내는 것이 어떠하올지 아룁니다."

원래 왕과 왕비의 제사는 크게 정시제(定時祭)와 임시제(臨時祭)로 나뉘었다. 계절에 따라 햇과일이나 곡식 등을 올리는 천신제(薦新祭)도 있었다. 정시제는 봄, 여름, 가을, 겨울의 첫 달에 지내는 제사이다. 임

8　왕과 왕후의 무덤

9　신덕왕후 강씨의 묘

10　使臣. 임금이나 국가의 명령을 받고 외국에 사절로 가는 신하

11　安陵. 조선 태조의 고조모 효공왕후의 능

12　朝夕奠. 장사에 앞서 아침저녁으로 영전에 지내는 제사

13　朔望祭. 종묘나 문묘 따위에서 매달 초하룻날과 보름날에 간략하게 지내는 제사

시제는 나라에 길흉이 있을 때마다 지내는 제사로, 1년에 지내는 제사로만 따져도 엄청난 효를 자랑하는 왕실이었다. 그런 왕실에서 신덕왕후 강씨의 제사를 1년에 두 번만 지내자는 소리였다.

"하면 봄가을 제사에는 2품관을 보내 지내도록 하고 나머지는 정해진 법에 따르라."

신덕왕후의 일은 이것으로 일단락된 줄 알았다. 그러나 계모에 대한 태종의 감정은 생각보다 골이 깊었다. 신덕왕후 강씨의 묘를 이장하고 한 달도 지나지 않았을 때다. 나라에서 중국 사신이 머무르는 태평관 북루를 새로 짓고 있었다. 태평관 감조제조 이귀령(李貴齡)이 태종을 알현했다. 이귀령은 정2품의 참찬이나 태평관 공사로 인해 임시직인 감조제조를 맡고 있었다.

"내 그대에게 긴히 할 말이 있다."

이귀령이 태종의 명을 기다렸다.

"신덕왕후 무덤의 정자각을 헐어 태평관 공사에 쓰도록 하라. 그걸로 누를 세 칸 짓고, 무덤의 건물들을 헐어서 동헌과 서헌을 창건하라. 그리되면 목석(木石)을 구하는 일에 힘을 아끼게 되니 더 좋은 일이 아닌가. 황엄[14]이 일찍이 말하기를 정자 터를 높이 쌓고, 가운데 누각을 짓고, 동쪽과 서쪽에 헌(軒)을 지어놓으면 아름다울 것이라 하였다. 어찌 그의 말을 흘려 넘기겠는가."

기함을 할 일이었다. 황엄의 핑계를 대었지만 신덕왕후 강씨의 묘를 그대로 두지 않겠다는 소리였다. 이귀령이 마른침을 삼켰다. 그러나

태종의 명을 거역할 수도 없었다. 지금 태종 앞에서는 모두가 그저 무사히 퇴직하고, 무사히 집에서 편히 죽기만을 바랐다. 옆에서 같이 듣고 있던 황희마저도 나서지 못했다.

태종이 말을 이었다.

"또한! 정릉의 돌을 운반하여 쓰고, 그 봉분은 자취를 없애 사람들이 알아볼 수 없게 하는 것이 좋겠으며! 석인[15]은 땅을 파고 묻는 것이 좋겠다."

황희와 이귀령의 입이 절로 벌어졌다. 이와 같은 일은 있을 수가 없었다. 그럼에도 두 사람은 어떠한 진언도 올릴 수 없었다. 태종의 언행은 바람 한 점 들어갈 틈도, 바늘 하나 들어갈 틈조차 없었다. 태종은 자신의 의지를 표정으로 대신하고 있었다.

그렇게 태종은 신덕왕후 강씨의 무덤을 사을한의 산기슭으로 천장했다. 또한 그 봉분을 없애 사람들이 알아볼 수 없게 했다.

일은 여기서 끝나지 않았다. 1년이 지나 많은 비가 내렸다. 광통교의 흙다리가 비만 오면 무너져 내려 이로 인해 백성들이 죽었다. 하여 광통교의 다리를 돌다리로 개축하자는 의견이 나왔다. 광통교 다리 공사에 쓰일 돌 또한 신덕왕후 강씨의 무덤에서 가져오자는 것이었다.

이때부터 능의 주인은 잊었고, 200년이 지난 후에야 송시열(宋時烈)에 의해 종묘에 배향되었다. 묘를 찾을 당시 누구도 그곳의 무덤이 왕비의 능이었을 것이라고는 상상조차 하지 못했다고 한다. 우거진 쑥

---

15 石人. 무덤 앞에 세우는 돌로 만든 사람의 형상. 왕릉이나 지체 높은 사람의 무덤 앞에 세우며, 문석인·무석인·동자석 따위가 있다.

대밭 속에 산짐승이 깃들고 계절에는 나무꾼과 목동들의 길이 되어 있었으니.

능을 봉하고 제사를 베풀던 날에 소낙비가 정릉 일대에 쏟아졌는데, 백성들은 신덕왕후 강씨의 원한을 씻는 비라고 하였다.

—《현릉행장》

* 출처: 《태종실록》 11권 6년 5월 2일 기사, 15권 8년 5월 24일 기사, 17권 9년 2월 23일 기사, 17권 9년 4월 13일 기사, 20권 10년 8월 8일 기사, 《해동악부(海東樂府)》, 《현릉행장(顯陵行狀)》

처음엔
질투가 시작이었다

정비의 투기는 더욱더 심해만 갔다. 임금이 권씨[16]를
예로써 맞아들이려고 하니, 원경왕후 민씨가 식음을 전폐하였다.

태종의 부인은 원경왕후(元敬王后) 민씨이다. 여흥부원군(驪興府院君) 민제(閔霽)의 여식이었는데, 민제는 태종의 스승이었다. 태종은 스승의 집을 드나들며 자신보다 두 살 많은 원경왕후 민씨와 결혼했다. 당시 민씨의 나이 열여덟이었다. 민씨는 태종이 왕위를 차지하기 위해 난을 일으켰을 때, 그에게 직접 갑옷을 입혀줄 만큼 여장부였다.

그런 민씨도 아녀자였다. 태종은 왕이 되기 전 사저에 있었을 당시 민씨의 몸종을 탐해 첩으로 두고 있었다. 바로 후궁 효빈 김씨였다.

"어찌 이리도 늦장을 부리시는 것인지."

16 　權氏. 태종의 후궁

민씨가 짜증을 내었다. 민씨는 지금 친정어머니인 대부인(大夫人) 송씨를 기다리는 중이었다.

왕이 된 이후로 태종은 계속해서 후궁을 들였다. 민씨도 어느 정도는 그 뜻을 알았다. 태조의 계비 신덕왕후 강씨를 보아왔고, 그녀의 외척 세력을 태종은 경계했었다. 민씨의 표정이 갑자기 서운하면서도 화난 모습이 되었다.

"하면 지금, 전하께서 우리 집안을 경계하신다? 하여, 후궁을 자꾸만 들이는 것이란 말인가? 아니야, 아니야. 그분은 계비였고, 나는 정비이다. 나의 아드님이 세자에 계시거늘, 아버님께서 어찌 전하를 도우셨는데… 결코 그럴 분은 아니니라."

그때 민씨의 어머니인 송씨가 들었다. 송씨가 예를 갖추기도 전에 민씨가 바삐 말했다.

"어찌 이리 늦으신 것입니까? 기다리다 속이 다 타는 줄 알았습니다."

자리에 앉는 송씨의 얼굴도 편치는 못했다. 여식이 어떤 연유로 자신을 입궐하라 청했는지 알고 있었다. 아니나 다를까, 송씨가 자리에 앉자마자 원경왕후 민씨는 속내를 털어놓기 바빴다.

"어머니, 이것이 말이 되는 일입니까? 또 후궁이라니요. 또 후궁을 보다니요. 전하께서 제 마음을 누구보다 더 잘 아실 것이 아닙니까? 전하의 어머님을 두고 버젓이 또 혼례를 올리신 선대왕을 전하께서도 알고 계시질 않습니까? 전하의 어머님은 화병으로 돌아가신 것이나 다름이 없습니다. 그런데 지금 어찌 제게 이러실 수가 있습니까?"

"마마! 말씀을 삼가옵소서."

대부인 송씨가 얼른 민씨의 입을 막았다. 민씨가 잠시 시선을 돌리며 애써 감정을 추슬렀다.

태종은 성균악정(成均樂正) 권홍(權弘)의 여식을 별궁으로 맞이하기 위해 한창이었다. 그것도 특별히 예까지 갖추니 원경왕후의 속은 이만저만이 아니었다.

"궁빈[17]이 너무 많습니다. 너무 많아서 점점 두렵습니다. 궐 안의 모든 아녀자가 전하의 여자가 아닙니까?"

"마마…!"

송씨가 딸을 안타깝게 바라보았다. 딸은 점점 국모의 선을 넘고 있었다. 작년에도 민씨는 한 궁인을 잡아다가 매를 때려 정비전이 발칵 뒤집혔었다. 태종과 가까이했다는 이유였다. 사내가 되어서 계집 거느리는 것은 민가나 궁궐이나 마찬가지거늘, 민씨는 생각보다 투기가 심했다.

송씨가 딸을 타일렀다.

"마마, 어찌할 수 없는 문제이옵니다. 더군다나 이 나라의 지존이 아니십니까? 작년의 일을 되새기옵소서. 지금 전하께서 후궁을 보신다는 것은 아무래도 마마의 마음을 떠보려 하심이 아닐까 사료되옵니다."

민씨도 짐작은 하였다. 자신이 궁인을 힐책하는 바람에 태종은 아예 교서까지 내려서 빈첩을 더 갖추겠노라 했다. 생각이 그에까지 미치자 민씨가 또 발끈했다.

"그러니까요. 보란 듯 대놓고 후궁을 마구 들이겠다는 소리가 아

---

17 宮嬪. 궁궐 안에서 왕과 왕비를 가까이 모시는 내명부(여자)를 통틀어 이르던 말

닙니까? 어찌, 어찌 제게 이러실 수가 있단 말입니까? 제가 어찌하였습니까? 최선을 다해 도왔습니다. 한데, 또 후궁을 들이다니요. 계집이 그리 좋으면 기방이나 기웃거릴 것이지, 어찌 왕이 되셨답니까?"

"마마!"

놀란 송씨의 입이 절로 벌어졌다. 그럼에도 민씨는 제 가슴을 치며 하소연을 해댔다.

"제가 틀린 말을 하였습니까? 사내의 마음이라 틀릴 것입니까? 다 똑같습니다. 마음은 분산되지 않습니다. 몸은 분산이 되더라도 마음은 어딘가에, 한곳에 매어두겠지요. 저는 그 마음이 싫다는 것입니다."

태종은 후궁 신씨를 매우 총애했다. 또한 보천(甫川)의 기생으로 가무를 잘하기로 유명했던 홍씨 역시 태종의 총애를 얻었다. 왕비가 되면 이따위 투기쯤이야 안으로 삼켜야 한다지만 민씨는 그런 제약조차도 못마땅했다.

그때 태종이 정비전으로 들었다. 장모가 들었다는데 당연히 안부를 물어야 했다. 나인이 태종의 방문을 아뢰자 민씨와 송씨가 동시에 일어섰다. 태종이 구슬주렴을 걷으며 안으로 들었다.

"오셨습니까?"

"예, 전하."

송씨가 예를 갖추며 뒤로 물러섰다. 송씨와 달리 민씨의 낯빛은 좋지 못했다. 싫은 내색을 숨기지 않고 있었다. 그런 민씨가 갑자기 바닥에 주저앉으며 태종의 곤룡포를 부여잡고는 울부짖었다.

"상감께서는 어찌하여 예전의 뜻을 잊으셨습니까? 제가 전하와 더불어 그 어려운 고난을 딛고 국가를 차지하였사온데, 이제 저를 잊음이 어찌 여기에 이르셨습니까? 저는 볼 수가 없습니다. 더는 봐줄 수가 없사옵니다!"

송씨가 얼른 앉으며 민씨를 붙들었다.

"마, 마마! 어찌 이러시는 것이옵니까? 나인들이 보고 있습니다. 모두 듣고 있습니다."

민씨는 송씨의 말을 무시한 채 더욱 악다구니를 쳐댔다.

"어찌 이러시냐고 물었습니다. 전하께서 어찌 제게 이럴 수가 있습니까? 어찌요!"

태종의 표정이 굳어졌다.

"체통을 지키세요. 한 나라의 국모께서 어찌 이런 경박한 행동을 한단 말입니까? 정녕 모르고 하시는 소립니까? 후사가 많아야 입지가 더욱 단단해지는 법입니다. 세력은 나눠야 잘 지탱되는 것입니다. 하나의 외척이 아니라!"

민씨가 벌떡 일어나며 태종을 노려보았다.

"지금 저의 아버님과 저의 남동생들을 뜻함입니까? 저희 집안에서 전하께 어찌하였습니까? 전하께서 어려운 일에 처할 때마다 발 벗고 나섰습니다. 그 보답이 이것입니까? 외척의 힘을 나누시겠다? 저희 집안을 무시하겠다는 말씀이 아니고 무엇입니까?"

태종이 여유롭게 말을 받았다.

"아하! 중전의 뜻은 그 위대한 외척의 힘을 과시하겠다는 말씀인 것입니까? 누구와도 나눠 가지지 않은 채 권력을 행사하시겠다? 마치 그 누구처럼?"

태종이 언급한 이는 다름 아닌 태조의 계비 신덕왕후 강씨였다. 첩을 들이는 일이 외척 세력 문제까지 와전되어갔다. 그러나 이것은 태종도 견제하고 있던 사안이었다. 민씨의 남동생인 민무구(閔無咎)와 민무질(閔無疾)이 세자 양녕(양녕대군을 폐하기 전)을 끼고 그 기세가 하늘을 찔러댔다. 더욱이 양녕대군(讓寧大君)은 어릴 적 민씨의 친정에서 거의 살다시피 했었다.

세자인 양녕이 보위에 오른다면 민씨를 보아도 그렇거니와 왕을 잡아먹고도 남았다. 이는 왕권 강화에 좋지 않은 본보기였다. 더구나 신덕왕후 강씨의 사례를 보면 더욱 그랬다. 세자인 양녕과 가깝다는 이유로 민무구와 민무질에게 뇌물을 바치는 자가 벌써부터 많았다.

태종이 송씨에게 싸늘히 예를 갖추었다.

"살펴 가시지요."

태종이 민씨의 손을 뿌리치며 정비전을 나섰다. 민씨는 자신이 무슨 일을 저질렀는지 알지 못했다. 투기로 불씨를 당겼고, 불은 외척을 제거하는 곳으로 심지가 연결되었다.

태종의 속내를 알지 못한 민씨는 후궁 권씨를 들이는 문제로 결국 식음을 전폐했다. 울음소리가 담을 넘어 초상집을 연상케 했다.

결국 태종은 가례색[18]을 파하고 환관과 시녀 몇 사람으로 하여 권씨를 별궁에서 맞이했다. 민씨는 이 일로 마음의 병까지 얻었고, 태종은 수일 동안 정사를 듣지 않았다.

태종은 왕이 되고 난 후, 모두 9명의 후궁을 두었다. 자녀는 총 12남 17녀, 29명으로 역대 왕 중 자녀를 제일 많이 보았다.

* 출처: 《태종실록》 3권 2년 3월 7일 기사

---

18 嘉禮色. 왕 또는 왕세자의 가례를 담당하던 부서

외척인 처가를
몰살시키다

왕비 민씨의 남동생들을 외방으로 내쳐
끝내는 자결하게 하였다. 네 명의 처남을 모두 죽인 것이다.

"내 세자에게 왕의 자리를 내어줄까 한다."

태종이 백관들에게 말했다. 한순간 충격에 빠진 백관들이 시끌벅적했다.

"전위라니요. 지금 전하께서 그리 말씀을 하신 것입니까?"

"세자께 왕의 자리를 내어준다는 것이 아닙니까?"

"상왕으로 물러나신다는 말씀이신 겁니까?"

백관들이 서로 눈치를 살피며 말을 주고받았다. 태종이 세자인 양녕대군에게 왕의 자리를 내어주고 태상왕이 되겠다고 선포한 것이다.

황희(黃喜)가 백관들을 대신해 아뢰었다.

"전하께서 춘추가 한창이고, 세자께서 성년이 못 되었고, 아직 아무런 변고도 없었는데 갑자기 전위를 하시고자 하니, 신들은 그 이유를 알지 못하겠사옵니다."

"내가 아직 늙지 않음도 알고 있고, 세자가 어린 것도 알고 있다. 그러나 내 마음이 이미 결정되었으니 막지 마라."

급히 하륜(何崙)이 나섰다.

"이제 나라가 겨우 안정되었으나, 전 임금 두 분이 아직 계시온데 전하께서 전위를 하시면 상왕이 세 분이나 계시는 것이옵니다. 이 일을 명나라에서 들으면 무어라 할 것이며, 온 나라의 신하와 백성들 또한 무어라 하겠사옵니까? 말씀을 거두어주옵소서."

태조는 태상왕으로, 두 번째 임금이었던 정종은 상왕으로 전대 왕이 2명이나 살아 있었다. 그러나 태종도 만만치 않았다.

"이미 전왕(前王)이 두 분 계시니, 비록 전왕이 셋이 있은들 무엇이 해롭겠는가? 타인도 아닌 나의 아들이니라. 어찌 불가하겠는가?"

하륜이 다시금 나섰다.

"왕의 자리는 더할 수 없이 귀중한데, 신 등은 이와 같은 일을 받아들일 수 없나이다. 통촉하여 주옵소서."

태종이 백관을 매서운 눈으로 살피며 말했다.

"꼭 오늘 전위하려는 것은 아니다. 그러나 나의 마음은 변함이 없으리라. 경 등은 모두 물러가라."

왕이 되기 위해 수많은 피를 보았던 태종이었다. 그의 갑작스러운 전위 명령으로 대궐 안은 매우 시끌벅적했다. 그렇게 시일이 더 지났다. 태종은 여전히 고집을 부려댔다.

하륜이 태종을 알현했다. 태종이 느긋하게 물었다.

"그들의 동태는 어떠하더냐?"

"모두가 전하의 전위를 말리고자 애쓰는 가운데 그들만이 잠잠하옵니다. 이것이 전하께서 원하던 것이 아니시옵니까?"

태종이 고개를 끄덕였다.

"그래, 미끼를 물긴 문 모양이구나. 아직도 나를 모르다니, 쯧쯧쯧!"

태종은 지금 왕비 민씨의 집안을 쥐구멍으로 몰고 있었다. 태종은 민씨의 오만방자함이 외척 세력, 즉 민무구와 민무질의 권세 때문이라고 여겼다. 역시나 전위 문제가 수면 위로 오르자 모두 반대하고 나섰지만, 유독 민무구 민무질 형제는 반응이 뜨뜻미지근했다. 이들은 양녕대군이 어렸을 때부터 친하게 지냈는데, 지금 세자인 양녕대군이 왕위에 오른다면 모든 권세가 자신들의 것이었다. 그러니 딱히 말릴 이유가 없었다. 더군다나 후궁 문제로 누나인 민씨의 속도 이만저만이 아니었다.

"일을 속히 진행하라."

"예, 전하!"

하륜이 명을 받았다. 태종은 그의 책사 하륜과 함께 이번 일을 철저히 준비해왔다. 전위 문제로 민씨 집안의 의향을 충분히 파악했으니 이제 마무리를 해야 했다.

이숙번(李叔蕃)과 하륜 등이 대신들을 부추기기 시작했다. 그러자 민무구와 민무질의 태도에 죄를 물어야 한다는 상소가 빗발쳤다. 사태는 걷잡을 수 없이 커져갔다. 만에 하나라도 이러한 상황에서 양녕대군이 왕이라도 된다면 전세는 일거에 역전되고 말았다. 그렇기에 민무구, 민무질은 죽음밖에 도리가 없었다.

하는 수 없이 민제(閔霽)가 나섰다. 태종의 장인이자 늙은 스승은 제자 앞에, 사위 앞에 무릎을 꿇고 읍소했다. 자식들을 살리기 위한 고

육지책이었다.

"전하! 차라리 소신의 두 아들을 지방으로 내쳐주옵소서. 이 늙은 신하가 간절히 바라고 또 바라니 부디 지방으로 내치시는 은혜를 베풀어주옵소서, 전하…."

태종이 민제를 보며 한숨을 내쉬었다. 당시 민제는 병중이었다. 태종이 한발 물러서며 민무구와 민무질을 여흥과 대구로 유배 보냈다.

그러나 1년 뒤, 9월 15일에 민제가 사망했다. 다시 사건은 급물살을 타기 시작했다. 그렇게 민무구, 민무질은 유배에서 영영 돌아오지 못했다. 이들은 태종의 명에 의해 자결했다.

왕비 민씨는 제정신이 아니었다. 태종으로 인해 두 남동생이 억울하게 죽은 것이었다. 이제 그녀에게 남은 혈육은 두 명의 남동생이 전부였다. 신변의 위협을 느낀 두 남동생은 양녕대군에게 외가를 부탁했다. 이것은 또 화근이 되어 이들의 목숨을 앗아갔다. 이들 또한 스스로 자결하라는 명을 받고 목숨을 끊었다.

태종이 명했다.

"그들이 스스로 죄를 알고 잇달아 목매어 죽었으니 이제 이 일은 내버려두고 논하지 마라. 민무구, 민무질, 민무휼, 민무회 등의 처자도 아울러 먼 곳에 안치하라. 민무휼의 자식들은 그 외조부에게 맡기고, 민무회의 자식들은 그 외조부의 처에게 맡기고, 민무구 등의 어린 자식은 친척에게 보내 길가에서 굶주리고 추위에 떠는 일이 없게 하라."

네 명의 처남을 모두 죽인 이 기록은 외척을 경계하고자 했던 태종이 꾸민 사건이었다. 이로부터 2년 뒤 세자였던 양녕대군이 폐위되고 충녕대군(세종)이 그 자리를 대신했다. 왕비 민씨는 폐위 문제가 거론되긴 했으나 폐출되지는 않았다. 폐위 이유는 태종에게 사사로이 한을 품고 불손한 언행을 일삼았다는 것이었다. 민씨는 1420년 7월 10일 수강궁 별전에서 56세로 세상을 떠났다.

과거, 왕비 민씨의 아버지 민제는 그의 아들 민무구에게 항상 이렇게 일렀다고 한다.

"너희는 매우 교만하니 고치지 않으면 반드시 패할 것이다."

* 출처: 《태종실록》 12권 6년 8월 18일 기사, 14권 7년 11월 21일 기사, 16권 8년 9월 15일 기사, 16권 8년 10월 1일 기사, 19권 10년 3월 17일 기사, 22권 11년 9월 4일 기사, 31권 16년 1월 13일 기사

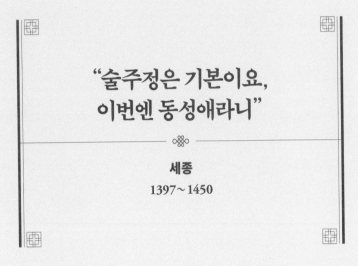

"술주정은 기본이요,
이번엔 동성애라니"

세종

1397~1450

세종은 조선의 4대 임금이며, 태종의 셋째로 태어났다. 첫째 양녕대군이 폐위된 후, 태종의 마음은 둘째 효령대군(孝寧大君)이 아닌 세종을 향했다. 그 때문인지 효령대군은 불교에 빠져들었다. 일설에는 스님이 되었다고도 하지만 스님은 아니었고, 죽을 때까지 불교 발전에 기여했다.

세종을 떠올리면 훈민정음(문자), 측우기(과학), 궁중음악(음악), 야인토벌, 육진의 개척(군사), 농사까지 발전을 이룬 것이 아주 많다. 세종이 명석하고 노력한 덕도 있었을 테지만, 태종이 잘 닦아놓은 길에 여러 인재가 조합을 이룬 시대이기도 했다.

세종은 겨우 7일에 불과했던 관비의 출산휴가를 무려 100일까지 늘려주었다. 그뿐 아니라 그들의 남편에게도 출산휴가를 같이 주었다.

하지만 이 태평성대에도 문제는 있었다. 즉위 초, 아버지의 위엄에 도전하지 못한 무능함으로 평생 부인에게 씻을 수 없는 상처를 준 일과 골칫거리 며느리들이었다.

왕비 심씨의 처가가
몰살당하다

심온은 태종의 명을 받고 스스로 목숨을 끊었다.
심온은 세종의 부인, 즉 왕비 심씨의 아버지였다.

"주상이 아직 장년이 되기 전에는 군사(軍事)에 관한 것은 내가 친히 보고를 받고 판단할 것이고, 또한 국가에 결단하기 어려운 일이 있을 때마다 정부, 육조와 함께 그 가부 또한 나와 의논할 것이니라 하였다."

태종이 편전에 나와 여러 대신들을 바라보며 말했다. 낯빛과 말투에 노기가 반 이상이었다. 태종은 지금 상왕으로 물러나 있었다. 지금의 왕은 태종의 셋째 아들인 세종이었다. 태종의 말인즉, 상왕으로 물러나나 군사 지휘권은 넘겨주지 못하겠다는 소리였다. 아직은 이빨 빠진 늙은 호랑이가 아님을 잊지 말란 경고였다.

태종이 말을 이었다.

"내가 다른 정무는 힘이 드나, 오직 군사에 관한 일만은 듣겠다고 하였다. 한데 어찌하여 병조에서는 한 가지 일도 보고조차 하지 않는 것이냐?"

엎드려 있던 병조참판 강상인(姜尙仁)과 병조판서 박습(朴習)의 얼굴이 하얗게 질렸다. 강상인과 박습이 병조의 일을 세종에게만 보고함으로써 사건의 발단을 만든 것이었다. 더군다나 강상인은 태종 잠저[19] 때부터 그를 도와 원종공신(原從功臣)에 책록된 인물이었다.

"당장 저들을 가두고 그 까닭을 국문하라."

병조참판과 병조판서는 병조의 으뜸가는 벼슬이다. 태종의 명에 의하여 강상인과 박습은 속수무책으로 의금부에 갇혔다. 이때 태종의 사돈이자 세종의 장인인 심온(沈溫)의 동생 심정(沈泟)도 같이 국문을 받게 되었다. 심정의 직책이 중군동지총제[20]였기 때문이었다.

태종은 이들을 본보기로 삼으려 했다. 그러나 이 둘은 생각보다 적이 많았다. 벌금형으로 끝내려던 태종은 형조와 양사의 상소가 그치지 않아 일단 귀양을 결정했다. 그런데 얼마 지나지 않아 심온이 명나라 사신으로 한양을 떠나게 되었는데, 그를 배웅하는 사대부들이 너무 많아서 수레와 말이 서울을 뒤덮을 정도로 위세가 당당했다는 소문이 퍼지게 되었다. 심온은 국구[21]가 되자 직책 또한 영의정으로 승진한 상태였다. 소문은 자신의 처가를 몰살시킨 태종의 귀에까지 전해졌다.

"외척의 기세라. 내 처남들이 어찌하여 모두 죽었는지 벌써 기억에서 잊혔단 말인가? 임금을 두고 외척이라, 왕권이 우선이 되어야 나라가 바로 서는 법."

---

19 潛邸. 나라를 세우거나 임금의 친족에 들어와 임금이 된 사람의, 임금이 되기 전의 시기

20 中軍同知摠制. 지금의 군사령관 격

21 國舅. 왕비의 아버지

이때 병조좌랑 안헌오(安憲五)가 기회를 엿보고 있었다. 안헌오는 원래부터 강상인과 심온, 심정과 사이가 좋지 못했다.

"신이 괴이한 말을 들었사온데, 아무래도 아뢰어야 할 듯하여⋯."

안헌오가 시간을 끌자 태종의 부리부리한 눈이 매섭게 변했다.

"어찌 말을 끊는 것인가?"

"영의정께서 한양을 떠날 때 그를 배웅하는 이가 발에 밟힐 지경이었다는데, 거기엔 모두 이유가 있었사옵니다. 심정이 박습, 강상인과 더불어 말들을 나누기를 이제 어명이 두 곳(태종과 세종)에서 나오게 되었으니, 한곳(세종)에서 나오는 것만 못하다 하였사옵니다."

태종의 눈이 놀라 휘둥그레졌다.

"무어라? 나더러 뒷방으로 물러나 있으라? 이들이 무슨 심보로 이와 같은 말을 지껄였는지 나는 알아야겠다. 당장 이들을 다시금 잡아들여 국문하라."

사건은 걷잡을 수 없이 커졌다. 강상인, 박습, 심정 등이 국문을 당했다. 강상인의 고문은 압슬형이었다. 압슬형은 바닥에 사금파리, 깨진 유리 조각 같은 것을 깔아놓고 죄인을 묶은 채 무릎 꿇린 뒤 무릎 위에 아주 무거운 것들을 올려놓는 벌이었다.

강상인이 압슬형을 견디지 못하고 소리쳤다.

"맞습니다. 군사에 관한 것은 한곳으로 돌려야 한다고 신이 그랬나이다. 심온 역시도 그러했나이다."

태종이 말했다.

"과연 내 들은 바와 같다. 이로써 마땅히 큰 간신(심온)을 제거해야 할 것이다."

그러나 강상인이 이내 소리쳤다.

"고문을 이기지 못해서 그렇게 말하였으니 모두가 거짓이다! 모두가 거짓이니라!"

심정 또한 고문을 이기지 못한 채 형인 심온을 끌어들였다. 그것은 박습 역시도 마찬가지였다. 곧이어 태종이 좌의정 박은(朴訔)과 우의정 유정현(柳廷顯)을 불러 마무리에 박차를 가했다. 박은과 유정현 역시도 심온과 권세를 다투는 터라 사이가 좋지 못했다. 이들은 이번 사건을 기회로 모두가 그를 탄핵하기 바빴다.

태종이 재상들에게 물었다.

"심온은 어떻게 처리할 것이더냐?"

심온은 아직 명나라에 머물고 있었다. 원숙과 이명덕이 등이 아뢰었다.

"심온이 중국으로부터 돌아오지 않았는데 박습 등을 죽인다면 심온에게는 억울한 일이 될 수도 있사오니, 조금 기다리는 것은 어떠할까 하옵니다."

태종이 그들을 잡아먹을 듯 쳐다보았다.

"기다리라? 심온이 비록 돌아오지 않았다 하나 죄상이 이미 드러났다. 그 도당들을 마땅히 극형에 처하여 몸을 찢어서 골고루 오도[22]에 돌려 보이게 할 것이니 곧 의논해서 들이라."

이후 모든 것이 태종의 뜻대로 돌아갔다. 며칠 뒤, 강상인이 수레에 찢겨 죽었다. 박습과 심정 등은 목이 베였다.

세종이 중궁전 마당에 우두커니 섰다. 문밖으로 새어 나오지 못한

---

22 五道. 양광도(楊廣道), 경상도(慶尙道), 전라도(全羅道), 교주도(交州道), 서해도(西海道)

왕비 심씨의 울음소리가 가슴에 비수로 꽂혀 왔다. 세종 또한 눈물을 훔치며 중궁전을 나올 수밖에 없었다. 그러나 태종은 아랑곳하지 않고 명나라에서 돌아오는 심온을 붙잡아 자결할 것을 명령했다.

심온은 의주에서 붙잡혔다.

"이, 이것이 무슨 짓이더냐?"

의주에서 심온을 기다리던 금부진무 이양(李楊)이 말했다.

"전하의 어명이다. 죄인을 즉시 수원으로 압송하여 사사(賜死)하라 하셨다."

그간 무슨 일이 있었는지도 모른 채 심온은 포박되어 수원으로 옮겨졌다. 관아가 점점 더 가까워지자 죄인을 구경 나온 사람들로 발 디딜 틈도 없었다. 어떤 이는 심온을 두고 손가락질했고, 어떤 이들은 그를 안쓰러운 낯빛으로 바라보았다. 쑥덕이는 소리가 그간의 사정을 충분히 말해주었다.

관아 마당에 꿇어앉으며 심온이 자신의 사람을 불렀다. 명나라에서부터 심온을 수행한 집안사람이었다.

"세상사가 이리로 웃기는 것이다. 하루아침에 임금의 장인에서 대역 죄인이 되었으니, 알려라. 대대로 박씨와는 서로 혼인하지 말라는 것이 나의 마지막 유언이다."

'박은! 내 그대가 얼마나 평온하게 천수를 누리고 사는지 지켜볼 것이야.'

이양이 교지를 펼치며 읽었다.

"죄인 심온은 두 임금이자 부자의 효(孝)와 의(義)를 상하게 한 죄를 저질렀다. 그 죄를 참형으로 다스려 마땅할 것이나 한때 국구였음에 예를 더하니 스스로 자결하라."

심온이 자결했다. 피를 쏟아내는 심온의 입술이 허허롭게 웃고 있었다. 심온마저 죽자 세종의 왕비 심씨를 폐위해야 한다는 여론이 일었다. 그러나 자신의 부인처럼 태종은 며느리만은 지켜주었다.

중전 심씨는 세종보다 일찍 세상을 떠났다. 세종은 심씨의 능에 빈석실을 미리 만들어 자신이 죽은 뒤에 합장할 것을 당부했다. 심씨와 세종의 처음 묘는 태종이 있던 대모산이었으나, 예종이 즉위하면서 현재 여주에 있는 곳으로 이장했다. 조선 시대 최초의 합장묘이다.

심씨 집안에서는 심온의 유언을 따라 대대로 박씨와 혼인하지 않았다. 다만, 심륭(沈癃) 한 사람만이 박씨 문중의 사위가 되었는데, 심온의 저주 때문인지 자식을 보지 못했다.

* 출처: 《세종실록》 1권 총서, 2권 즉위년 11월 13일 기사, 2권 즉위년 11월 21일 기사, 2권 즉위년 11월 26일 기사, 2권 즉위년 12월 25일 기사, 《기재잡기(寄齋雜記)》, 《연려실기술》 제3권 세종조 고사본말(世宗祖故事本末) 강상인(姜尙仁)의 옥사 편

세종,
첫 번째 며느리를 폐하다

작년 겨울에 세자빈께서 부인이 남자에게 사랑받는 술법이

있냐고 묻기에 모른다고 대답하였으나, 자꾸만 강요하므로,

하는 수 없이 주술을 가르쳐주었사옵니다.

세종을 모시는 내관이 좌불안석했다. 몹시도 초조한 내관을 보며 세종이 다그쳤다.

"네 무슨 긴한 이야기기에 이러는 것이냐?"

"아뢰옵기 송구하오나, 소문이… 세자빈마마를 둘러싸고 흉흉한 소문이 돌고 있사옵니다."

"세자빈을 둘러싸고 흉흉한 소문이라 하였더냐? 대체 그것이 무엇이기에 네 이러는 것이냐?"

내관이 머리만을 조아린 채 발을 동동 굴렀다. 입방아 찧기 좋아하는 궁녀들이었다. 무엇이든 간에 궐 안에 비밀은 오래가지 못했다.

세종이 버럭 화를 내었다.

"어허! 어떠한 소문이냐고 물었다."

내관이 어렵사리 입을 열었다.

"세자빈마마께서 남녀 간에, 그러니까 사랑을 얻을 수 있는 요상한 방술을…. 그런 소문이 파다하옵니다."

"요상한 방술이라니, 저주라도 하였다는 것이냐? 누구더냐? 이러한 소문의 출처가 어디냐고 물었다."

"휘빈마마의 시녀 호초(胡椒)가 마마의 명으로 민가의 방술을 알려주었다 하옵니다."

세종이 눈을 감으며 손으로 이마를 짚었다. 소문이 파다하다면 변명조차 필요 없는 일이었다. 세자빈의 몸으로 방술이라니. 세종이 명했다.

"가서 휘빈 김씨와 시녀 호초를 잡아오너라."

세종의 첫째 며느리이자 문종의 첫 번째 세자빈은 돈녕부판사 김구덕(金九德)의 손녀이자, 김오문(金五文)의 딸이었다. 김씨는 세종 9년인 1427년에 세자 향(이하 문종으로 칭함)에게 시집와 세자빈에 봉해졌고, 휘빈의 작호를 받았다.

궁인에 의해 휘빈 김씨와 호초가 편전으로 붙잡혀 왔다. 세종이 호초에게 물었다.

"궐에 나돌고 있는 소문을 너도 알 터. 네 정녕 그런 불경한 것을 휘빈께 가르쳐주었더냐?"

호초가 곁눈질로 휘빈 김씨를 보았다. 휘빈 김씨가 고개를 가로저었다. 진실을 아뢰었다가는 자신의 안위도 그렇거니와 친정 또한 풍비박산이 날 것이었다.

세종이 다시금 엄하게 소리쳤다.

"네 감히 어느 안전이라고 말을 아끼는 것이더냐? 바른대로 아뢰지 못할까?"

　호초가 울먹이며 말했다.

　"자, 작년 겨울에 휘빈께서 부인이 남자에게 사랑받는 술법을 묻기에 모른다 하였사옵니다. 그런데도 휘빈께서 강요하시어 여자 종들에게 물어보니, 남자가 좋아하는 부인의 신을 베어다가 불에 태워 가루를 만들어 술에 타서 남자에게 마시게 하면, 이쪽이 사랑을 받고, 저쪽 여자는 멀리하게 된다 하였사옵니다. 하, 하여 두 시녀의 신을 가지고 시험해보는 것이 어떠하겠느냐고…."

　"무어라? 두 시녀라 함은 누구를 뜻함이냐?"

　"효동과 덕금이온데, 세자 저하께서…."

　효동(孝童)과 덕금(德金)은 문종이 좋아하는 궁녀였다. 휘빈 김씨가 엎드려 흐느꼈다. 전부 문종의 잘못이었다. 눈길 한번 주지 않으니, 정답게 한번 안아주질 않으니 그런 방법을 쓸 수밖에 없었다.

　"이것이 투기가 아니고 무엇이냐? 하여, 하여 정녕 신을 베어다가 그 재를 마시게 했단 말이냐?"

　세종의 목소리가 점점 커지고 있었다. 휘빈 김씨가 다급히 고개를 내저었다.

　"아니옵니다, 아니옵니다. 전하! 어찌 감히, 어찌 그런 짓을 하겠사옵니까. 진실이옵니다. 그 진실은 순덕이 잘 압니다. 베어 온 신은 순덕이 가지고 있사옵니다. 마땅히 태울 곳도 없거니와 겁도 나고…. 살려주옵소서, 전하! 살려주옵소서!"

　순덕은 휘빈 김씨가 사저에서 데려온 아이였다. 세종이 호초에게 다시 물었다.

　"이것이 전부더냐? 휘빈의 말이 사실이냐고 물었다."

호초의 눈이 또 휘빈 김씨를 향했다. 거짓을 고했다가는 제 목이 달아날 판국이었다.

"그 뒤로도 휘빈께서 다른 술법은 없느냐며 물으셨습니다. 하, 하여… 두 뱀이 교접할 때 흘린 정기를 수건으로 닦아서 차고 있으면 반드시 남자의 사랑을 받는다고 하였사옵니다. 일러준 두 가지 술법의 전자는 박신의 버린 첩 중가이(重加伊)에게 들었고, 후자는 정효문의 기생첩 하봉래(下蓬萊)에게 전해 들었사옵니다."

세종의 눈이 번뜩이며 휘빈에게 향했다.

"내가 너를, 너의 집안이 명망이 높은 가문이라 하여 세자빈으로 간택하였다. 이것이 실로 명가라고 하는 집안에서 할 짓이더냐? 여봐라, 당장 가서 순덕을 잡아 오너라."

"살려주옵소서, 전하! 아니 아바마마! 살려주시옵소서. 모두가 거짓이옵니다. 억울하옵니다!"

일찍이 순덕은 휘빈 김씨의 약낭[23]에서 잘린 가죽신의 껍질을 발견하곤 숨겨두었었다. 이를 괴이하게 여겨 호초에게 물어 그 자초지종도 알고 있던 터였다. 순덕이 잡혀 오고 세종의 명으로 증거까지 압수되었다.

세종은 11월 20일 근정전에서 폐빈에 대해 아래와 같이 하교했다.

"뜻밖에도 김씨가 미혹시키는 방술을 쓴 단서가 발각되었다. 내, 그리하여 휘빈 김씨를 쫓아내었다. 종묘에 고하고 김씨를 폐빈

---

23 藥囊. 약을 넣어서 차는 작은 주머니

(廢嬪)하여 서인(庶人)을 삼았으며, 책인(冊印)을 회수(回收)하고 사삿집으로 쫓아 돌려보내어서 마침내 박행[24]한 사람으로 하여금 우리의 가법(家法)을 더럽히지 못하게 하였다. 그의 비위를 맞추어 아첨하여 그로 하여금 죄에 빠지게 한 시녀 호초는 유법과 형벌을 바르게 밝히도록 하였다."

호초는 김씨에게 압승의 술법을 가르쳤다는 이유로 율에 의해 참형되었다.

* 출처:《세종실록》45권 11년 7월 18일 기사, 45권 11년 7월 20일 기사,《연려실기술》제4권 문종조 고사본말(文宗朝故事本末) 소릉(昭陵)의 폐위와 복위

---

24 薄行. 진중하지 못하고 경박한 행동

세종,
두 번째 며느리도 폐출시키다

세자빈 봉씨가 소쌍과 항상 잠자리와 거처를 같이한다고
궁인들이 숙덕거렸다. 소쌍은 궁궐의 여종이었다.

휘빈 김씨가 폐출되고 그해 10월 15일, 문종은 다시금 세자빈을 맞이했다. 봉여(奉礪)의 여식이었다. 봉여의 직책은 그리 높지 않았는데 여식이 세자빈으로 간택되어 이조 참의, 참판 등을 거쳐 정2품인 지돈녕부사(知敦寧府事)까지 올랐다.

세종이 길게 한숨을 내쉬었다. 용상이 꺼질 기세였다. 첫 번째 세자빈을 폐하고 이번에는 두 번째 세자빈까지 폐해야 할 상황이었다.

"딸이 지아비의 사랑을 받지 못해 동성과 사랑에 빠진 것도 모른 채 일찍 죽은 것이 다행이라면 다행이로다."

다행히도 봉여는 석달 전에 생을 마감했다. 하지만 봉여는 세자빈 봉씨가 폐출됨과 동시 고신[25]도 추탈될 것이었다.

세종이 명했다.

"세자빈 봉씨와 소쌍(召雙)을 데려오도록 하라."

소쌍은 세자궁의 궁녀였다. 그러니까 이 궁녀와 세자빈 봉씨가 매일 잠자리를 한다는 소문이 궐에 파다했다. 봉씨 또한 투기가 심해서 승휘 권씨[26]가 회임했을 때도 권 승휘가 아들을 낳게 되면 쫓겨나게 될 것이라는 둥 원망이 끝이 없었다. 그때까지만 해도 세종은 봉씨를 달래주었었다. 그러나 봉씨는 하지도 않은 회임을 했다고 떠벌려놓고는 유산되었다고 거짓말까지 했었다. 문종이 아끼는 아이를 매질하고, 술에 취해서는 궁녀의 등에 업혀 돌아다니기까지 한 것도 모자라 이번엔 동성애라니. 세종이 더는 감싸줄 수 있는 상황이 아니었다.

세자빈 봉씨와 소쌍이 붙들려 왔다. 세종이 소쌍에게 먼저 물었다.

"세자빈이 너와 항상 잠자리를 하는 것이 사실이냐?"

세자빈 봉씨가 땅에 바싹 엎드렸다. 그러고는 소쌍을 보았다.

'아니야, 아니야. 모두 말하면 너도 죽고 나도 죽는 것이야.'

세자빈 봉씨가 소쌍을 향해 고개를 가로저었다. 소쌍이 세자빈 봉씨와 세종을 번갈아 보다가 실토했다.

"지난해 동짓날에 빈께서 저를 불러 내전으로 들어오게 하셨사옵니다. 다른 궁녀들은 모두 지게문 밖에 있었사옵니다. 저에게 같이 자기를 요구하셨는데 이를 사양하였더니 빈께서 윽박을 지르시고 하여…"

세종의 입이 절로 벌어지며 되물었다.

---

25 告身. 조정에서 내리는 벼슬아치의 임명장
26 현덕왕후 권씨, 단종의 생모

"하여?"

"하여 마지못해 옷을 반쯤 벗고 병풍 뒤로 들어갔더니 세자빈께서 저의 나머지 옷을 다 벗기고는 강제로 눕게 하고, 남자와 교합하는 모습을 하며 서로 희롱하였사옵니다."

세종은 기가 막혔다. 세자빈 봉씨가 급히 아뢰었다.

"아니옵니다, 아니옵니다, 전하! 소쌍은 승휘 권씨의 궁녀 단지(端之)와 사랑하는 사이이옵니다. 진실로 저는 아니옵니다. 소쌍은 단지와 항상 붙어 있는데 밤에만 같이 잘 뿐 아니라, 낮에도 목을 맞대고 혓바닥을 빨았사옵니다. 실로 저는 동숙한 적이 없사옵니다."

소쌍이 봉씨를 보았다. 그러곤 곧바로 세종을 향해 하소연했다.

"세자빈의 말씀은 진실이 아니옵니다. 다른 궁녀들에게 여쭈어보옵소서. 빈께서 매번 저에게 '나는 너를 매우 사랑하는데 너는 그다지 나를 사랑하지 않는구나' 하셨는데, 소인은 빈께서 저를 너무 사랑하셔서 그것이 더욱 두렵사옵니다. 또한 단지와는 사랑하는 사이가 맞사오나 빈께서 다른 궁녀를 보내어 함께 놀지 못하게 막았사옵니다. 소인은 실로 억울하옵니다. 맞사옵니다. 세자 저하께 여쭈어보옵소서. 저하께서도 제게 같은 말씀을 물으셨사옵니다."

세자 또한 알고 있는 일이었다. 그렇다면 궐내에 추잡한 소문이 이미 돌고 돌았다는 소리였다.

"다들 물러가라."

소쌍과 세자빈 봉씨가 편전을 나섰다. 문종이 세자빈을 가까이하지 않음을 세종도 알고 있었다. 그래, 세자빈도 외로웠을 것이다. 그러나 봉씨는 문종의 사랑을 노골적으로 얻고자 했다. 문종을 향한 노래를 지어 궁녀에게 부르게 하고, 나이 많은 궁인을 시켜 문종을 자기 처소로 데려오게도 했고, 읽고 있던 책을 집어던지면서 아무에게나 화풀이를 해댔다.

세종이 급히 도승지 신인손(辛引孫)과 동부승지 권채(權採)를 불렀다. 그러고는 내관마저 물리었다.

"내가 복이 없도다. 첫 번째 세자빈을 폐하고, 봉씨를 다시 간택했건만…."

세종이 잠시 말을 끊었다. 이 일을 어찌 설명하고 어찌 처리해야 마땅할지 근심이 태산이었다.

"내가 궁녀들이 서로 좋아하여 동침을 한다고 해 궐내에 금령을 엄하게 내려 그 풍습이 조금은 줄어들었다. 한데, 세자빈이 이러한 풍습을 본받아 음탕한 짓거리를 하였도다. 옛날에 첫 번째 세자빈을 폐할 때는 내가 젊고 의기가 날카로워 진실을 그대로 내세웠지마는, 지금은 봉씨가 궁궐의 여종과 동숙한 일이 매우 비루하므로 교지에 기재할 수는 없을 것이다. 하니, 우선 성질이 투기로 가득하며, 아들이 없고, 노래를 부른 네댓 가지 일을 범죄 행위로 삼아서 교지를 지어 바치게 하라."

그리해서 신인손이 권채와 더불어 임금의 뜻을 황희, 노한, 신개에게 전달하여 함께 교지의 기초를 마련했다. 그렇게 빈을 폐하는 일을 종묘에 고하고, 봉씨를 폐출하여 서인으로 삼아 집으로 돌려보냈다.

* 출처: 《세종실록》 75권 18년 10월 26일 기사, 《연려실기술》 제4권 문종조 고사본말 소릉의 폐위와 복위

세 번째 며느리는
요절했다

**하룻밤에 세조가 자다가 꿈을 꾸었는데 현덕왕후가
발칵 성을 내며, "네가 죄 없는 내 자식을 죽였으니,
나 또한 네 자식을 죽이겠다. 너는 알아두어라." 하였다.
세조가 놀라서 일어나니 세자가 숨을 거두었다.**

첫 번째, 두 번째 세자빈을 모두 폐한 세종은 새로 세자빈을 들이기가 두려웠다.

세종이 문종과 마주했다.

"다시금 세자빈을 들이는 것보다는 지금 있는 두 후궁 중에 한 사람을 골라 뽑는 것은 어떠하겠느냐?"

두 후궁이란 권 양원[27]과 홍 승휘[28]를 말함이었다. 문종이 아뢰었다.

"아바마마의 의중을 따르겠사옵니다."

27　良媛. 세자궁에 속한 종3품 내명부의 품계, 세자의 후궁
28　承徽. 세자궁에 딸린 종4품 내명부의 품계, 세자의 후궁

세종이 안타깝게 문종을 보았다. 문종이 아끼는 아이는 홍 승휘였다. 하지만 세종은 또 알고 있었다. 세자빈의 자리에 누구를 앉혀야 하는지. 사실 문종의 의견은 그리 중요치 않았다. 그래도 문종이 두 사람 중 어느 한 사람을 천거한다면, 자신의 마음을 내비친다면 존중할 의사는 있었다. 한데도 문종은 자신의 소신을 아꼈다.

세종이 말했다.

"하면 나는 권 양원이 적당하다고 생각하느니라."

"예, 아바마마."

권씨는 권전(權專)의 딸로, 열네 살에 세자의 후궁으로 간택되면서 궐 생활을 시작했다. 생각이 깊으며 희로애락이 표정에 드러나지 않는 조신한 아이였다. 어른을 공경할 줄 알았으며, 입도 무겁고 정도 많았다. 실제로 세종은 권씨가 아주 흡족했다. 권씨는 세종에 의해 세 번째 세자빈이 되었다.

그러나 문종의 세 번째 부인도 자리를 오래 지키지 못했다. 권씨가 왕손을 잉태했는데 왕자(단종)를 탄생시키고는 산후병으로 이틀 만에 죽었다. 세종은 매우 슬퍼하며 수라까지 들지 않았다. 세 번째 부인까지 떠나보낸 문종은 더는 부인을 두지 않았다. 문종이 보위에 오르고 권씨는 왕비로 추봉되었다.

세월이 흘러 권씨가 낳은 단종이 보위에서 쫓겨났다. 수양대군이었던 세조가 어린 조카를 몰아내고 왕위를 찬탈한 것이었다. 그쯤 밤중에 자꾸만 여인네의 울음소리가 들려왔다. 울음은 며칠 동안이나 계속되었는데, 바로 현덕왕후 권씨의 무덤에서 나는 소리였다. 울음소리는 차츰 사람의 목소리로 바뀌어갔다.

"내 집을 부수려 하니 나는 장차 어디로 가서 의탁할꼬."

밤이면 밤마다 구슬피 울어대는 현덕왕후 권씨로 마을이 시끄러웠다. 사내가 능 쪽을 바라보며 말했다.

"대체가 어찌 저리 서글프게 우시는지 모르겠소."

"아이고, 단종께서 쫓겨나시고 서글피 우는 것도 당연하지 않소? 삼촌이 조카를 몰아내고 왕이 되었는데 죽이기까지 하지 않았소? 어찌 억울하지 않겠소?"

"한데 어째서 집을 부수려 한다고 우시는지 모르겠소?"

"이보오, 아들이 죄인으로 폐서인이 되었으니 누가 장차 왕후의 능을 돌보겠소? 그리하시니 우는 것이 아니겠소?"

마을 사람들이 모두 쑥덕거렸다. 그러는 사이 세조가 꿈을 꾸었다. 꿈속에 현덕왕후 권씨가 나타나 섬뜩하리만큼 크게 성을 내었다.

"네가 죄 없는 내 자식을 죽였으니, 나도 네 자식을 죽이겠다. 너는 똑똑히 알아두어라."

그렇지 않아도 조카를 몰아내고 죽음으로까지 가게 하였으니 세조 또한 하루하루가 편치는 않았다. 하지만 원래 권력이 바뀌면 피를 부르는 법이었다. 쫓겨난 왕을 살려두면 두고두고 후환이 되었다. 다시금 역모를 꾀하지 말라는 법이 없기 때문이었다.

무척이나 놀란 세조가 꿈에서 깨어났다. 땀이 비 오듯 했다.

그런데 얼마 지나지 않아 세자(덕종으로 추존)가 실로 죽었다. 병으로 건강이 좋지 못했는데 단명한 것이었다. 세조가 며칠 전 꿈을 떠올리며 분노에 휩싸였다.

"형수님[29]께서 제 아드님을 데려간 것입니까? 예, 저 또한 이리 당하고만 있을 수는 없지요. 형수님의 아드님께서는 보위를 지킬 힘이 없지 않았습니까? 왜 그 탓을 제게 하시는 것입니까? 형님께서 먼저 승하하시고, 어린 조카님을 낳고 일찍 돌아가신 형수님의 탓이 아니고 무엇입니까?"

그날 밤도 현덕왕후의 무덤에서는 그녀의 원통한 울음소리가 계속되었다. 며칠 후, 말을 탄 사신들이 졸지에 달려왔다. 마을 사람들도 무슨 일인가 싶어 구경에 나섰다. 이들은 현덕왕후의 무덤을 파헤치더니 관을 꺼냈다. 그러고는 관을 무덤 옆에 내팽개쳐 두고 모두 돌아갔다. 마을의 노인이 놀라 물었다.

"이것이 무슨 일인가?"

"아이고, 마마께서 집을 부수려 한다는 말씀이 오늘을 두고 한 소리인가 봅니다."

"해도 해도 너무한 것이 아닌가? 이미 돌아가신 분의 무덤을 파헤치다니, 천벌을 받을 것일세."

관은 노천에 34일간 방치되었다. 그리고 세조의 명에 따라 평민의 예로 물가에 옮겨 묻혔다.

옛 능의 자리가 없어졌으므로 그 자리에 소나 말을 놓아 풀을 뜯게 하는 일이 있었는데, 그러면 갑자기 맑던 하늘이 캄캄해지고 비바람이 쏟아졌다. 하여 그 누구도 현덕왕후의 능 자리에는 가까이 가지 못했다.

그녀의 능은 성종 2년 남효온(南孝溫)의 건의로, 연산군 때 김일손(金馹孫) 등의 건의로, 숙종 25년에 신원이 회복되어 문종 옆에 개장되었다.

---

29 문종의 부인, 세조는 문종의 동생

일찍이 나라 빼앗긴 임금치고 화가 땅속까지 미친 예를 보지 못하였건마는, 우리나라에는 정릉[30], 소릉[31] 두 능이 변을 당하였다.

―《축수편》

* 출처: 《세종실록》75권 18년 12월 28일 기사, 93권 23년 7월 23일 기사, 93권 23년 7월 24일 기사, 《축수편(畜睡篇)》, 《음애일기(陰崖日記)》, 《연려실기술》제4권 문종조 고사본말 소릉의 폐위와 복위

---

30 신덕왕후, 태조의 두 번째 계비
31 현덕왕후 권씨

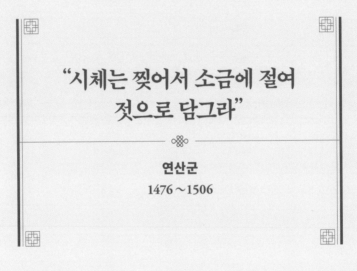

"시체는 찢어서 소금에 절여
젓으로 담그라"

연산군

1476～1506

연산군은 성종의 장남이다. 폐비 윤씨의 소생으로 1476년 11월 6일에 태어났고 이름은 융(㦕)이다. 특이한 점은 생모가 사약을 받고 사사되었다는 것이다. 연산군이 태어났을 당시 폐비 윤씨는 후궁이었으나 곧 왕비로 책봉되었다. 하지만 투기가 심하여 후궁으로 격하되었다가 폐위 후 사사되었다. 윤씨의 죽음에는 연산군의 할머니인 인수대비와 성종의 후궁들도 개입이 되었다.

연산군이 왕 위에 오르고 두 번의 사화가 있었다. 첫 번째 사화는 무오사화였는데, 이때만 해도 연산군의 목적은 삼사를 본보기로 왕권을 강화하기 위한 것이 컸다. 성종 보위 당시 집권을 장악한 것은 훈구파였다. 성종은 사림을 대거 등용해 그들로 하여금 대신을 견제했다. 그런데 이 대간들도 도를 지나치게 넘어 왕까지 좌지우지하려 하자 여간 골칫거리가 아니었다. 그와 같은 광경을 모두 보고 자라온 연산군이었다. 어쨌든 사초를 빌미로 무오사화가 일어났는데 삼사에 대한 첫 번째 경고로써는 성공적이었다.

두 번째 사화는 갑자사화로, 연산군이 생모인 폐비 윤씨의 보복을 위해 일으킨 사화로 많이 알려져 있지만 그렇지는 않다. 연산군은 자신의 생모가 일찍 죽은 사실을 이미 알고 있었다.

첫 번째 사화로 왕권을 되찾은 연산군은 그 힘을 제대로 사용하지 못했다. 왕권과 욕망 사이에서 중심을 잡지 못한 연산군은, 결국 왕권을 욕망을 해소하는 도구로 사용하기 시작했다. 이로써 두 번째 갑자사화에는 대신들 또한 삼사의 편으로 돌아설 수밖에 없었다.

고립된 연산군의 불안한 마음은 분노로 표출되었다. 연산군은 윗사람을 능멸한다는 죄목으로 대거 숙청에 들어갔고, 얼마 지나지 않아 중종 반정으로 쫓겨나게 되었다.

그렇다면 연산군은 처음부터 폭군이었을까?

대게 연산군이 본성을 잃은 것은 윤씨가 폐위된 데 원인이 있는 것이지만 왕위에 처음 올랐을 때는 자못 슬기롭고 총명한 임금으로 일컬어졌다. ─《아성잡기》

부전자전,
어미의 실체를 알다

성종이 종실들을 대하면 반드시 작은 술잔치라도

베풀어 기생과 음악이 따르게 하였다.

세자 연산군이 제법 장성하였다. 연산군이 성종의 거처인 내전에 들었다. 어머니 정현왕후(貞顯王后) 윤씨도 함께 있었다. 연산군이 예를 갖추며 자리에 앉았다.

"긴히 드릴 말씀이 있사옵니다."

성종과 윤씨의 시선이 연산군에게 쏠렸다. 눈빛이 자애로웠다. 성종이 말했다.

"긴히 할 말이 무엇이냐? 무엇인데 세자가 이리도 긴장을 하였을까?"

"소자가 거리에 나가보아도 되겠사옵니까? 거리에 나가 백성들의 사정을 보고 싶사옵니다."

왕도 백성을 살피기 위해 미행을 나섰다. 왕세자라고 해서 예외는 아니었다. 성종이 정현왕후 윤씨를 보았다. 윤씨가 미소를 지으며 고개를 끄덕였다.

"알았다. 하면 나가보거라. 대신 돌아온 후에는 나를 보아야 할 것이다."

"명심하겠나이다. 어마마마!"

얼마 후, 변복을 하고 궐을 나섰던 연산군이 돌아왔다. 성종은 아들의 낯빛을 유심히 살폈다. 무언가 설렌 것도 같고 무언가 두려운 것도 같고, 무언가 슬픈 듯도 했다.

"그래, 네가 오늘 거리에서 무엇을 보았느냐?"

"특별히 기이한 일은 없었사옵니다."

성종이 가만히 고개만 끄덕였다. 그때 연산군이 대수롭지 않게 한 가지를 떠올렸다.

"기이한 일은 아니었으나, 기억에 남는 일이 있긴 하였사옵니다."

"그래? 그것이 무엇이냐?"

"송아지 한 마리가 어미 소를 따라가는데, 어미 소가 소리를 내면 그 송아지도 문득 소리를 내어 응하여 어미와 새끼가 함께 하니 그것이 신비롭고도 조금은 부러운 일이었사옵니다."

성종의 낯빛이 근심으로 어두워졌다. 갑자기 마음이 짠했다. 연산군의 생모는 폐비 윤씨였다. 성종에게는 세 명의 왕비가 있었는데, 첫 번째 왕비는 한명회(韓明澮)의 여식으로 자식 없이 일찍 졸했다. 두 번째 왕비가 바로 연산군의 친모인 폐비 윤씨였다. 그녀는 사약을 받고 죽었다. 당시는 연산군이 어려 그때의 일을 알지 못했다. 때문에 성종의 세 번째 계비인 정현왕후 윤씨를 생모로 알고 자랐다. 정현왕후 윤씨는 중종의 어머니이기도 했다.

"그랬구나, 그랬어. 네 부러울 것이 무엇이냐? 네게도 어마마마가 있질 않더냐?"

"예, 아바마마. 한데 궁금한 것이 있사옵니다. 아바마마께서는 종친들을 모시면 항상 연회를 베풀고 기생을 들이는데, 그럴만한 이유가 있는 것이옵니까?"

성종이 곰곰이 생각에 빠졌다.

"글쎄다…. 친척을 보는데 기쁘지 않다면 그것이 더 이상한 것이 아니더냐? 한데 어찌 묻는 것이냐?"

"늘 아바마마께서 베푸시는 자리에는 술과 음악, 기생이 빠지지 않으니 그것이 당연한 일인가 싶어 여쭙는 것이옵니다."

"태평 시대다. 모두가 같이 즐거워야지."

연산군은 더는 말이 없었다.

예종이 후사 없이 죽자 성종이 왕위에 올랐다. 성종에겐 형인 월산대군이 있었다. 왕위계승 서열 1위를 제치고 장인인 한명회의 권력으로 왕이 되었다. 그래서 성종은 늘 마음 한구석이 미안했다. 하여 항시 형을 만날 때면 의리는 군신이지만 은혜는 곧 형제라고 하였다.

성종 7년에는 문신들을 위한 독서당을 만들었다. 이때도 성종은 기생과 음악을 내려 축하해주었다.

또한 성종은 애주가요, 여인도 사랑했다. 성종은 옥으로 만든 큰 잔에 항상 술을 마셨는데, 한번은 술에 취해 대신들에게 잔을 돌리며 술을 권했다. 종실의 한 사람이 술을 마신 뒤에 술잔을 소매 속에 넣고 거짓으로 땅바닥에 넘어지니 술잔이 깨졌다. 술을 삼가라는 뜻이었다. 다행히 성종도 그 뜻을 알아 죄를 묻지는 않았다.

시간이 흘러, 성종이 하늘의 부름을 받아 생을 마감했다. 이후 연산군이 즉위하고 성종의 묘지문을 쓸 때였다. 이상한 점을 발견한 연산군이 승정원에 물었다.

"판봉상시사(判奉常寺事) 윤기견(尹起畎)란 이는 어떤 사람이냐? 혹시 영돈녕(領敦寧) 윤호(尹壕)를 기견(起畎)라 잘못 쓴 것이 아니냐?"

윤기견은 폐비 윤씨의 아버지였다. 그리고 영돈녕 윤호는 지금의 어머니, 정현왕후 윤씨의 친정아버지였다. 연산군은 외할아버지의 이름을 어찌 잘못 기재했느냐고 묻고 있는 것이었다.

승지들이 서로 눈치를 보며 아뢰었다.

"윤기견은 폐비 윤씨의 아버지인데, 윤씨가 왕비로 책봉되기 전에 죽었사옵니다."

"폐비 윤씨가 왕비로 책봉되었다? 폐비 윤씨가 누구인가? 지금 어마마마의 전 왕비를 뜻함인가?"

"예? 예, 전하…."

연산군도 눈치는 있었다. 승지들의 몸짓이 수상했다. 표정도 수상했다. 연산군은 무언가 불길한 기운을 감지했다. 기억을 굳이 떠올려주는 자 없었지만, 그간 할머니인 인수대비(仁粹大妃)의 행동들과 진성대군(중종)과 자신을 대하던 정현왕후의 시선.

연산군이 넋이 빠진 채 입만을 겨우 놀렸다.

"혹, 혹 말이다. 이 윤기견이란 자가 나의 외조부더냐? 내가 혹여 폐비되었던 윤씨의 소생인가? 말하라. 말해보아라. 어서! 폐비 윤씨는 누구인가!"

"전, 전하의 생모이십니다. 왕비로 책봉이 되었다가 투기가 심하여 선대왕의 용안에 손톱자국을 내었으며, 후궁으로 격하된 후에는 또다시 여러 후궁과 왕비를 저주하는 방술을 써 폐위가 되었사옵니다."

연산군의 얼굴이 하얗게 질렸다. 그가 말을 더듬었다.

"하, 하면… 나는, 나는 어찌 모르고 있었더냐? 이, 일을 할마마마께서도 내게 함구하고 계셨다. 어찌 이럴 수가 있더냐?"

"전하의 춘추 고작 세 살이라, 선대왕께서 모르고 지내는 것이 낫다 하여…."

"모두 물러가라. 모두 물러가!"

연산군이 고함을 내질렀다.

연산군은 이날 처음으로 자신의 생모가 따로 있었으며, 그가 폐위되어 죽었다는 사실을 알았다. 정전에서 꼼짝도 하지 않은 채 연산군은 수라도 들지 않았다.

성종은 대비를 보러 갈 때도 항상 종실들을 불러 후원에서 술을 마시고 활을 쏘았다. 또한 늘 기생과 음악을 따르게 했으니 이것은 태평시대의 좋은 일이지마는, 이를 논하는 이는 아래와 같이 말했다.

연산군이 향락에 즐겨 빠진 것은 성종 때부터 귀와 눈에 배었으므로 그렇게 된 것이다.

* 출처:《연산군일기》4권 1년 3월 16일 기사,《전언왕행록(前言往行錄)》,《오산설림(伍山說林)》

연산군의 여자들
1

연산군의 쾌락은 끝이 없었다.

연산군은 기생을 운평(運平)이라 고쳐 불렀고, 그들 중 대궐 안에 들어온 기생을 흥청(興淸)이라 불렀다. 흥청 가운데서도 임금을 가까이 모시는 기생은 지과흥청(地科興靑), 임금과 잠자리를 한 기생을 천과흥청(天科興靑)이라 했다.

그런데 연산군과 사통한 이는 기생뿐만이 아니었다. 그가 선왕의 후궁과도 음행한 일을 저질렀다는 소문이 파다했다.

연산군이 명했다.

"외명부[32]를 상대로 연회를 베풀 것이다. 다만, 궁중 잔치에 들어오는 이들 중에 미색이 뛰어난 자는 따로 가려 뽑되, 말을 듣지 않을 시에는 단장이 잘못되었음을 지적하고 구석진 방으로 안내하라. 그리고

조선의 뒷담화

옷섶에 사대부 누구의 부인인지 이름을 적게 하라."

이미 사대부의 여인 중에는 연산군에게 몸을 바친 이들이 적잖게 있었다. 연회에 참석한 여인 중 얼굴이 어여쁜 이들은 단장을 구실로 외진 방으로 끌려갔고, 곧 연산군이 그들을 겁탈했다.

판서 윤순(尹珣)의 부인 구씨가 옷매무새를 가다듬었다. 입궐할 당시 갖추었던 치장을 틀린 곳 하나 없이 꼼꼼히 매만졌다.

"무에 두려운 것이 있다고 이다지도 치장에 한창이더냐? 왜? 궐에다 아주 별궁을 하나 주랴?"

구씨가 연산군을 흘겨보았다. 구씨는 연산군과 간통한 지 오래였다.

"소첩 마음은 굴뚝같으나 가문의 체통은 지켜드리고 싶사옵니다. 전하께서도 제게 그와 같은 약조는 하지 않으셨나이까?"

연산군이 조롱 섞인 투로 말을 받았다.

"체통이라? 네 저고리 고름을 풀었을 때, 벗겨져 나간 저고리와 함께 던져진 것이 너희 가문의 체통이 아니었더냐?"

구씨의 바쁜 손길이 멈췄다. 거울 속에서 넋을 놓고 있는 구씨의 표정은 무척이나 메말라 보였다. 체통, 맞는 소리였다. 사대부의 아녀자로 임금에게 몸을 던졌으니 체통이 다 무엇일까. 그러나 죽고 싶지도 않았다. 구씨가 애써 감정을 숨기며 연산군에게 다시금 안겼다.

"저는 영의정을 지낸 구치관(致寬)의 증손녀입니다. 전하께 충심을 바치고 있는 구수영(具壽永)은 또 누구이옵니까? 한데, 제게 그런 말씀

---

32 外命婦. 조선 시대에, 왕족·종친의 딸과 아내 및 문무관의 아내로서 남편의 직품(職品)에 따라 봉작(封爵)을 받은 부인을 통틀어 이르던 말

을 하시다니 소첩, 전하의 뜻을 알고는 있사오나 심히 섭섭하옵니다. 하면, 자결이라도 하오리까?"

"구수영이라… 세종대왕의 막내아들 영웅대군의 사위이자, 그대의 작은아버지가 아니더냐? 그래, 그래. 그자가 내게 많은 여인을 데려오긴 하였지. 너를 본다 하면 네 작은아버지가 이제 그만 여인네를 뽑아 올려야 할 터인데 말이다. 하하! 하하하!"

"전하께서는 참으로 얄궂사옵니다."

구씨가 눈을 흘겼다. 구씨는 아름다웠다. 그런데 귀엽기도 했다. 연산군이 품에서 구씨를 떼어내더니 지필묵을 대령시켰다. 그러고는 무언가를 적더니 내관에게 주었다.

"판서 윤순을 자헌대부(資憲大夫)에 명하노라."

구씨가 황급히 엎드려 고개를 내저었다. 자헌대부는 정2품의 높은 품계였다.

"전하! 너무 과하옵니다. 명을 거두어주시옵소서."

구씨가 애원했다. 연산군이 말했다.

"과거에 급제한 지 이제 5년인가? 빠른 승진이긴 하다만 내 네가 어여뻐 주는 선물이니라."

"전하, 부디 어명을 거두어주시옵소서."

연산군의 표정이 굳어졌다. 기분 나쁜 기색이 명확히 드러났다.

"네 지금 나의 성의를 무시하는 것이냐? 자헌대부로는 모자라다?"

"아니옵니다, 전하! 감히 어찌 그런 생각을 하겠사옵니까. 소첩 너무나 황망하여, 아니 너무나 황송하여 그런 것이옵니다. 성은이 망극하옵니다."

냉랭해진 목소리로 연산군이 말했다.

"윤순을 자헌대부로 명하고 그대는 집으로 돌아가 나의 부름을 기다려라."

"예, 전하!"

구씨가 황급히 방을 나섰다. 가마에 올라 대궐을 나섰지만 사람들의 시선이 일제히 자신에게로 쏠린 듯 편치 않았다. 그렇게 윤순은 실로 과거에 급제한 지 5년 만에 자헌대부가 되었다. 그러나 그가 자헌대부가 된 것은 모두 제 계집을 판 값이라 사람들이 쑥덕거렸다.

연산군의 세상은 오래가지 못했다. 중종반정이 일어났고, 왕이 바뀌었다. 한동안 아무런 탈 없이 지냈던 구씨가 궁 밖으로 쫓겨날 위기에 처했다. 궐 안에서는 윤순의 벼슬 삭탈과 동시에 구씨의 추방을 논의하고 있었다. 소문은 세상을 돌고 돌아 더욱 부풀어졌다. 결코 묻히지 않는 것이 소문이었다.

중종은 세 번째 계비(문정왕후)를 맞기 위한 준비에 한창이었다. 새로이 왕비가 책봉되면 사대부의 모든 부인이 입궁하여 축하의 인사를 올려야 했다. 그와 같은 자리에 구씨를 참여시킬 수 없다는 게 대간들의 뜻이었다. 중종이 명했다.

"좋다. 윤순의 아내 구씨는 영의정 구치관의 증손녀로, 연산군 때에 추잡한 소문이 퍼졌었다. 그 책임을 물어 성 밖으로 추방하노라."

구씨는 결국 도성 밖으로 내쫓겼다. 윤순은 그때서야 부끄러운 소행을 알고는 상심하며 하루하루를 보냈다. 구씨는 모든 식음을 전폐하고 목숨을 끊었다. 윤순 역시도 병이 들어 죽었다.

* 출처: 《중종실록》 20권 9년 3월 15일 기사, 46권 17년 10월 5일 기사, 《국조기사(國朝耆社)》, 《연려실기술》 제6권 연산조 고사본말(燕山朝故事本末)

연산군의 여자들
2

최유회(崔有淮)의 여식은 가야금을 매우 잘 탔다. 얼굴도 고와서 뭇 사대부 사이에 입소문이 돌았다. 그런 최유회의 여식을 탐내는 늙은 사내가 있었다. 성종 대를 지나 우의정을 역임했고, 무오사화[33] 때는 좌의정으로 유자광, 노사신과 더불어 중심에 있었던 한치형(韓致亨)이었다.

최유회가 죄를 얻어 벼슬이 갈리고 죄인이 되었다. 아비가 죄를 얻으면 그의 여식과 부인은 관노가 되기 일쑤였다. 그것도 아니면 공이 있는 대신에게 노비로 하사되었다.

---

33 戊午士禍 또는 戊午史禍. 연산군 4년(1498)에 유자광 중심의 훈구파가 김종직 중심의 사림파에 대해서 일으킨 사화. 4대 사화 가운데 첫 번째 사화로, 《성종실록》에 실린 사초 〈조의제문〉을 트집 잡아 이미 죽은 김종직의 관을 파헤쳐 그 목을 베고, 김일손을 비롯한 많은 선비들을 죽이고 귀양 보냈다.

조선의 뒷담화

한치형이 최유회의 여식 최씨에게 안마를 받으며 물었다.

"불편한 것은 없더냐? 언제든지 말하여 보아라. 내 네게 그 정도는 해줄 수 있느니라."

최씨는 한치형과 잠자리를 하는 사이였지만 그녀의 의복은 노비와 다름없었다. 최씨는 아비가 죄인이 되었으므로 그녀 또한 죄인이었다. 한치형은 그런 그녀를 데려와 자신의 노비와 강제 혼인을 시켰다. 즉, 종놈의 아내로 삼아버린 것이다. 그러고는 마음껏 그녀를 탐했다. 첩으로 들이기에는 보는 눈이 많아 한치형의 부린 잔꾀였다.

최씨는 말이 없었다. 표정에 아무런 감정도 묻어 있지 않았다.

"그래, 말이 너무 많은 것도 좋지는 않지. 그래서 네가 더욱 어여쁜 꽃인 게야."

흡족해하는 한치형의 사랑채로 사람들이 들이닥쳤다. 관졸이었다. 놀란 한치형이 소리쳤다.

"지금 뭐 하는 짓이더냐? 내가 누구인지 몰라 이런 것이야?"

관졸들 사이로 구수영(具壽永)이 모습을 드러냈다. 왕실의 외척이며, 세종의 막내아들인 영웅대군(永膺大君)의 사위였다. 한치형의 눈두덩이 노기로 떨렸다. 어렵게 얻은 여인이지만, 구수영이 모습을 드러냈다면 최씨는 궐로 입궁을 해야 했다. 구수영이 말했다.

"대감께서는 저 아이를 단장하여 입궐할 채비를 하시는 것이 좋겠습니다만."

한치형의 입에서 앓는 소리가 절로 났다. 구수영의 명을 어기는 것은 연산군의 명을 어기는 것과 같았다.

"여봐라! 이 아이를 씻기고 입궐할 준비를 단단히 하여라."

사실, 최씨를 눈독 들이고 있던 이는 구수영만이 아니었다. 최씨에 대한 소문이 떠돌고 있었던지라, 연산군에게 잘 보이려고 풍원위(豊原尉) 임숭재(任崇載)와 고원위(高原尉) 신항(申沆)이 물밑 작업을 하고 있던 중이었다. 그런 와중에 구수영이 선수를 친 것이었다.

최씨가 입궐했다. 연산군은 최씨가 매우 마음에 들어 구수영에게 후한 상을 내렸다. 그뿐이 아니었다. 그녀를 숙의[34]에 봉하기까지 했다.

최씨는 미색이 출중하나 입은 무거웠으며, 웃음이 헤프지 않아 그 속내를 잘 모르겠으니, 그것이 매우 신비로웠다. 그런데 어느 날 갑자기 최씨가 머리를 풀어 헤치고는 통곡을 해댔다. 의복도 하얀 상복을 갖추었다. 연유를 몰라 연산군이 물었다.

"어찌 이러는 것이냐? 무슨 일이라도 있는 것이야? 어찌 상복에, 어찌하여 곡을 하는 것이더냐?"

"전하… 전하…."

연산군은 오늘도 만취된 상태로 술냄새가 매우 역겨웠다. 최씨는 나가고 싶었다. 아니, 아비의 안위를 한 번이라도 확인하고 싶었다. 아비가 보고 싶었다. 이렇게 살다가는 죽어서야 궐을 나갈 수 있을 것 같았다.

한치형의 노비가 된 그때보다 무언가가 더욱 불안하고 힘들었다. 그래, 죽어 나가는 여인들 때문이었다. 죽어 나가는 사람들 때문이었다. 연산군은 제 기분에 따라 사람을 살리기도, 쉽게 죽이기도 했다.

"말을 하라, 초상이라도 난 것이냐? 어허! 말을 하지 못할까?"

"전하! 소첩의 아버지가 병들어 죽었다는 소식을 들었나이다. 하

---

34 淑儀. 조선 시대에, 후궁에게 내리던 종2품 내명부의 품계

니, 소녀를 보내주옵소서. 마지막 가는 모습을 뵙지 못한다면 죽어서도 이 불효를 어찌 다할 것이옵니까?"

"죽었다? 네 아비가 죽었다는 말이더냐? 한데 어찌하여 내게는 보고가 올라오지 않은 것이더냐? 네 거짓을 고하고 있으렷다? 여봐라! 당장 죄인 최유회의 집으로 가보아라. 당장!"

화가 단단히 난 연산군이 내관을 최유회의 집으로 보냈다. 내관이 도착해보니 최유회는 죽지 않고 살아 있었다. 단지 병중이었다.

"숙의마마께서 아마도 병중이신 걸 아신 모양입니다."

내관의 갑작스러운 방문도 방문이었지만, 도통 무슨 말인지 알아들을 수가 없었다.

"그것이 무슨 소리인 게요?"

"마마께서 아버님이 돌아가셨다는 까닭으로 지금 곡을 하고 있습니다."

최유회가 힘겹게 자리에서 일어나 근심 어린 얼굴로 내관을 바라보았다.

"전하께선 심히 노하셨소?"

"숙의마마의 아버님이 돌아가셨다는데 아무런 보고가 올라오지 않았으니, 당연히 노하실 수밖에요."

최유회가 내관의 옷을 붙잡으며 청했다.

"부디, 부디 마마의 안위를 잘 부탁하오."

"그것이 문제가 아닙니다. 거짓을 고하였다고 역정을 내실 전하를 생각하면…."

딸의 목숨이 위험했다. 내관이 자리를 털고 일어나자 최유회도 같이 일어났다. 내관이 방을 나서자 잠시 머뭇거리던 최유회가 뒤늦게 나와 대들보에 긴 무명천을 걸었다. 그것을 알 리 없는 내관이 신을 신고 마당으로 나섰을 때였다.

"나리! 나리!"

다급한 목소리가 들려 내관이 뒤를 돌아보니 최유회가 대들보에 목을 매고 말았다.

다음 날 술에서 깬 연산군이 내관을 불렀다.

"실로 죽었단 말이냐?"

"예, 전하! 숙의마마의 말씀대로 목을 매어 죽었다 하옵니다."

"후하게 장사를 치르도록 하라."

"예, 전하!"

최씨가 망연자실 쓰러진 채로 일어서지 못했다. 그제야 자신의 거짓말에 뼈저린 후회를 할 뿐이었다. 그렇게라도 나가고 싶었던 마음이, 병중에 있다는 아버지를 뵙기 위해 쓴 계책이 결국 아비를 죽게 만들고 말았다.

* 출처:《소문쇄록(謏聞鎖錄)》,《연려실기술》제6권 연산조 고사본말

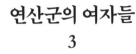

연산군의 여자들
3

월산대군(月山大君)은 연산군의 큰아버지로, 성종의 형이었다. 큰아버지의 부인이자 연산군의 큰어머니인 박씨는 박원종(朴元宗)의 누나이기도 했다. 연산군은 어릴 적 월산대군의 집을 자주 방문했다. 그래서 친분이 남달랐다.

잦은 병을 핑계로 월산대군의 집에서 의탁했던 세자가 어느 정도 장성하여 궁으로 들었다. 연산군은 박씨가 그리웠다. 연산군이 박씨를 궁으로 불렀다.

"백모님! 긴히 청이 있습니다."

연산군의 행실과 그간의 눈길을 알았기에 박씨는 조심스러웠다.

"청이 무엇이옵니까?"

"세자가 궁으로 왔다고는 하나 딱히 믿을 만한 사람이 없습니다.

백모님께서 동궁에 머물면서 보살펴주는 게 어떨까 합니다."

박씨가 시간을 끌었다. 연산군의 명을 거역하면 비극은 자명했다. 남동생인 박원종에게도 원망이 갈 게 뻔했다. 연산군은 외로운 왕이었다. 연산군에게 연민이 아주 없지도 않았다.

"백모님께서 불교를 받들어 대군[35]의 묘 곁에 흥복사를 세워 복을 빌었습니다. 대신들이 하나같이 백모님을 벌하라 할 때 내가 말렸습니다. 그 뜻을 정녕 모르지는 않았을 터. 나는 백모님이 좋습니다. 백모님의 다리를 베고 잠을 청하고 싶습니다. 나의 세상입니다. 나의 발아래 세상이 있습니다. 그 누구도 백모님을 탓할 이는 없을 것입니다."

박씨를 회유하는 듯했지만 연산군의 말투는 단호했다. 이미 그녀의 거처도 마련되어 있었다. 박씨는 대전을 나서며 세자궁으로 모셔졌다.

밤이 깊어지자 연산군이 세자궁에 들었다. 박씨는 말은 아꼈지만 그의 손놀림을 거부하지 못했다. 그로부터 박씨를 대하는 연산군의 태도는 비빈[36]에 가까웠다. 늘 특별한 것으로 치장을 시켰고, 특별한 것을 선물했다.

한 날은 연산군이 흥분한 상태로 박씨를 찾았다. 기분이 매우 좋아 보였다.

"선물이 있습니다."

박씨가 말없이 연산군만을 보았다. 연산군이 말을 이었다.

---

35 월산대군
36 妃嬪. 왕비와 후궁을 아울러 이르는 말

"그대에게 호를 내릴 것입니다. 이제 그대는 승평부 대부인(昇平府 大夫人)입니다."

"전하! 망극하오나 보는 눈들이 많사옵니다. 남 말 좋아하는 입들이 많사옵니다. 하오니 부디 그와 같은 명은 거두어주옵소서."

"사양하면 내 마음이 아픕니다. 세자 모시기를 정성을 다하는데 이 정도도 모자랍니다. 곧 그대를 위한 잔치도 열 것입니다."

연산군이 박씨의 손을 붙잡았다. 그러고는 그녀의 저고리를 벗겨 냈다. 연산군은 은으로 박씨의 도서[37]까지 만들라고 명했다.

새벽녘 연산군이 잠에서 깼다. 그의 몸은 식은땀이 흥건했다. 꿈에 박씨의 남편이자 큰아버지인 월산대군이 나온 것이었다.

"전하! 괜찮으시옵니까?"

"먼저 나가보아야겠습니다."

연산군이 일어나 의복을 갖추고는 서둘러 박씨의 처소를 빠져나갔다. 날이 밝기를 기다려 연산군이 대신에게 명했다.

"쇠로 긴 막대기를 만들라 전하라. 그 쇠막대기를 월산대군의 묘 가운데에 꽂게 하라."

놀란 대신들이 우왕좌왕했다.

"저, 전하!"

"간밤에 해괴한 꿈을 꾸었다. 너희는 내가 악몽에 시달려 죽기를 바라는 것이더냐? 당장 시행하라, 당장."

연산군의 명으로 월산대군의 묘 가운데 쇠막대기를 박았다. 그러

---

37 圖書. 일종의 도장

자 우레와 같은 소리가 진동을 했다. 모두가 혼비백산하여 도망을 놓았다.

그 시각 박씨는 잠시 궁을 나와 집으로 향했다. 대문 앞에는 박원종이 서 있었다. 박원종의 시선은 차갑다 못해 섬뜩했다. 박씨가 대문을 넘자 박원종도 따라 들었다.

"누님!"

대문이 닫히자마자 박원종이 박씨를 불렀다. 목소리가 원망에 가득 차 있었다.

"알고 있다. 그러니 더는 말을 말거라."

"모두 무어라 떠들어대는지 아십니까? 모두 누님을 뭐라 부르는지 아십니까? 후궁이 되신 겁니까? 조카의 노리개가 된 것이냐고 물었습니다. 큰어머니가 조카와…."

"그만하라 하질 않더냐? 욱, 우욱!"

박씨가 손으로 제 입을 막았다. 갑자기 속이 울렁거렸다. 헛구역질이 나왔다. 그러고 보니 몸엣것[38]을 지난달에 거른 듯도 했다.

박원종의 입에서 외마디 비명이 새어 나왔다.

"하!"

박원종의 몸이 휘청거리는 듯하더니 이내 말을 뱉었다. 외려 차분해진 목소리였다.

"자결이라도 하십시오. 그 길 밖에는 방도가 없겠습니다."

박원종이 매몰차게 돌아섰다. 박씨의 눈에서 눈물이 하염없이 흘

---

38 월경

러내렸다. 다음 날 박씨는 싸늘한 시신이 되어 아침을 맞이했다. 그러나 소문은 이미 항간에 파다했다. 연산군의 총애를 받아 잉태하자 약을 먹고 죽었다는 것이었다.

박씨의 남동생인 박원종은 이때부터 반정을 준비했다.

* 출처:《연산군일기》62권 12년 6월 9일 기사, 62권 12년 6월 13일 기사, 63권 12년 7월 20일 기사.
 《연려실기술》제6권 연산조 고사본말

연산군의 여자들
4

생원(生員) 황윤헌(黃允獻)의 첩

생원 황윤헌의 첩은 미모도 빼어나고 가야금을 매우 잘 탔다. 소문을 들은 구수영이 황윤헌의 첩을 빼앗아 연산군에게 바쳤다. 연산군은 이 여인도 매우 사랑했다. 그녀의 웃음소리가 듣고 싶었고, 상냥한 말소리도 듣고 싶었지만 황윤헌의 첩은 아예 말문도, 웃음도 닫아버렸다.

연산군이 명했다.

"여봐라! 당장 황윤헌의 목을 베어라."

화가 난 연산군은 황윤헌을 죽였다. 황윤헌의 첩이 웃음도, 말문도 닫아버린 까닭이 지아비를 잊지 못했기 때문이라고 여긴 탓이었다.

성세정(成世貞)의 상주 기생

성세정이 영남 감사로 있을 때였다. 상주 기생이 어여뻐 그녀를 데리고 한양으로 돌아왔다. 소문을 들은 연산군이 그녀를 취했다. 한 날은 연산군이 그녀에게 물었다.

"너는 성세정이 보고 싶으냐?"

연산군의 성격은 불같았다. 저 질문은 분명 떠보려는 의도였다. 하지만 자신은 기생이었다. 기생에게 그만한 눈치가 없다면 어찌 궁궐에까지 들어와 왕의 총애를 받겠는가. 그녀는 코맹맹이 소리로 교태를 부렸다.

"어찌 그런 마음이 있겠사옵니까? 그 사람이 저를 집에 두었지마는 사나운 아내를 무서워하여 서로 왕래가 없어 저를 외롭게 하고 괴롭혔나이다. 어느 때나 마음이 상하지 않은 적이 없었사옵니다."

연산군이 흡족하게 웃었다.

"그래? 그렇다면 그를 죽이고 싶은 것이냐?"

기생의 웃음이 어색해졌다. 성세정의 목숨이 자신의 손에, 아니 자신의 말 한마디에 달린 것이었다. 죽음을 원치 않는다고 말하면 분명 미련을 운운하며 성세정의 목숨을 해할 게 뻔했다.

"그저 죽이는 것은 통쾌하지 않사오니 반드시 곤장을 쳐서 변방으로 귀양 보내어 갖은 고생을 시킨 뒤에 죽여주시옵소서."

연산군이 기생의 말을 그대로 따랐다. 성세정은 세 번이나 귀양지를 옮겨 다니며 거의 죽을 뻔하다가 중종이 왕위에 오르며 목숨을 건졌다. 그리고 중종 19년 1월 1일 개성부유수(開城府留守)로 졸했다.

꿈 때문에 죽은 기생

연산군에게 총애를 받던 기생이 하나 있었다. 어느 날, 그녀는 자신의 동무에게 지난밤 꾼 꿈에 대해 말했다.

"나 간밤 꿈에 예전 주인을 보았어. 그런데 기분이 좋지 않았지 뭐니?"

"무슨 꿈이었기에 그런 게야?"

"얼굴이 어둑한 게 꼭 죽은 사람 같았어. 그래서 오늘은 기분이 좋지 않아."

하필 이 이야기를 지나가던 연산군이 듣게 되었다. 연산군은 즉시 쪽지를 써서 내시에게 전달했다.

연산군이 꿈 이야기를 꺼냈던 기생과 함께 침소에 들었다. 조금 있으니 나인이 은쟁반을 들고 들어왔다. 기생이 물었다.

"전하, 이것이 무엇이옵니까?"

"열어보겠느냐?"

기생이 얼씨구나, 한껏 들떠 그러겠노라 고개를 끄덕였다. 기생이 연탁 위에 얹힌 은쟁반의 뚜껑을 열었다.

"악! 으악!"

기생의 찢어지는 비명이 궐내로 퍼졌다. 은쟁반 위에는 그녀가 언급했던 전 주인의 머리가 올려져 있었다. 연산군이 재미난 구경거리라도 본 듯 웃었다.

"어찌 그러는 게야? 네 전 주인을 그리도 걱정하기에 데려왔거늘."

연산군은 기생도 아울러 죽였다.

남천군(南川君) 이쟁(李崝)의 처 최씨

"죄인 이유녕(李幼寧)의 집을 곽 숙의(郭淑儀)에게, 권주(權柱)의 집을 남천군(南川君) 이쟁(李崝)에게 주라."

연산 11(1505)년 6월 27일, 연산군이 명했다.

이날 사건의 자초지종은 이러하다. 이쟁이 연산군에게 권주의 집을 하사받은 것은, 그의 아내 최씨 때문이었다. 연산군은 최씨와 간통했는데, 연산군의 총애를 받던 최씨와 이쟁은 한순간 죄인이 되고 말았다. 최씨가 이쟁 몰래 연산군뿐만 아니라 친척인 홍준과도 간통을 해온 것이었다. 그와 같은 사실이 폭로되어 모든 것을 몰수당했다.

* 출처:《중종실록》11권 5년 4월 17일 기사. 20권 9년 3월 15일 기사. 46권 17년 10월 5일 기사.《연산군일기》58권 11년 6월 27일 기사.《장빈호찬(長貧胡撰)》,《황토기사(黃兔記事)》,《연려실기술》제6권 연산조 고사본말

시체는 소금에 절여 젓으로 담근 다음, 온 산과 들에 흩뿌려라

밤에 연산군이 성종의 후궁 엄씨, 정씨를 대궐 뜰에 결박하여
놓고, 손수 마구 치고 짓밟다가 그들의 아들로 직접 치게
만드니 차마 때리지 못하고 흐느꼈다. 왕이 불쾌하게 여겨
사람을 시켜 마구 치며 갖은 참혹한 짓을 하여 마침내 죽었다.

무오사화로 왕권을 찾은 연산군은 그 힘을 제대로 사용하지 못했다. 정사와 욕망 사이에서 중심을 잡지 못했던 연산군은, 결국 왕권을 욕망의 도구로 사용하고 말았다. 쾌락은 이루 말할 수 없이 짜릿했다. 국고는 바닥이 났고 이번에는 대신들과 삼사가 합세하여 간하기 시작했다. 연산군은 이들로부터 철저히 고립되었다.

"그대들이 옳다고 하는 소리는 나를 위함이 아니라, 그대들을 위한 것이 아니냐? 너희의 곳간이 빌까 그것이 걱정인 것이지. 그리고도 너희가 충신이란 말인가? 다시금 나에게 이래라저래라 하는 자들은 모두 능멸의 죄로 다스릴 것이다."

혼자가 된 연산군의 마음은 분노로 표출되었다. 임금을 능멸한다는 이유로 다시금 옥사가 일어났다. 사건은 연산군의 생모였던 폐비

윤씨의 문제로 불씨가 옮겨졌다.

이러한 상황을 이용하려던 임사홍이 연산군에게 아뢰었다. 임사홍의 아들은 예종의 딸에게 장가들었다. 성종은 임사홍이 간악한 인물임을 알고 그를 멀리했다. 이때 임사홍이 연산군을 보고는 울면서 읍소했다. 연산군을 이용해 권세를 잡아보려는 의도였다.

"폐비께서 죽음에까지 이른 것은 엄 귀인 정 귀인, 이 두 사람의 계책 때문이었사옵니다."

엄 귀인과 정 귀인[39]은 성종의 후궁이었다. 폐비 윤씨가 쫓겨나게 된 계기는 이들을 해치려고 방술을 썼기 때문이었다. 그만큼 엄 귀인과 정 귀인 또한 폐비 윤씨와는 원수 사이였다. 폐비 윤씨가 사가로 쫓겨난 과정에 이들의 개입도 컸다.

"내 어머니가 그것들 때문에 쫓겨났다? 내 이년들을! 안양군(安陽君) 이항(李㤚)과 봉안군(鳳安君) 이봉(李㦅)을 당장 잡아들여라. 잡아들인 직후 곤장 80대를 쳐서 후원 뜰로 데려오너라."

이항과 이봉은 귀인 정씨의 소생이었다. 엄씨는 아들을 낳지 못했고 옹주 한 명을 두었다. 연산군이 편전을 나서 후원으로 향했다. 그를 따르는 이들의 손에는 자루와 줄이 들려 있었다. 이미 연산군의 명을 받고 귀인 정씨와 엄씨가 뜰에 끌려 나와 대기 중이었다.

"입에 재갈을 물리고 저년들을 당장 자루를 씌워 포박하라."

정씨와 엄씨는 저항할 시간도 없이 포박되었다. 연산군이 사정없이 그들을 짓밟았다.

---

39 폐비 윤씨 사건 당시 엄씨와 정씨는 귀인이 아니라 두 사람 모두 후궁 품계 종2품인 숙의였다.

"내 어머님께서 사약을 받으셨을 때 이런 기분이셨을까? 아니, 네 년들에게는 사약도 아까우니라. 그러니 고통을 아주 오래도록 즐긴 이후에 죽여줄 것이야. 그것도 아니구나. 내, 네년들이 낳은 자식으로 하여금 죽여줄 것이야."

이어 이항과 이봉이 끌려왔다. 연산군이 이항과 이봉에게 명했다.

"죄인들을 매우 쳐라."

이항과 이봉이 머뭇거렸다. 연산군이 몽둥이를 바닥에 집어 던지며 소리쳤다.

"감히 임금의 명을 어길 것이냐? 오냐! 네놈들이 오늘 죽고 싶은 모양이구나."

이항이 몽둥이를 집어 들었다. 그리고 자루를 힘껏 쳤다. 얼마나 때렸는지 기억도 나지 않았다. 단지 자루 안에서 신음이 흘러나왔는데 아녀자의 소리는 분명했다. 이봉은 몽둥이를 들고선 흐느꼈다. 불길하게도 자루 속의 여인이 자신의 어미일 거란 생각이 떠나질 않았다. 이봉이 바닥에 주저앉으며 흐느꼈다.

연산군이 이봉을 비웃었다. 그러고는 자신을 호위하던 이들에게 명했다.

"자루 속 죄인들을 죽여라!"

명이 떨어지기 무섭게 사내들이 달려들어 정씨와 엄씨를 마구 때리고 짓밟았다. 신음 소리마저 잠잠해지자 연산군 말했다.

"자루에 담긴 죄인은 소금에 절여 젓으로 담근 다음 산과 들에 뿌리도록 하라. 안양군 이항과 봉안군 이봉은 봉(烽)도에 유배하라. 또한 항과 봉의 아내는 이제 이들과 상관없는 자이니 다른 사람에게 시집보내도록 하라."

연산군이 이항과 이봉의 머리채를 움켜잡고 인수대비의 침전으로 쳐들어갔다.

"술을 올려라. 대비마마, 이것이 대비의 사랑하는 손자가 드리는 술잔이니 한번 맛보시오."

인수대비는 연산군의 할머니였다. 윤씨의 폐위 문제에 인수대비 또한 많은 영향력을 미쳤다. 폐비 윤씨는 폐출되고 나서 자신의 잘못을 뉘우치며 성종을 기다렸다. 성종도 마음이 조금은 누그러진 상태였다. 그러나 일을 모두 어그러트린 사람이 있었으니 바로 인수대비였다. 잘못을 뉘우치고 있었던 폐비 윤씨의 행적을 고스란히 거짓으로 꾸며 성종에게 보고한 것이었다. 윤씨는 결국 사약을 받고 죽었다.

인수대비가 부득이하게 잔을 허락했다. 술잔을 비운 인수대비에게 연산군이 물었다.

"술잔을 받았건만 사랑하는 손자에게 하사하는 것이 어찌 없습니까?"

"베, 베 두 필을 가져다주어라."

"대비는 어찌하여 우리 어머니를 죽였습니까?"

인수대비는 말을 아꼈다. 연산군이 다시금 말을 이었다.

"오늘 대비가 사랑하던 두 며느리와 손자들이 어찌 되는지 두 눈 크게 뜨고 꼭 지켜보셔야 할 것입니다."

대비전을 빠져나온 연산군이 이번에는 자순대비 침전으로 향했다. 자순대비는 성종의 세 번째 계비로, 연산군이 친모로 알고 있던 정현왕후 윤씨였다. 다행히 연산군의 왕비 신씨가 구원하여 위태롭지는 않게 되었다.

그로부터 두 달 뒤에 이번엔 귀인 권씨(權氏)의 문제가 또다시 불거졌다. 귀인 권씨는 성종의 아버지 덕종의 후궁이었다. 연산군은 권씨가 귀인 엄씨와 정씨의 일에 관계가 있다 해서 그녀의 봉작을 빼앗고 강등하여 서인으로 삼았다.

권씨는 평소에 불교를 좋아했었다. 연산군은 권씨의 무덤을 파서 관을 열었다. 부관참시[40]를 시키기 위함이었다. 그런데 시체가 없었다. 권씨가 죽자 혜명(惠明)이란 자가 불가의 법에 의해 권씨의 시체를 몰래 태운 것이었다. 무덤에는 시체가 없이 봉분만 있었다. 연산군은 매우 노하여 권씨와 관련된 비구니를 잡아들여 국문했다.

귀인 정씨의 소생인 이항과 이봉은 유배되었다가 곧 죽임을 당했다. 성종의 후궁이었던 귀인 정씨와 엄씨의 시신은 내수사에 맡겨져 소금에 절여졌다. 그러고는 산천에 뿌려졌다.

* 출처: 《연산군일기》 52권 10년 3월 20일 기사, 52권 10년 4월 26일 기사, 《연려실기술》 제6권 연산조 고사본말 갑자년의 사화 중

---

40 剖棺斬屍. 죽은 뒤에 큰 죄가 드러난 사람을 극형에 처하던 일. 무덤을 파고 관을 꺼내어 시체를 베거나 목을 잘라 거리에 내걸었다.

환관 김처선의 부모까지
뭉개버려라

환관(宦官) 김처선(金處善)을 금중(禁中)에서 죽이고, 아울러

그 양자 이공신(李公信)도 죽였다. 다음 날 전교하길,

김처선 부모의 무덤을 뭉개고 석물마저 치우게 하였다.

김처선(金處善)은 문종 때 유배 갔다가 단종 때에 풀려났다. 그때부터 4대 임금을 보필해온 내관이었다. 벼슬도 공이 있어 정2품인 자헌대부에까지 올랐다.

어느 날, 김처선이 옷을 가다듬으며 자신의 양자 이공신(李公信)을 불렀다. 본디 내관은 자식을 낳지 못했다.

"공신아!"

"부르셨습니까?"

"오늘 내 옷매무새가 어떠냐?"

"좋습니다. 어제와 사뭇 다른 듯도 한데, 무슨 좋은 일이라도 있는 것입니까?"

"허허허! 좋은 일이라…. 내 아버님, 어머님을 뵐려나. 그럴 때도

되었지. 내 나이 몇이건만."

늙은 김처선이 웃었다. 여유로운 웃음이었으나 어딘가 모르게 씁쓸해 보이기도 했다.

"공신아!"

"예, 아버님!"

"나는 오늘 살아서 돌아오지 못할 것이다. 뒷일을 잘 부탁하마. 나는 네 분의 임금을 모셨다. 세조께서는 나의 직언을 싫어하셔서 곤장도 많이 맞았었지. 나를 정2품 자헌대부로 봉하신 성종께서도 참으로 좋은 분이셨다. 이제 지금의 임금에게 내 마지막 힘을 쏟을 때가 되었다. 그리라도 선대왕들의 은전에 보답을 하여야겠지."

공신이 벌어진 입을 다물지 못한 채 표정이 굳었다. 지금 아버지는 입궐하여 포악하고 음란한 짓이 극에 달한 연산군에게 쓴소리를 올리겠단 뜻이었다.

공신이 무릎을 꿇었다.

"아니 됩니다. 그냥, 그냥 이리 지내시다가 직에서 물러나 편히 지내십시오. 그리 편히 가십시오. 소자, 이렇게는 보내드릴 수가 없습니다."

"대신만이 충심이 있는 것은 아니다. 나 또한 나라 녹을 먹고 살았다. 그 값은 치르고 가야 하지 않겠더냐? 내 목숨 하나가 무에 중요하더냐? 그러나 지금 임금께선 자신의 잘못을 아셔야 한다. 어찌 임금을 가장 가까이서 모시는 내관이 목숨을 아껴 임금의 전횡을 방관하겠느냐. 나는 살 만큼 살았다."

김처선이 양아들의 어깨를 두어 번 다독이더니 방을 나섰다. 방안에서 이공신의 울음소리가 슬피 들려왔다.

입궐한 김처선이 연산군의 처소에 들었다. 연산군은 한창 처용[41] 흉내를 내며 음란한 짓을 벌이고 있었다. 처소에 앉아 상의를 벗어젖힌 채 기생을 안은 연산군이 고개를 들었다.

"전하!"

연산군이 김처선을 보았다. 귀찮고 못마땅한 표정이었다.

"오늘은 또 무슨 헛소리를 지껄이려고 나를 부르는 것이더냐?"

항시 바른 소리만 해대니 연산군도 김처선에 대한 노여움이 쌓일 대로 쌓인 상태였다. 단지 선대왕들을 모셨고, 아바마마인 성종이 아끼던 인물이라 눈감아줄 뿐이었다.

"이 늙은 소신이 지금껏 복이 많아 네 임금을 섬겼사옵니다. 경서와 사서도 대강 통달하였지마는, 옛날과 지금까지도 전하께서 하시는 악행을 행한 임금은 없었사옵니다. 지금이라도 늦지 않았사오니 옳은 군주가 되옵소서."

연산군이 기생을 쳐다보며 웃어 재꼈다.

"하하, 하하하! 저 늙은 놈이 드디어 노망이 난 모양이로다."

"전하! 부디 승하하신 선왕을 본받으시고 생각하시어 지금에라도… 윽!"

그때 화살이 날아와 김처선의 갈빗대를 뚫었다. 잠시 통증을 다스리던 김처선이 다시금 말을 이었다.

---

41 處容. 설화에 나오는 신라 제49대 헌강왕 때의 기인(奇人). 879년에 왕이 동부를 순행할 때 기이한 생김새와 옷차림으로 나타나 가무를 하며 궁궐에 따라 들어와 급간(級干)의 벼슬을 받았는데, 어느 날 아내가 역신과 동침하는 것을 보고 향가 〈처용가〉를 지어 불러 역신을 물리쳤다는 이야기가 《삼국유사》에 실려 전한다.

"조정의 대신들도… 죽음을 두려워하지 않는데 늙은 내관이 어찌 감히 목숨을 아끼겠사옵니까…. 다만 소신의 걱정은 전하께서 머지않아 임금의 자리를 잃을까… 으윽!"

이번엔 화살이 김처선의 다리에 박혔다. 김처선의 몸이 절로 고꾸라졌다. 연산군이 비웃으며 말했다.

"다시 일어나라. 천하의 김처선이 그깟 화살에 무너지느냐? 일어나 걸어라, 당장."

김처선이 연산군을 쳐다보았다.

"그간 전하의 손에 많은 목숨이 죽었사옵니다…. 한 가지 알려드리니, 전하께서라면 화살을 맞은 다리로 걸을 수 있겠사옵니까? 지금이라도 그들의 아픔을 새기시옵소서…."

연산이 자리에서 벌떡 일어나 단도를 꺼내 들었다. 빠른 걸음으로 김처선에게 걸어간 연산군이 외쳤다.

"이놈을 잡아라. 사지를 붙들고 저놈의 면상을 붙잡아라. 당장!"

모두가 달려들어 김처선의 팔을 뒤로 잡았다. 또 다른 이는 김처선의 얼굴을 붙잡았다. 연산군이 김처선의 입을 벌리더니 혀를 빼고는 단도로 잘라버렸다. 피가 사방으로 튀었다. 얼굴에 피범벅이 된 연산군이 김처선을 향해 비아냥거렸다.

"어디 또 그 요망한 혀를 놀려보아라. 아! 혀가 잘렸으니 이를 어쩌나?"

"아, 아르르… 아르…."

혀가 잘린 김처선은 끝까지 무언가를 고하려 했다. 그러나 피만이 목으로 넘어갈 뿐이었다. 그럼에도 분에 차지 않았던 연산군은 끝내 김처선의 배를 갈랐다. 그리고 창자를 모조리 꺼내어 바닥에 뿌려놓았다.

"이놈의 시체를 범에게 던져주어라. 또한 이놈의 양자 이공신(李公信)도 죽여라. 김처선의 아비 어미의 무덤을 뭉개고 흔적도 없게 하라. 앞으로 김처선의 이름과 같은 자는 모두 고칠 것이며, 조정과 민간에서는 '처(處)' 자의 사용을 금하노라. 어길 시에는 이놈과 똑같이 죽을 것이야."

* 출처: 《연산군일기》 57권 11년 4월 1일 기사, 57권 11년 4월 2일 기사, 58권 11년 6월 16일 기사, 《소문쇄록》, 《연려실기술》 제6권 연산조 고사본말 갑자화적(甲子禍籍) 환관(宦官) 김처선 편

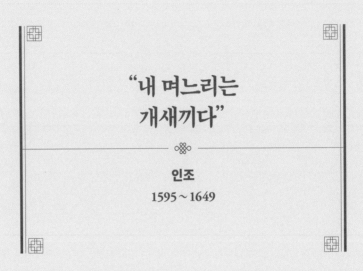

"내 며느리는
개새끼다"

인조
1595~1649

인조는 조선의 제16대 왕이다. 아명은 천윤(天胤)이고, 이름은 종(綜)이다. 선조 28년 11월 7일에 해주에서 태어났다. 15대 왕이었던 광해군을 반정으로 몰아내고 스스로 왕이 되었다. 그래서 정당화되지 못한 반정이기도 했다.

인조는 선조의 다섯 번째 서자인 정원군(원종으로 추존됨)의 장남이다. 인조는 배다른 삼촌을 몰아내고 왕위에 오른 것이었다.

인조의 아버지인 정원군은 아들을 넷 두었는데, 인조와 능원대군(綾原大君) 보, 능창대군(綾昌大君) 전, 능풍군(綾豊君) 명이다. 여기서 주목할 만한 인물이 있는데 바로 인조의 동생 능창대군 이전(李佺)이다. 이전은 광해군에 의해 죽었다. 이전은 신성군(信城君)의 양자이기도 했다. 신성군도 살아생전 왕으로 잠시 지목될 만큼 인품이 남달랐다. 이전 또한 군왕의 자질을 갖고 태어났다는 소리를 종종 들어왔다.

왕의 자리에 위협을 느낀 광해군은 이전을 죽였고, 인조의 아버지인 정원군은 이때부터 화병을 앓다가 죽었다. 능창군 이전의 사건이 '신경옥의 옥사'이다. 사실 이 사건은 왕권 강화가 필요했던 광해군과 당시 정권을 잡고 있던 대북(大北)의 무고로 일어난 사건이기도 했다. 인조는 그 후로 왕의 자리를 준비했다. 어쩌면 처음부터 왕이 되고자 하는 욕심으로 기회를 엿보고 있었는지도 모른다.

정당화되지 못한 반정을 직접 일으켜 왕이 된 인조는 죽을 때까지도 왕의 자리에 연연하며 불행한 삶을 살았다. 그 누구도 믿지 못했던 인조는 자식과 며느리, 손자들까지 모조리 죽였다.

반란을 일으킨 남자,
그 남자보다 더 무서운 대비

인조의 막내아우인 능창군(綾昌君) 이전(李佺)이

무고를 입고 광해군에게 죽으니, 원종대왕[42]이 화병으로 돌아갔다.

광해군은 능창대군(綾昌大君)을 죽이고는 그 집을 빼앗아

궁으로 만들었다.

인조는 아버지의 죽음을 목격하고 스스로 왕이 되고자 준비했다. 광해군은 동생을 역모죄로 옭아매 죽였고, 아버지는 결국 아들을 잊지 못해 화병으로 생을 마감했다.

때는 광해군을 지지했던 대북파가 정권을 잡고 있었다. 이들은 처음 영창대군을 죽이며 서서히 반대파인 소북파와 서인, 남인들의 세력을 제거했다. 인조는 대북파와 광해군에게 반감을 품고 있는 이들을 모으기 시작했다. 그리고 이귀(李貴), 신경진(申景禛), 김자점(金自點), 이괄(李适), 심기원(沈器遠), 이흥립(李興立) 등으로 반정을 일으켰다. 이들

42　인조의 아버지

은 각자 수백 명의 군사를 모아 인조를 호위하고 궐로 향했다.

"광해군은 지금 어디에 있는가?"

인조가 물었다. 이귀가 답했다.

"김자점이 술과 안주를 푸짐하게 준비하여 김 상궁에게 보내었더니 한바탕 연회를 베풀고 있는 모양입니다. 마지막 연회가 될 터이니 흥겹게 놀 시간은 충분히 주지요."

인조가 웃었다. 사실 인조가 왕이 되기 위해 일으킨 반정의 이유는 다소 정당화되기 어려운 것이었다. 광해군은 임진왜란 때 임시로 세자의 자리에 있다가 왕이 되었다. 그런 그에게는 어린 동생이 있었다. 새로운 왕비에게서 얻은 그야말로 적통 왕자였다. 바로 영창대군(永昌大君)이다. 영창대군 3세에 선조는 생을 달리했는데, 광해군에게 영창대군은 지켜야 할 동생이 아니라 적이 되어버렸다.

광해군은 왕권 강화를 위해 어린 영창대군을 죽였고, 영창대군의 생모인 인목대비(仁穆大妃)를 가두었다. 이때 청나라와 명나라는 전쟁 중이었다. 청나라는 피어오르는 불과 같았고, 명나라는 꺼져가는 불씨와도 같았다. 그렇기에 광해군은 청나라의 편도 아닌, 명나라의 편도 아닌 중립을 지키며 훗날을 내다보았다. 이것이 인조의 반정에 기회를 주고 말았다. 광해군의 청나라와의 화친, 즉 오랑캐와의 화친과 인목대비에 대한 패륜적인 행위를 지적한 것이다. 조선은 명나라를 섬기고 있었는데 광해군의 중립 정책에 대의명분을 중요시하는 사대부의 반발도 한몫을 했다.

인조는 아버지의 복수를, 동생의 복수를, 그리고 왕이 되기를 바랐다. 인조는 새벽이 되어서야 궐로 쳐들어갔다. 이미 궐 안에는 국청이 설치되었고, 이이첨 등이 체포되었다.

도승지 이덕형(李德馨)이 인조를 보자마자 엎드려 흐느꼈다.

"원하건대, 전 임금을 보존하여주소서. 전 임금을 살려주소서."

인조를 호위하던 군사 몇이 이덕형을 향해 칼을 겨누었다. 인조가 그들을 저지했다.

"이덕형의 충의는 내 이미 알고 있느니라. 광해군을 잡아 가두고 당장 서궁으로 사람을 보내어 나의 문안을 드리라."

영창대군의 생모였고, 선조의 왕비였던 인목대비는 정릉동 행궁에 갇혀 산 지 오래였다. 반정의 이유가 대비를 폐서인 삼고 서궁에 가뒀다는 명분이었으므로, 인조는 인목대비의 허락을 받아야 왕이 될 수 있었다. 이미 서궁에는 전날 대비를 받들기 위해 유순익(柳舜翼)이 대기 중이었다. 소식을 전해 받은 유순익이 밖에서 대비에게 문안을 드렸다.

"마마! 신 분병조참판 유순익이 인사 올리옵니다."

그런데 방안에서는 인목대비의 싸늘한 목소리가 들려왔다.

"이것이 무슨 일인가? 지금 누구라 하였던가? 10년 동안 깊이 갇혀 있어도 안부 하나 묻는 사람이 없더니, 너는 어떤 사람이기에 밤중에 승지와 사관도 없이 이렇게 직접 아뢰느냐. 공주는 이미 죽어서 담 밑에 묻었다."

자신의 소생인 영창대군이 죽었다. 그나마 같이 있던 공주마저 빼앗길까 하는 인목대비의 저항이었다.

"마마! 그런 것이 아니옵니다. 죄인 광해군이 폐위되고 능양군께서 마마를 구하셨사옵니다."

이번엔 이귀가 나서며 자초지종을 설명했다. 여전히 인목대비의 목소리는 냉랭했다.

"승지는 누구의 명으로 왔느냐? 그러면 이미 스스로 임금이 되었는데 나를 부르는 것은 무엇이냐?"

"대비마마! 임금이 아니옵고 대장이라 일컬었습니다. 어찌 스스로 즉위하겠사옵니까?"

대비가 받아쳤다. 얼굴을 마주하고 있지는 않았지만 말소리가 무언가를 비웃듯 앙칼졌다.

"내가 필요하다 이것이냐? 하면 죄인(광해군)의 부자와 이이첨의 부자와 여러 흉당들의 목을 잘라 모두 달아맨 후에야 궁에서 나가겠다."

이귀가 한숨을 내쉬었다. 억울한 심정은 알겠지만, 이제 살 만한 세상이 왔다는데도 고집이었다. 이귀가 답했다.

"죄인의 부자는 임금으로 있었으니 쉽사리 처치할 수 없사옵고, 이이첨의 무리는 방금 군사를 풀어 찾고 있사오니, 잡아 오면 마땅히 여쭈어 명을 받자와 처단하겠나이다."

"하면 승지를 보내라."

"아직 임금을 책립하기 전이므로 승지를 보낼 수는 없사옵니다."

방안의 대비는 선조에게 시집온 어린 왕비가 아니었다. 인목대비는 아들을 잃고 갇혀 살면서 단단한 바윗덩어리가 되어 있었다. 그랬다. 그녀는 어머니였다. 하나 남은 여식을 지키기 위해서라도 스스로 단단해져야 했다. 인목대비는 이귀가 여러 번을 아뢰어도 꿈쩍도 하지 않았다. 하는 수 없이 이귀가 아들을 시켜 인조에게 친히 올 것을 청했다.

인조가 서궁에 도착하여 무릎을 꿇으며 대죄했다. 인목대비가 분판에 글을 써서 내보였다.

'좋은 대궐에 앉아서 스스로 하면 될 것이지 무에 꼭 나를 청하는가.'

글을 읽은 인조가 말했다.

"마마! 마마는 궐의 으뜸가는 어른이시옵니다. 어찌 그와 같은 어른을 궐로 모시지 않고 이와 같은 곳에 두겠사옵니까? 이는 궐의 어른이신 마마를 받드는 모든 이들에게 죄를 지으라고 하는 것과 같사옵니다."

인목대비는 만만치 않았다.

"하면 옥쇄를 가져오라."

인조와 모두가 당혹스러운 표정이 되었다. 만일 옥쇄를 다른 왕자군(王子君)에게 준다면 인조의 반정은 물거품이 되고 말았다.

이귀가 울부짖었다.

"대비께서는 옥쇄를 받아 장차 무엇에 쓰시려 이러시옵니까? 신의 머리가 부서져도 국보는 들이지 못하겠나이다."

참으로 보통내기가 아니었다. 시간은 점점 흘러갔다. 각자 서로의 고집만을 피우고 있을 때 인조가 박흥구에게 명해 국보를 대비에게 바쳤다. 그제야 대비가 조금은 수그러진 투로 답했다.

"대장이 어찌 나를 의심하는가? 나에게 친아들이나 있는가? 국보를 재촉하여 거두는 것은 국체를 존중하고자 하는 것이다. 능양군을 들이라."

인목대비가 인조의 알현을 허락했다. 이때 모여든 다른 왕자들도 들어가려 하니 김자점이 재빨리 막아섰다.

"이때가 어떠한 때인데 여러 왕자가 함께 들어가려 하십니까."

인목대비가 인조를 보았다.

"나는 여기서 10년을 죽은 듯 그리 살았소. 내 원수를, 내 아드님의 원수를 꼭 갚아주시오. 나는 그 옛날 어린 아들을 지키기 위해 광해군을 왕으로 세웠던 어리석은 아녀자가 이젠 아니오. 그리 알고, 자! 옥쇄를 받으시오."

"성은이 망극하옵니다."

선조 승하 시에 영창대군은 겨우 3세였다. 당시 인목대비는 왕위 계승자로 광해군을 지목했었다. 그런 선택으로 어린 아들이 죽었고 자신은 이곳에서 10년을 넘게 감옥살이를 했다.

인목대비의 눈에서 눈물이 기어코 떨어졌다.

* 출처:《광해군일기》147권 11년 12월 29일 기사,《연평일기(延平日記)》,《연평행장(延平行狀)》,《일월록(日月錄)》

어떻게 차지한 왕좌이거늘,
아들마저 죽인 왕의 자리

"의원 이형익(李馨益)은 사람됨이 망령되어 괴이하고 허탄한
의술로써, 세자께서 한전[43]이 난 이후에는 증세도 판단하지
못하고 날마다 침만 놓았으니 죄를 다스리지 않을 수 없습니다."
이형익은 인조의 후궁 조 소용의 사람이었다.

"저하! 저하? 신첩의 목소리가 들리시옵니까?"

소현세자(昭顯世子)가 힘겹게 강빈(姜嬪)을 보았다. 엷은 미소에 강빈의 심장과 눈물이 내려앉았다. 심양에서 돌아왔지만 인조는 이들을 반기지 않았다.

반정으로 왕을 차지한 인조는 미약한 정통성을 보완하기 위해서 자신의 아버지를 왕으로 추존해야 했다. 당시에 명나라와 청나라는 전쟁 중이었다. 인조가 반정을 한 명분 중에는, 광해군의 중립 정책 중 하나인 청나라와의 화친이었다. 조선은 명나라를 부모의 나라로 섬기고

---

43 寒戰. 오한이 심하여 몸이 떨리는 증세

있었는데, 명나라는 쇠퇴하고 있었다. 반명 청나라는 그 위력을 펼쳐갔다.

"저하와 신첩이 심양으로 가지 않았으면 어땠을까 간혹 그런 생각을 하옵니다. 그랬다면 지금 이와 같은 상황도 없었을 테지요."

명나라는 인조와 그의 아버지를 왕으로 승인했다. 목적이 있는 승인이었다. 청나라와의 전쟁에 군사 지원을 염두에 둔 것이었다. 결국 청나라는 인조가 곱게 보일 리 없었고, 자신의 나라에 우호적이었던 광해군의 폐위 사실을 알고는 정묘호란(丁卯胡亂)을 일으켰다.

힘이 없었던 조선은 청나라와 형제의 맹약을 맺었지만, 여전히 대신들과 인조는 친명적 태도를 보였다. 급기야 인조 14년에 청나라는 대군을 이끌고 쳐들어왔다. 병자호란(丙子胡亂)이었다. 남한산성에 피해 있었던 인조는 군신 관계를 맺으며 청나라에 항복했다.

이때 청나라는 볼모를 요구하였는데, 소현세자와 세자빈 강씨, 인조의 둘째 아들인 봉림대군(鳳林大君)이었다.

강빈이 소현세자에게 또 혼잣말을 해댔다.

"9년의 세월이었사옵니다. 처음 심양으로 볼모가 되어 갈 적에 어쩌나 두려웠던지. 혹 저들이 우리를 죽이지는 않을까, 영영 돌아오지 못하면 어찌하나…. 그런데 이리 돌아왔습니다. 하온데 어찌하여 일어나시질 못하는 것이옵니까?"

소현세자와 강빈은 청나라에서 백성을 살폈고, 청나라와 조선과의 문제를 잘 무마시켰으며, 농사를 지어 재물까지 모았다. 청나라는 소현세자를 상당히 신뢰했다.

반면 인조는 상당히 불안했다. 세자가 돌아왔건만 그를 기다린 건 인조의 냉대뿐이었다. 그리고 두 달 후, 소현세자는 학질이란 병명으로 앓아누워 일어나지 못했다.

"아바마마께서는 무엇이 두려운…!"

소현세자의 팔이 갑자기 강빈의 손을 움켜쥐며 말을 끊었다. 놀란 강빈이 소현세자를 보았다. 소현세자의 눈길이 어딘가를 향했다. 바로 의원 이형익(李馨益)이었다.

지금 인조는 후궁 조 소용(趙昭容)을 매우 총애하고 있었다. 소현세자에게 침술을 행하는 이형익 역시 조 소용의 사람이었다. 이형익은 10년 전 조 소용으로 인해 침을 잘 놓는다는 이유로 궐에 들어왔다. 그리고 소현세자가 입국하기 3개월 전 왕의 특명으로, 인조의 어명으로 다시 서용되었다.

강빈이 고개를 내저었다. 눈물이 또 떨어졌다.

'실로, 실로 아바마마께서 왕의 자리가 불안하시어 저하를, 저하를…. 아닐 테지요, 아닐 테지요. 저하! 신첩은 매우 두렵사옵니다.'

강빈의 속내를 아는지 모르는지 소현세자가 눈을 감았다. 소현세자가 병이 났을 때, 어의 박군이 학질로 진찰했다. 이때부터 인조는 이형익에게 명하여 침을 놓아 열을 내리게 했다.

4월 23일 이형익이 침을 놓았다. 24일 이형익이 또 침을 놓았다. 25일 소현세자가 침을 맞았다. 그리고 4월 26일 소현세자가 죽었다. 소현세자의 나이 향년 34세였다.

대신들이 의원 이형익을 국문할 것을 청했다. 그러나 인조는 들어주지 않았다. 재차 아뢰었으나 묵인되었다. 백성들이 모두 슬프게 여겼다. 아들 셋과 딸 셋이 아버지를 잃은 것이었다. 4월 27일 소현세자의 졸곡제를 행했다.

이때 인조도 매일 이형익에게 침을 맞았다. 조 소용과 인조, 이형익은 밤마다, 날마다 무슨 이야기를 나눴을까?

인조의 총애를 받았던 조 소용은 전일부터 세자 및 세자빈과 본
디 서로 좋지 않았던 터라, 밤낮으로 상의 앞에서 참소하여 세자
내외에게 죄악을 얽어 만들어서, 저주를 했다느니 대역부도의 행
위를 했다느니 하는 말로 빈궁을 무함하였다. 세자는 본국에 돌
아온 지 얼마 안 되어 병을 얻었고 병이 난 지 수일 만에 죽었는
데, 온몸이 전부 검은빛이었고 이목구비의 일곱 구멍에서는 모두
선혈(鮮血)이 흘러나오므로, 검은 멱목(幎目)으로 그 얼굴 반쪽만
덮어놓았으나, 곁에 있는 사람도 그 얼굴빛을 분별할 수 없어서
마치 약물(藥物)에 중독되어 죽은 사람과 같았다. 그런데 이 사실
을 외인(外人)들은 아는 자가 없었고, 상도 알지 못하였다.
당시 종실 진원군(珍原君) 이세완(李世完)의 아내는 곧 인열왕후
(仁烈王后)의 서제(庶弟)였기 때문에, 세완이 내척(內戚)으로서 세
자의 염습(斂襲)에 참여하였다가 그 이상한 것을 보고 나와서 사
람들에게 말한 것이다.　　　　　　　　　　　　　 ─《인조실록》

* 출처:《인조실록》 34권 15년 1월 30일 기사, 46권 23년 1월 4일 기사, 46권 23년 4월 1일 기사, 46
권 23년 4월 23일 기사, 46권 23년 4월 26일 기사, 46권 23년 4월 27일 기사

내 며느리는
개새끼다

"개새끼 같은 것을 억지로 임금의 자식이라고 칭하니,

이것이 모욕이 아니고 무엇인가."

의금부에서 강빈의 처소를 덮쳤다. 관군들이 들이닥쳐 정렬, 유덕, 계일, 향이, 천이, 난옥, 일녀를 포박했다. 놀란 강빈이 나와 그들의 앞을 막아섰다. 정렬과 유덕은 강빈이 신임하는 아이들이었다.

"이게 무얼 하는 짓거리냐? 어찌하여 이 아이들을 잡아간단 말이냐?"

의금부도사가 앞으로 나와 대답했다.

"마마께서 이러시면 일이 더욱 복잡해지옵니다. 물러나시지요."

"이 아이들을 잡아가서 문초하여 없던 죄를 만드는 것이 전하의 뜻이겠지. 그리해야 나를 죽일 수 있을 테니까."

"이 아이들을 끌고 가라."

의금부도사의 명에 나인들이 끌려갔다.

"마마, 마마!"

나인들이 처소를 빠져나가자 강빈이 조소를 머금으며 혼자 넋을 놓았다.

"이것이 말이나 됩니까? 저하께서 돌아가시고 1년이 되지 않았습니다. 별궁에 갇힌 듯 지낸 제가 어찌 전하의 전복에 독을 넣었겠사옵니까? 전하께서 두려워하는 것은 대체 무엇이옵니까?"

소현세자가 의문사를 당하고 인조는 자신의 둘째 아들인 봉림대군을 새로운 세자를 정했다. 소현세자에게는 아들이 셋이나 있었다. 원래는 소현세자의 첫째가 세자가 되어야 했다. 그러나 인조는 자신의 손자들에게까지 너무나 야박했다.

사건은 1월로 돌아간다. 인조의 수라상에 전복구이가 올라왔는데 독이 들어 있었다는 것이다. 인조는 곧바로 강빈을 의심했다. 사실 이번 사건이 있기 전부터 인조는 여러 강씨들을 유배 보냈기에, 안팎으로 세자빈이었던 강빈에게 그 화가 끼칠 것을 우려했었다.

의금부에 붙잡힌 나인들은 문초를 받기 시작했다. 이때 어주 나인도 잡혀 왔는데 강빈의 나인들과 내통하여 전복에 독을 넣었다는 것이 인조의 주장이었다. 이들은 압슬[44]과 낙형[45]을 당했다. 모진 고문에도 세자궁의 나인들은 끝내 자복하지 않았다. 고문을 이겨내지 못하고 난옥이 먼저 죽었다.

자백이 없었음에도 인조는 강빈을 사사하고자 했다. 이에 헌납 심

---

44 壓膝. 죄인을 기둥에 묶어 사금파리를 깔아 놓은 자리에 무릎을 꿇게 하고 그 위에 압슬기나 무거운 돌을 얹어서 자백을 강요한 것

45 烙刑. 불에 달군 쇠로 몸을 지지는 형

로(沈魯), 정언 강호(姜鎬), 김휘(金徽) 등이 편전에서 아뢰었다.

"강빈이 비록 전하의 자식은 아니지만 세자빈으로 있을 때, 소현의 배필이었으니 전하의 자식이 어찌 아니옵니까? 강빈을 보존하시어 어린 군들의 목숨을 살피시옵소서."

인조가 소리쳤다.

"개새끼 같은 것을 억지로 임금의 자식이라고 칭하니 이것이 모욕이 아니고 무엇인가? 죄인을 그냥 둘 수는 없다. 지금 당장 처소에서 쫓아내어 후원 별당에 가두라. 하고 문에 구멍 하나만을 뚫고 음식과 물만 넣어주어라. 그 누구도 강빈의 수발을 들지 못하게 하라. 이와 같은 계략을 꾸밀까 심히 두렵도다!"

이때 세자인 봉림대군이 엎드려 청했다.

"강씨가 비록 불측한 죄를 짊어졌다 하더라도 간호하는 사람은 있어야 할 것이옵니다. 더구나 지금 죄지은 흔적이 분명하지도 않은데, 성급하게 이런 조치를 내리고 또 한 사람도 따르지 못하게 하는 것은 형님에 대한 마음이 아니옵니다."

인조가 봉림대군을 시야에서 버리며 다시금 노했다.

"이뿐만이 아니었다. 짐의 총애를 받는다고 하여 조 소용을 저주하였다. 경들은 호랑이를 키우면 우환이 된다는 것을 염려하지 않고 도리어 죽음을 면해줄 것을 청하니, 진실로 이상한 일이로다."

"전하…."

"너희가 긴히 말리는 것을 보아하니, 또 강씨가 저리도 발악하는 것을 보니 필시 후원하는 당파가 많은 것이리라. 너희도 같은 부류더냐? 그런 것이야? 강빈을 사사하고 심양에 먼저 고해야 할 것이다. 강씨의 죄악을 낱낱이 진술하여 청나라에 먼저 알리라."

조선의 뒷담화

인조는 결국 3월 19일에 강빈을 사사했다. 인조는 강빈과 소현세자가 심양에 있을 때, 자신을 폐위하고 아들인 소현세자를 청나라에서 왕으로 앉힐까 두려웠다. 인조는 소현세자와 강빈이 돌아오기 전에 은밀히 왕을 바꾸려고 도모한다는 것을 전교한 적도 있었다. 소현세자와 강빈의 아들 셋은 모두 제주로 귀양 갔으나 의문의 죽임을 당했다.

이때 독을 넣은 옥사가 끝내 실상이 밝혀지지 않자, 사람들이 모두 죄인을 찾아내지 못한 것을 한스럽게 여겼다.

강빈은 숙종 때 신원이 회복되었다.

대개 이때에 강빈이 죄를 얻은 지 이미 오래되었으므로 조 소원[46]이 더욱 참소를 자행하였다. 인조가 궁중의 사람들에게 "감히 강씨와 말하는 자는 죄를 주겠다"고 경계하였기 때문에 양궁(兩宮)의 왕래가 끊겼으므로 어선에 독을 넣는 것은 형세상 할 수 없는 일이다. 그런데도 임금이 이와 같이 생각하므로, 사람들이 다 조씨가 모함한 데에서 연유한 것으로 의심하였다.　　—《인조실록》

* 출처:《인조실록》46권 23년 4월 27일 기사. 47권 24년 2월 9일 기사. 47권 24년 2월 12일 기사. 47권 24년 3월 19일 기사.《연려실기술》제27권 인조조 고사본말(仁祖朝故事本末) 강빈의 옥사 편

46　趙昭媛. 훗날 귀인으로 책봉

2부

왕비와 뒷담화

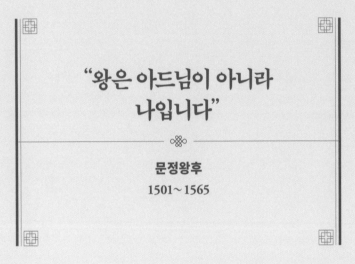

"왕은 아드님이 아니라 나입니다"

문정왕후
1501~1565

문정왕후(文定王后)는 윤지임(尹之任)의 딸로 1501년 10월 22일에 태어났다. 1517년 17살이 되던 해에 왕비로 책봉되었다.

문정왕후는 중종의 세 번째 계비다. 박원종 등이 반정하여 연산군을 쫓아내고, 연산군의 동생이자 정현왕후 윤씨의 소생인 중종을 왕으로 추대했다.

중종의 첫 번째 왕비는 그가 대군 시절에 부부의 연을 맺은 신수근(愼守勤)의 딸이었다. 신수근은 연산군의 처남이었다. 중종이 왕이 된 후, 신수근의 여식인 단경왕후(端敬王后) 신씨는 중전의 자리에 있을 수 없었다.

두 번째 왕비는 장경왕후(章敬王后) 윤씨로 신씨가 폐위된 후 후궁으로 왕비에 올랐다. 그러나 인종을 낳고 산후병으로 엿새 만에 세상을 떠났다.

그리고 세 번째 계비가 바로 문정왕후 윤씨다. 문정왕후는 궐에서 살아남은 후 그녀의 오라비인 윤원로(尹元老)와 남동생 윤원형(尹元衡), 윤원형의 첩이었던 정난정(鄭蘭貞)과 권력을 차지했다.

자신의 소생인 명종을 왕위에 앉히기 위해 수단을 가리지 않았던 문정왕후는, 명종이 결국 왕이 되었지만 권력은 포기하지 못했다. 명종 재위 기간 내내 백성들마저도 그녀를 두고 '여주(女主)'라고 불렀다.

살아남아야 해

중종은 문정왕후가 될 윤지임(尹之任)의 딸이 아닌,

벌써 파성군(坡城君) 윤금손(尹金孫)의 딸을 계비로 결정하였다.

　　중종의 첫 번째 왕비는 연산군의 처남이었던 신수근의 딸이라 쫓
겨났다. 두 번째 계비는 후궁에서 왕비로 승격한 장경왕후 윤씨였으나
인종을 낳고는 산후병으로 죽었다. 왕비의 자리가 빈 이때, 중종의 총
애를 받고 있던 숙의 박씨가 있었다. 장경왕후가 위급했을 당시 숙의
박씨에게 인종을 부탁하기도 했었다. 이에 숙의 박씨가 중전이 되고자
중종과 함께 애썼으나 왕비가 되지는 못했다.

　　중종 10년, 처녀 단자를 받고 최종 삼간택에 4인의 처자가 뽑혔다.
중종이 어명을 내렸다.

　　"명과학[1]으로 하여금 처녀 4인의 팔자를 궐내에서 점치게 하라. 4인
은 손준(孫濬), 김총(金聰), 윤지임(尹之任), 윤금손(尹金孫)의 딸이다."

　　문정왕후는 이들 중 윤지임의 딸이었다. 삼간택 당시 15세였다.

연산군이 폐위되고 중종이 반정에 의해 왕이 되었다. 왕은 힘이 없었다. 반정을 일으킨 공신들의 세상이었다. 이런 경우일수록 사대부는 여식을 내어놓지 않거나, 금혼령이 내려진다는 소문이 돌면 서둘러 시집을 보내기도 했다. 그도 아니면 권력을 장악한 이들이 가문은 괜찮으나 힘도, 배경도 없는 이의 여식을 제멋대로 골라 청하기도 했다.

윤지임의 집안은 어머니가 정몽주의 4대손이었고, 윤지임은 세조의 부인인 정희왕후의 종증손이었다. 또한 윤지임은 인종을 낳고 죽은 장경왕후의 8촌 오빠가 되었다. 어린 인종을 보필하던 대윤의 영수 윤임(尹任)에게는 8촌 형이었다.

윤임은 인종을 지켜야 하는 의무가 컸다. 윤지임의 여식인 문정왕후 윤씨는 나쁘지 않은 자리였다. 더군다나 윤지임은 오래 벼슬을 하지 못하다가 조상의 덕으로 장원서의 보잘것없는 별제[2]였다.

이때 윤지임도 걱정은 태산이었다. 잘하면 살아남아 가문의 영광이 될 것이고, 그렇지 못하면 여식이 궁지에 몰려 쫓겨날 위기에 처할 수도 있었다. 답답한 심정에 그는 점을 보러 갔다. 삼간택에 올랐건만 여식은 지금 병중이었다. 어쩌면 마음의 병이었다. 중전의 자리, 살아남는다면 문제가 없겠지만 만에 하나 여식이 왕자를 탄생시킨다면 표적이 될 수밖에 없는 그런 자리가 지금 중전의 자리였다.

"그러나 부원군의 자리이거늘… 제 오라비와 동생의 벼슬길이 트이는 일이거늘."

---

1 命課學. 운명, 길흉, 화복 따위에 관한 문제를 논하는 학문
2 別提. 조선 시대에, 각 관아에 속한 정6품, 종6품 벼슬

인간이 모두 그렇듯 윤지임도 미련을 버릴 수가 없었다. 이른 새벽이건만 점집 대문이 활짝 열려 있었다. 윤지임이 의아해하며 대문을 넘었다. 하인 하나가 윤지임을 위아래로 훑어보더니 혼자 안으로 들었다.

"오늘 귀한 손님이 맨 먼저 오신다고 하더니만, 어떤 양반이 겨우 종 한 명만을 데리고 왔습니다."

점쟁이가 피식 웃었다.

"내 뭐라 하였더냐? 금일은 귀한 손님이 맨 먼저 오시겠다 하였다. 그분이 바로 귀인이니라. 냉큼 안으로 모시어라."

하인의 안내를 받아 안으로 든 윤지임이 방안을 둘러보았다. 향냄새와 화려한 색감이 순간 윤지임을 압도했다. 점쟁이가 공손히 말했다.

"귀한 걸음을 하셨는데 어서 앉으시지요."

윤지임이 종이 하나를 꺼냈다.

"이 사주의 주인이 병이 매우 위독하여 왔노라. 낫겠는가?"

점쟁이가 자리에서 일어나더니 윤지임을 향해 대뜸 절을 해댔다.

"이 사주는 앞으로 국모가 될 수이며, 대감께서도 극귀하신 운명인데 무슨 벼슬을 하지 못하겠습니까?"

윤지임이 헛기침을 해대며 말했다. 그리 싫지는 않았다.

"흠흠, 나는 고작 별좌직에 있는 사람이거늘! 부원군이라니, 말을 삼가시게."

"저를 믿으십시오. 나리는 마땅히 국구가 될 운명이십니다."

윤지임이 집으로 달렸다. 팔자가 그렇다는데 더 이상 버틸 수도 없었다. 별당으로 가 여식을 만났다.

"어찌할 수 없는 팔자인가 봅니다. 마마의 길을 가시옵소서."

윤지임이 문정왕후에게 예를 갖추었다. 윤지임을 따라 들어온 윤형원과 윤원로도 신이 나서 입을 떠벌렸다.

"하면 우리가 이제 왕실과 사돈이 되는 것입니까? 중전마마 덕분에 우리 집안이 피게 생겼사옵니다. 감축드립니다."

그럼에도 문정왕후의 표정은 좋지 못했다. 저도 아녀자였다. 중종이 윤금손의 여식을 마음에 두었다는 소문은 이미 파다했다. 그리해서 더욱 그 자리가 싫었다.

문정왕후는 중종 12년 3월 15일 왕비로 결정되고 몇 달의 왕비 수업을 받았다. 그해 7월 22일 밤 3경, 새 중전을 반교[3]했다. 중종의 의사보다는 대비와 왕대비의 뜻이 매우 컸다.

문정왕후 윤씨는 전쟁터에 맨몸으로 던져졌다. 어차피 이리된 운명, 문정왕후는 속으로 다짐했다. 결코 누군가에 의해 밀려나지는 않을 것이라고. 이제 갓 입궐한 문정왕후가 매달릴 곳이라고는 어린 인종밖에 없었다. 그녀는 인종을 잘 보살피는 것이 자신의 입지를 튼튼하게 할 수 있는 유일한 방법임을 알고 있었다.

윤지임은 말단직에서 한순간 부원군(府院君)이 되었다.

* 출처:《중종실록》23권 10년 11월 18일 기사, 27권 12년 3월 15일 기사, 28권 12년 7월 22일 기사

---

3   頒敎. 나라에서 어떤 특별한 일이 있을 때 그 사실을 백성에게 널리 반포하여 알림

나는 꼭 제 아드님을
보위에 올려야겠습니다

문정왕후의 오라비인 윤원형은 인종이 즉위하자 감히

그 잔악한 꾀를 부리지 못하여 일찍이 절에 불공을 올려

임금의 수명이 길지 않게 해달라고 기도하였다.

"전하! 대군께서 무슨 죄가 있다고, 이 어린 대군께서 무얼 아신다
고 감히 세자의 자리를 탐하겠사옵니까? 신첩 너무나 억울하고 너무나
두렵사옵니다."

문정왕후가 중종 앞에서 흐느꼈다. 그 옆으로 어린 명종도 함께했
다.

1517년 왕비가 된 문정왕후는 4년이 지나 첫 딸인 의혜공주(懿惠公
主)를 낳았다. 그로부터 1년 뒤, 두 번째 딸 효순공주(孝順公主)를, 8년
후에는 셋째 딸인 경현공주(敬顯公主)를 낳았다. 네 번째 인순공주(仁
順公主)는 일찍 죽었다. 그렇게 내리 딸만 생산했던 문정왕후는 그녀의
나이 서른셋에 아들 명종을 낳았다. 세자인 인종의 나이 19세였다.

중종이 명종을 무릎에 앉히며 물었다.

"중전, 어찌 그런 말씀을 하시는 것이오? 뉘가 감히 그런 요망한 소리를 한단 말이요?"

"저잣거리에도 모르는 이가 없다고 하옵니다. 어찌 이 어린 대군께서 세자의 자리를, 어찌 감히! 이는 분명 모함입니다. 세자께서 장성하여 저리도 굳건히 버티고 계시온대, 어찌하여 어린 대군을 모함하려는 것인지…. 소첩은 싫사옵니다. 중전의 자리도 싫사옵니다. 전하께서 누구보다 더 잘 아실 것이옵니다. 신첩이 세자 저하를 어찌 품었는지요."

암암리에 들리는 소문을 중종도 알고 있었다. 인종을 지키기 위한 윤임의 짓거리라고 해도 당장 중종은 아무것도 해줄 수가 없었다. 지금의 세자는 인종이었다.

중종이 명종의 고사리손을 잡았다. 눈에 넣어도 아프지 않을 만큼 대견하고 어여뻤다.

"네가 공주로 태어났으면 무슨 근심이 있겠느냐마는 네가 대군으로 태어났으니 그 불행함이 이토록 심하도다."

중종이 한숨을 내쉬었다. 자신도 반정으로 왕위에 올랐다. 왕권은 그저 약하기만 했다. 세력은 그 누구의 편도 아니었다. 오직 당장 세력을 지닌 자만이 누릴 수 있는 특권이었다. 문정왕후도 한숨을 내쉬었다. 아들을 낳았지만 대놓고 기뻐할 수가 없었다. 문정왕후가 아들을 낳았으니 인종을 지키던 윤임의 견제를 피할 길이 없게 되었다.

지금 궐은 인종을 지지하는 윤임을 중심으로 한 대윤(大尹)과, 명종과 문정왕후의 외척인 소윤(少尹)의 대립 구도가 형성되었다. 대윤에게는 명종이, 소윤에게는 인종이 쳐내야 할 대상이 되었다.

문정왕후가 명종을 유모에게 맡기고 중궁전으로 들었다. 오라비인 윤원로와 남동생 윤원형이 자리에서 일어나 문정왕후를 맞았다. 윤원로가 먼저 입을 열었다.

"전하를 어찌 잘 구슬려 보셨사옵니까?"

"구슬릴 게 무엇이 있습니까? 진실을 아뢴 것을요."

"그 진실을 진실로 만든 이가 누구이옵니까? 이 오라비의 공을 잊으시면 아니 되십니다. 중전마마!"

윤원로가 능글맞게 웃었다. 이들은 밖에서 세자를 바꾸기 위해 물밑 작업에 한창이었고, 안으로는 대윤이 대군인 명종을 제거하려 한다는 소문을 흘려댔다.

문정왕후가 윤원로를 보며 물었다.

"요즘도 불공을 드리시는 것입니까? 필히 조심하셔야 할 것입니다."

"대군마마를 위해서라면 죽음인들 두렵겠사옵니까? 하하하!"

윤원로와 윤원형은 절에 불공을 드린다는 핑계로 인종의 수명을 길지 않게 해달라고 빌었다. 심지어 윤원형은 깊은 밤 남산에 손수 향을 피우고 앉아서는 차마 들을 수 없는 흉악한 말들로 저주를 퍼부어댔다. 궐에는 나무로 만든 인형에 요망한 방술을 하여 묻기까지 했다.

중종 38년 1월 7일, 인종의 거처에 불이 났다. 명종이 아홉 살 되던 해였다. 누가 보아도 인종을 해하려는 것이었다. 끝내 범인을 잡진 못했어도 집히는 곳은 하나였다. 바로 문정왕후의 외척 중 누군가였다.

중종이 죽고 인종이 보위를 이어받았다. 대윤은 그나마 안도했다. 그러나 인종은 후사를 보지 못하고 있었다.

문정왕후는 문안을 온 인종에게 고래고래 고함을 내질렀다.

"나와 대군은 언제 죽일 것이요?"

"어마마마! 말씀이 지나치십니다. 죽이다니요? 제 아우와 어마마마를 어찌 죽인단 말씀이십니까?"

"내 모를 줄 아시오? 대군께서 전하의 전정(前程)에 걸림돌이 될까 대윤과 함께 수작을 부리고 있음을 내 정녕 모를 것이라 생각했소?"

억지였다. 인종은 한마디 답도 할 수가 없었다.

"물러가시오, 썩 물러가시오. 내 전하를 어찌 키웠습니까? 바람 불면 넘어질세라 그리 애지중지 키웠습니다. 한데 어린 대군과 어미를 이리 죽이실 것입니까? 물러가세요. 물러가라 하지 않습니까?"

인종이 대비전을 나섰다. 인종은 대비전 마당에 엎드려 죄를 고했다. 볕이 매우 따가웠다. 내관들이 말렸지만 소용없는 일이었다. 뜨겁게 위협하는 볕과 달리 인종은 일어날 기미가 없었다. 그는 매우 효자였다. 인종은 보위에 오른 후, 대신들의 반대에도 불구하고 윤원형을 뽑아 공조참판으로 삼았다. 모두 문정왕후를 위한 인종의 마음이었다. 오랜 시간을 인종이 위로하고 또 위로하자 문정왕후의 화가 조금은 수그러들었다.

하지만 매양 윤원형과 윤원로는 유언비어를 조작해 문정왕후에게 일렀고, 그럴수록 문정왕후는 인종을 괴롭혔다. 시름시름 병을 앓던 인종은 보위에 오른 지 9개월도 지나지 않아 생을 마감했다. 때는 무더운 7월이었고 그때 나이 서른하나였다. 죽기 전까지도 인종은 문정왕후에게 문안하는 것을 쉬지 않았다. 인종이 죽기 며칠 전인 6월 27일에 경회루에 벼락이 떨어졌다. 인조는 병중임에도 내관을 시켜 문정왕후에게 안부를 전했다.

세상이 바뀌었다. 후사가 없었던 인종을 대신해 12세의 명종이 왕이 되었다. 문정왕후의 수렴청정[4]은 당연시되었다.

대신들은 줄을 갈아타기 시작했다. 인종을 지지했던 대윤은 꺼져갔고, 명종을 지지했던 소윤은 날개가 돋친 격이었다. 이때 이기(李芑)가 문정왕후에게 잘 보일 계략으로 인종의 초상에 대해 아뢰었다.

"인종은 1년을 넘기지 못한 임금이니 대왕의 예를 쓰는 것은 옳지 않다고 보옵니다."

"대왕의 예를 쓰지 않는다?"

문정왕후가 고개를 끄덕이며 동의했다. 문정왕후는 이기의 의견을 받아들여 인종이 죽은 지 석 달 후인 10월 12일에 발인했다. 이에 백성들이 해괴하고 분하게 여기며 발인하던 날 늙은 백성들은 통곡했다. 원래 능을 조성하고 시설물들을 만들기까지 오랜 시간이 걸리기 때문에 왕의 시신은 빈전에 가매장되어 조석으로 문안을 드리고 문상도 받았다. 그러나 인종은 해를 넘기지 못한 임금이라 하여 왕들의 위패가 있는 문소전(文昭殿)에 모시지 않고, 아들 때문에 왕으로 추존된 덕종의 사당인 연은전(延恩殿)에서 제사 지냈다.

이 일로 병조정랑 정황(丁熿)이 소를 올렸는데 아래와 같다.

마지막을 보내는 것이 대사인지라, 천자로부터 선비에 이르기까지 상제는 일정한 것으로 가히 바꿀 수가 없는 것인데 관에 칠이 마르기도 전에 까닭 없이 갈장⁵을 하는 것은 법례의 뜻을 크게 잃는 것입니다.

신하들 모두가 감히 아뢰지 못했는데, 정황의 상소를 보며 윤결(尹潔)은 대행대왕의 신하는 오직 정황 한 사람뿐이라 하였다.

* 출처: 《중종실록》 100권 38년 1월 7일 기사, 《인종실록》 2권 1년 6월 27일 기사, 2권 1년 7월 1일 기사, 《명종실록》 31권 20년 11월 18일 기사, 《영남야언(嶺南野言)》, 《풍암집화(楓巖輯話)》, 《동각잡기(東閣雜記)》, 《석담일기(石潭日記)》, 《패관잡기(稗官雜記)》, 《치재일록(恥齋日錄)》, 《유분록(幽憤錄)》

아직도 이 나라의 왕이
누구인지 모르는구나

여주(女主)가 위에서 정권을 잡고, 간신 이기 등이 아래에서

권세를 농간하고 있으니 나라가 장차 망할 것을 서서

기다릴 수 있게 되었다. 어찌 한심하지 않은가.

을사사화[6]의 변을 역사적으로 정당화하기 위해 이기, 정순붕 등이 《무정보감(武定寶鑑)》을 편찬하려고 할 때였다. 이들은 그때의 사초가 필요했다. 사관은 감정을 앞세우기보다 그날의 일을 정확하게 객관적으로 기록해야 하는 것이 첫 번째였다.

사초를 들여다보던 이기가 경악을 금치 못했다.

"이, 이것이 무엇인가? 임, 임금께서 돌아가신 지 7일에 찌꺼기를 거르지 않은 팥죽을 먹었는데, 이날 이기가 대신이 되었다…. 이런 쳐

---

6   乙巳士禍. 조선 명종 즉위년(1545)에 일어난 사화. 인종이 죽자 새로 즉위한 명종의 외숙인 소윤(小尹)
    의 거두 윤원형이 인종의 외숙인 대윤(大尹)의 거두 윤임 일파를 몰아내는 과정에서 대윤파에 가담했
    던 사림(士林)이 크게 화를 입었다.

죽일 놈을 보았나."

그뿐만이 아니었다. 이기의 손이 발발 떨렸다.

"중종의 소상[7]도 지나지 않고 인종의 발인도 하지 않았는데, 임금(명종)은 빈전 옆에서 대신 세 사람을 죽였다…. 내, 내 이놈을."

이기가 본 사초는 당시 사관이었던 안명세(安名世)가 기록한 것이었다. 안명세는 을사사화 때의 일을 춘추필법[8]에 따라 직필(直筆)했는데, 역사적 사실을 바탕으로 대의명분에 맞춰 쓴 것이었다. 그러니까 최대한 객관적으로 사건을 바라보며 기록한 것이다.

이기는 경악했다. 사초에는 자신들이 역적이 되어 있었다. 안명세는 그들의 죄악을 사실 그대로 여과 없이 적어놓았다.

"아직도 대윤이 남아 있으며, 역적이 남아 있음이로다."

이기가 문정왕후에게 달려갔다. 죽일 놈이 생긴 것이었다. 대비전에 든 이기가 급히 예를 갖추더니 앉자마자 입을 열었다.

"마마! 홍문박사 안명세는 전에 사관으로 있으면서 유관, 유인숙, 윤임[9] 등을 칭찬하며 역적을 옹호하였사옵니다. 역적들이 진술한 말 또한 기록에 빠뜨림으로써 도리어 조정에서 잘못한 양으로 만들어놓았사옵니다. 이는 마마께서 돌보신 정사를 두고 어찌 비방하는 것이라 여기지 않을 수 있겠사옵니까?"

문정왕후는 말이 없었다. 그렇지만 안색은 썩 좋지 못했다. 이기가 다시 말했다.

---

7   小祥. 사람이 죽은 지 1년 만에 지내는 제사
8   春秋筆法. 대의명분을 밝혀 세우는 사필의 준엄한 논법을 비유하여 이르는 말
9   대윤의 영수, 인종의 외삼촌

"역적을 옹호하며 역사를 사실대로 쓰지 아니하였사옵니다. 실로 마마께서 그들을, 아무런 죄도 없는 그들을 죽음으로 몰아넣으신 것이 옵니까?"

문정왕후가 이기를 매섭게 쳐다보았다.

"말씀이 지나치시오. 홍문박사가 어디 이 사람에 대한 사견도 적었답디까? 내 어찌해서 죄도 없는 대윤과 사림을 죽음으로 몰아넣었다고 지금 말씀하시는 겝니까?"

이기의 이마에 땀이 맺혔다. 이런 반응을 보자고 달려온 것이 아니었다.

"하, 하면 소신이 홀로 살겠다고 을사사화를 일으킨 것이옵니까? 모든 것이 전하를 위한 것이 아니었사옵니까? 이것을 보시옵소서. 중종의 소상도 지나지 않고 인종의 발인도 하지 않았는데 임금(명종)은 빈전 옆에서 대신 세 사람을 죽였다, 이리 적어놓았사옵니다. 이는 임금을 기만한 것이 아니고 무엇이옵니까?"

문정왕후가 침착하게 물었다.

"하여 어찌하고 싶다는 겝니까? 홍문박사가 그대의 잘못을 토시 하나 거르지 않고 기록했으니 죽이고 싶은 겝니까?"

"마마! 어찌 그런 말씀을 하시는 것이옵니까? 이는 소신의 기록만이 아니라 을사사화에 엮인 모든 이를 비방한 것이 아니옵니까? 역적이옵니다. 역당이 남아 있는 것이옵니다."

문정왕후가 시선에서 이기를 버리며 아무렇지도 않게 말을 뱉었다.

"하면 죽이세요. 무에 어렵습니까? 죄가 나왔는데 무엇이 두려워 이 사람의 윤허를 기다리는 것입니까? 당장 잡아들이세요. 그도 아닙니다. 잠시 기다려보시지요. 김 상궁은 가서 전하를 모셔오너라."

이기가 대비전을 나가고 얼마 지나지 않아 명종이 들었다.

"부르셨습니까, 어마마마!"

"앉아보시지요. 드릴 말씀이 있습니다."

명종이 자리에 앉자 문정왕후가 그를 유심히 보았다. 무언가 두려운 듯 안색이 좋지 못했다. 하긴, 어미에게 아직도 잔소리를 듣고 있으니 어찌 이와 같은 자리가 편할까.

"홍문박사 안명세를 잡아들이세요. 그는 이 어미를 농락하고, 대신들을 우습게 여겼으며, 전하를 기망하였습니다."

"어인 말씀이신지…. 안명세가 소자도 모르는 일로 어찌 어마마마를 농락하였다는 것입니까?"

문정왕후가 엄한 목소리로 다그쳤다.

"언제부터 꼭 주상이 알아야만 어명을 내렸습니까? 안명세가 사초에 그리 기록을 하였습니다. 이 어미와 전하를 왕으로 옹립한 자들을 역적이라고 말입니다."

"사초는 소자도 함부로 볼 수가 없는…."

탁!

문정왕후가 연탁을 내리치며 명종의 말을 잘랐다.

"지금 어미를 가르치려는 것입니까? 이 어미가 없었다면 어찌 주상이 그 자리에 있었겠습니까? 주상이 임금이 된 것은 모두 이 어미와 어미의 가족 힘입니다. 지금 편히 앉아서 복을 누리면서 도리어 어미의 청을 거역하겠다는 것입니까? 어디 이래서 효자란 소리를 들으시겠습니까?"

명종의 다문 입술과 눈두덩이, 볼이 미세하게 떨렸다. 낯빛에서 감정 자체가 사라졌다.

"당장 안명세를 잡아다가 국문하세요. 나는 조금 쉬어야겠으니 그만 나가보십시오. 전하께서는 정사를 보아야 하지 않겠습니까?"

명종이 자리에서 일어서다 잠시 휘청거렸다. 그마저도 못마땅하여 문정왕후가 한참이나 쏘아보았다.

대비전을 나선 명종이 후원으로 걷다 이내 모두를 물리었다. 후원의 외진 곳에 도착한 명종이 벽에 손을 짚으며 고개를 떨구었다. 소리 없는 눈물이 흙먼지를 일으키며 떨어졌다. 명종은 이미 심열증[10]을 얻은 지 오래였다.

이날로 안명세는 대궐 마당에서 문초를 받았다. 안명세와 동시 같은 사관이었던 한지원(韓智源)이란 자가 있었다. 화근은 바로 한지원이었다. 안명세가 직필할 당시 한지원은 겉으로 칭찬하는 표정을 보였으나, 실상 한지원은 모든 일을 권신 이기에게 보고 중이었다. 하지만 이기는 사초를 보기 전까지 그날의 기록들이 얼마나 직설적이며 객관적인지, 그날의 정황이 얼마나 치부처럼 드러나 있었는지를 미처 알지 못했다. 안명세는 여러 번 문초를 당했다.

수레에 실려 나가는 안명세를 보며 눈물을 흘리지 않는 사람이 없었다. 죽음의 길로 가는 수레 안으로 친구 안자유(安自裕)가 술 한 잔을 건넸다. 안명세가 태연하게 웃으며 술을 받았다.

"예로부터 사관을 죽인 일은 없었건만, 이젠 사관의 붓조차 권력에 의해 휘둘리겠군."

---

10 心熱症. 울화로 인해 생긴 열병

술이 썼다. 아니, 달았다. 죽음을 앞둔 인간의 마음이 쓰고 달 터였다. 죽어도 죽기 싫음과 그래도 초연하게 죽자는 마음.

안명세가 안자유를 보며 말했다.

"잘 있게나."

안자유가 고개를 돌리며 외면했다. 눈물로 인해 시야가 흐릿했다. 안명세가 부인을 쳐다보았다. 눈빛이 뜨거웠다. 안명세가 부인을 보며 청했다.

"부탁이오. 부디 자식들은 글을 가르치지 마시오. 아니, 과거를 보게 하지 마시오."

안명세의 수레가 사형을 집행하기 위해 떠났다. 안명세는 기시형(棄市刑), 즉 저잣거리에서 사형되었다.

안명세는 죽고 그의 처자는 모두 종이 되었다. 이 일로 안명세와 관련된 사관도 목숨을 내놓았다. 조박(趙璞)은 매를 맞고 유배 갔다가 화병으로 죽었다. 손홍적(孫弘績)은 제주로 유배되었다. 이지함(李之菡)은 안명세가 죽임을 당하던 날 달아났으나 관직만 삭탈되었다. 교리 윤결(尹潔)과 그의 아우 윤준(尹俊)은 능원위 구사안(具思顔)의 집에 모여 안명세의 죽음을 안타까워하다 문초를 받았다. 이들은 매를 맞다 죽었다. 권벽(權擘)은 젊었을 때 안명세, 윤결과 사이가 도타웠다. 두 사람 모두 말조심을 못 해 죽었다고 여긴 권벽은 방에 들어앉아 말문을 닫았다. 이조정랑 유감(柳堪)은 경흥에, 병조정랑 이원록(李元祿)은 안명세의 죄에 대한 논의 중 숙부 이기를 비난하여 강계로 유배되었다.

선조 경오년에 안명세는 직첩을 다시 되돌려 받았다. 몰수되었던 가산도 돌려받았다. 옥당에서 차자[1]를 올려 그의 원통함을 호소했으니, 선조는 그의 아들인 천지(千之)와 백지(百之)에게 과거를 거치지 않고 벼슬을 주었다.

이때에 윤원형과 이기를 2흉(凶)이라 하고 정언각, 정봉순, 임백령을 3간(奸)이라 불렀다.

* 출처: 《명종실록》 31권 20년 4월 6일 기사, 《축수편》, 《기재잡기》, 《패일록(稗一錄)》, 《동각잡기》

11　箚子. 조선 시대에, 격식을 갖추지 않고 사실만 간략히 적어 올리던 상소문

나는 보우 스님이 좋소이다.
주상은 어떠하오?

보우는 요승으로서 임금의 마음을 고혹시키고 국가의 재물을
축내온 지 오래되어 그 세력이 끝없이 널리 퍼지고 성하였다.
죄악이 극에 달하였는데도 도성에 몰래 들어와
남의 집 부녀를 간음한 소문이 퍼지니 불안해하였다.

스님 보우(普雨)가 문정왕후를 알현했다. 두 사람 모두 무척이나 자연스러운 눈웃음, 애정이 듬뿍 담긴 시선이었다. 보우가 문정왕후를 보며 온화한 미소를 지었다.

"그간 강녕하셨사옵니까?"

문정왕후가 눈을 새치름히 뜨고는 답했다.

"꼭 오랜 시간 보지 못한 사이인 듯합니다. 지난밤에도 무탈하였고, 스님께서도 무탈하셨으니 이리 다시 뵙습니다."

문정왕후가 권력만큼이나 좋아하는 것이 있었다. 바로 불교였다. 그녀는 불교의 부흥에 앞장섰고, 나라에서 금했던 선과[12]까지 부활시켰다.

문정왕후와 보우가 만난 것은 보우의 계책이었다. 보우는 정만종이 함경감사로 있을 적에 인연이 있었는데, 당시 정만종은 보우에게

무척이나 빠진 상태였다. 정만종은 보우에게 대비가 불교를 매우 좋아하여 의지할 만한 스님을 찾고 있다고 귀띔해주었다.

보우가 조금은 심각해진 낯빛으로 말을 올렸다.

"마마께 소신이 꼭 드려야 할 말씀이 있사옵니다."

"무엇입니까?"

"이렇듯 전하를 잘 보필하신 마마는 만백성의 어머니이시옵니다. 아뢰옵기 송구하오나 선대왕의 능을 옮기시는 게 어떠실지 여쭙나이다."

문정왕후가 놀라며 되물었다.

"능을 이장하는 것을 말씀하시는 겝니까?"

"그렇사옵니다, 마마!"

정만종에게 문정왕후의 심중을 들은 보우는 곧 금강산에서 능침사로 옮겨 왔다. 능침사는 죽은 왕과 왕비의 능을 지키며 그들의 복을 비는 사찰이었다. 능침사로 옮긴 보우는 고승 행세를 하며 이름을 알렸고, 일이 문정왕후에게 보고되면서 그녀의 승은을 입었다. 보우는 문정왕후의 눈에 들어 최고의 자리에 올랐다. 사람들은 그를 보고 군부(君父), 나라의 아버지, 문정왕후의 사내라고들 빈정거렸다.

보우는 자신의 위치에 쐐기를 박고 싶었다. 문정왕후를 더욱 꼼짝도 할 수 없게, 권력을 더 부여받고, 더 행사하고 싶었다.

"소신이 마마의 총애를 받아 능력이 모자람에도 불구하고 봉은사[13]

---

12 禪科. 조선 시대 예조에서, 새로 승려가 된 사람에게 나라에서 내주던 신분증명서를 받기 위해 실시하던 과거시험

13 성종의 계비였던 정현왕후가 성종의 능을 위해 지은 절

의 주지가 되었사옵니다. 다행히도 선릉[14] 근처에 길지가 있으니, 선왕의 능을 그리로 옮겨 모시기를 청하옵니다. 저 또한 마마를 제 남은 평생 바쳐 지켜드릴 수 있으니 소신에겐 큰 영광이요, 복이옵니다. 모든 것을 떠나 마마께서 선대왕의 곁에 계셔야 하질 않겠습니까?"

보우는 이참에 중종의 무덤을 이장해 절의 세력을 확실히 굳히고자 했다.

문정왕후의 표정이 어둑해졌다. 낯빛에 화기마저 돌았다. 그렇지 않아도 죽어 묻힐 일만 생각하면 자다가도 울화통이 치밀었다. 남편이었던 중종은 지금 인종의 어미인 장경왕후(章敬王后)와 같이 묻혀 있었다.

보우가 다시금 문정왕후에게 부채질을 해댔다.

"마마께서는 이 나라의 존대한 기둥이십니다. 응당 선왕의 곁에 계셔야 할 분이시옵니다."

"길지라고 하셨습니까? 그렇게 좋은 자리인데 어찌 전하께서 효를 버리며, 제가 부부의 도리를 어기겠습니까."

남동생 윤원형을 움직인다면 못 할 것도 없었다. 모두가 제 사람이었다. 아니, 저들의 움직임은 중요치 않았다. 나라의 실권 행사자는 바로 자신임을 그 뉘가 모를까.

"그리 진행해보도록 하지요."

문정왕후가 명종을 불러 중종의 이장 문제를 꺼냈다. 그것은 대신들에게 동의를 구하라는 것이 아니라 통보를 하라는 명이었다.

14　성종의 능

소식을 들은 유생들은 성균관에 나오지 않음으로써 거부권을 행사했다. 대신들 또한 서로의 눈치만 살피며 입도 뻥긋하지 못했다. 성균관 유생 안사준이 상소를 올려 요승 보우를 죽일 것을 청했다. 명종은 보우 역시 하늘이 낸 백성이라 죄를 줄 수 없다고 답했다. 다시 특진관 강헌이 보우를 내쫓아 하늘의 재변을 막자고 청했다. 암탉이 수탉으로 변한 사건이 일어났기 때문이다.

명종이 비답을 내렸다.

"나는 간사한 무리가 보우를 해치려는 술책임을 분명히 안다. 조금이라도 의심할 만한 것이 있다면 어찌 추고하지 않겠는가. 윤허하지 않는다."

명종은 보우를 감싸고 돌 수밖에 없었다. 어미의 뜻을 거절하는 것이 왕의 자리에 있는 것보다 더 두려웠다. 중종의 능은 결국 이장되었다.

그러나 사람은 평생을 살지 못했다. 많은 재물과 권력도 세월 앞에서는 아무런 필요도, 소용도 없었다. 보우와 문정왕후로 인해 크게 성했던 불교도 끝을 바라보았다. 명종 20년 4월 8일, 회암사에서 무차대회[15]를 준비하고 있었다. 이번 행사로 인해 국고가 거의 바닥이 났다. 8도의 승려와 백성들이 분주하게 몰려들었다. 전날 수천 석의 쌀로 밥을 지었는데 그 빛이 붉어 피로 물들인 것 같아서 사람들이 괴이하게 여겼다.

---

15 無遮大會. 성범(聖凡), 도속(道俗), 귀천, 상하의 구별 없이 일체 평등으로 재시(財施)와 법시(法施)를 행하는 대법회

그런데 무차대회를 단 하루 앞두고 문정왕후가 죽었다.[16] 불사 또한 끝내 이뤄지지 못했다. 튼튼한 동아줄이 끊어진 보우는 제주도로 유배되었다. 그리고 그곳 목사 변협(邊協)에게 맞아 죽었다.

그렇다면 문정왕후는 과연 중종과 같은 곳에 묻혔을까? 보우의 뜻으로 옮긴 중종의 무덤은 지세가 낮아 매년 강물이 넘쳐흘렀다. 하여 그녀의 장지는, 그녀의 뜻과는 달리 다른 곳으로 정해졌다. 중종의 능을 다시금 이장하자고 했으나, 능을 두 번 옮기는 것은 어렵다 하여 끝내 하지 못했다. 임진왜란 때는 능이 파헤쳐지고 재궁이 불태워지기도 했다.

* 출처:《명종실록》10권 5년 1월 5일 기사, 11권 6년 2월 12일 기사, 11권 6년 5월 3일 기사, 13권 7년 4월 12일 기사, 13권 7년 5월 29일 기사, 25권 14년 4월 23일 기사, 28권 17년 9월 29일 기사, 31권 20년 4월 8일 기사,《태천일기(苔泉集. 태천집)》

---

16   실록에는 문정왕후가 4월 6일 승하했다고 기록되었다.

권력이 무엇이기에…
형을 죽인 아우, 오라비를 죽인 누이

문정왕후가 명하였다. "윤원로는 어리석고 망령된
사람인 데다가 또 지친[17]이므로 차마 내치지 못하였다.
그러나 대간이 공론을 가지고 여러 날 동안
엎드려 읍소하니 듣지 않을 수가 없다. 사사하라."

명종이 왕위에 오르고 문정왕후의 세상이 되었다. 수렴청정을 하는 8년 동안 그녀는 여왕이었고, 20세가 된 명종에게 편전을 내주었지만 실질적인 왕은 여전히 그녀였다.

문정왕후의 집안은 대단한 지위를 누리며 살았다. 그녀의 오라비 윤원로, 남동생 윤원형, 윤원형의 첩 정난정까지, 조선의 모든 재산은 그들의 손아귀로 몰려들었다.

"밥은 다 지었더냐?"

정난정이 부엌어멈에게 물었다.

---

17 至親. 남매

"예, 마님! 말에 실어놓았습니다."

"알았다."

정난정이 걸음을 옮기자 하인들이 뒤따랐다. 말 위에는 지은 밥이 있었는데, 그 양이 두어 가마니나 될 법했다. 정난정은 1년에 두어 차례 밥을 지어서는 두모포[18] 같은 곳에 나가 물에 던졌다. 바로 물고기에게 공덕을 비는 것이었다.

물고기에게 밥을 던져주는 정난정을 지켜보던 사람들이 비난했다.

"백성들에게서 뺏은 쌀을 물고기에게 퍼주고 있으니 저것도 사람인가?"

"그러게나 말일세. 저년이 윤원형의 본처를 독살하고 정경부인까지 봉해졌으니 세상이 망하려고 그러는 것이지."

"저년이나 윤원형이나 뭐가 다른가? 권력 때문에 자기 형마저 죽인 인간이 아닌가?"

명종이 왕위에 오르고 소윤의 세상이 되었다. 이때 윤원로가 백성과 대신들의 미움을 받았는데 문정왕후는 한발 양보하여 그를 잠시 유배시켰다. 그러나 이 일은 을사사화의 발판이 되었다. 윤원로의 죄는 컸지만, 대신들이 윤원로만을 탄핵하여 죽이자는 의견까지 분분했다. 그래서 문정왕후가 더욱 진노하게 되었고, 그것이 구실이 되어 화가 그치지 않았다. 윤원로가 유배지에서 돌아왔지만 그를 기다린 것은 가족들의 배신이었다.

정난정을 지켜보던 행인들이 다시금 대화를 이어갔다.

---

18 豆毛浦. 서울시 성동구 옥수동 동호대교 북단에 있었던 조선 시대의 포구

"권력이 얼마나 좋으면 형도, 오라비도 죽이겠는가? 나눠 갖기가 싫었던 게지. 윤원형이 조카를 부추겨서 자기 형의 죄를 올리게 하였으니, 쯧쯧."

"윤임은 전하(명종)의 역적이요, 윤원로는 인종의 역적이라 하질 않았나? 그런 흉악한 일들을 저질렀으니 인종의 귀신이 잡아가지 않은 게 다행이지 뭘 그런가."

을사사화가 일어난 후 윤원로는 유배에서 풀려났다. 중앙으로 돌아온 윤원로는 돈녕도정(敦寧都正)으로 있으면서 윤원형과 세력 다툼이 시작되었다. 이에 윤원형은 병조좌랑 윤춘년(尹春年)을 부추겨 상소를 올렸다. 바로 윤원로의 죄상이었다.

인종이 왕위에 있을 때 죽기를 매양 기도했으며, 음흉한 소문을 퍼트리고, 탐욕을 부리며 악랄하고 방자했던 실상을 적나라하게 적은 것들이었다. 그러나 문정왕후를 움직인 것은 따로 있었다.

상소에 언급된 '여희(麗姬)' 때문이었다. 여희는 중국 춘추시대에 헌공(獻公)의 비(妃)로, 헌공의 총애를 받아 왕비가 된 뒤에 태자를 모함하여 죽인 인물이었다. 즉, 문정왕후가 여희의 이름을 듣게 된 것이 대윤의 윤임 때문이 아니라, 실은 윤원로가 그렇게 만들었다는 것이다. 여희가 죽인 태자는 누가 보아도 인종으로 오인할 만했다.

문정왕후는 윤원로를 파직시켰다. 윤원형은 양사를 움직여 계속해서 상소를 올리니 윤원로는 끝내 사사되었다.

"도성 안에 집만 열여섯 채라네. 얼어 죽을, 사대부들이 창피한 줄도 모른 채 저년의 배에서 나온 서자들하고 앞다투어 혼인시키려고 난리가 났다 하지 뭔가."

"전하가 어명을 그리 내렸으니 어쩌겠는가? 저년 첩 자식들을 적자와 통혼할 수 있게 하라 하였으니. 저년은 원래 기생이 아니었던가? 기생년의 자식들이 양반과의 혼인이라. 두고 보게. 꼭 나라가 망할 것이니."

"가세나, 쳐다보고 있으니 억장이 무너지네."

행인들이 가던 길을 재촉했다. 그러나 이들의 권세도 명종이 왕위에 오르고 20년 만에 문정왕후가 죽음으로 끝이 났다.

명종이 대신들에게 물었다. 이제야 왕으로 홀로 선 명종의 첫 임무는 바로 외삼촌 윤원형이었다.

"한나라 문제[19]가 박소(薄昭)를 죽인 데 대한 의견을 묻노라."

박소는 한나라 문제의 외삼촌인데 죄가 있어서 문제가 죽였다. 여기서는 명종이 윤원형을 지목한 것이었다. 윤원형은 결국 모든 것을 빼앗기고 유배지로 쫓겨났다. 윤원형의 본처 김씨의 집안에서는 딸의 독살을 주장하며 이들을 고소했다.

윤원형과 정난정이 유배지로 떠날 때 무수한 돌들이 날아와 때렸다. 모두가 윤원형이 죽기를 원했지만 명종은 다만 벼슬을 뺏고 시골로 보낸 건 사사로운 정 때문이었다. 정난정과 윤원형의 하루하루는 죽기보다 더 불안한 날들이었다. 정난정은 혹 사약이 내려올까 늘 독약을 품고 살았다.

어느 날 정난정이 여종에게 말했다. 대화를 하는 것이 아니라 혼잣말로 중얼거리는 것에 가까웠다.

"필시 잡으러 올 것이야. 필시. 그렇게 된다면 너는 꼭 내게 미리 알려야 할 것이야. 내 어찌 살아왔건만, 절대로, 절대로 네놈들의 뜻대

---

19 文帝. 중국 황제

로 죽어주지 않을 게야."

여종이 섬뜩한 기운을 느끼며 대꾸했다.

"네? 아, 네…."

잠잠한 며칠이 지났다. 여전히 정난정은 하루하루를 억척같이 살아내고 있었다. 이때 금부도사가 평안도 진장[20]을 잡아가는 길에 이 지역에 들렀다. 금교역(金郊驛)에서 말을 갈아타기 위함이었다. 그런데 하필 정난정의 여종이 그 모습을 보고 말았다. 여종은 급히 집으로 뛰어가며 소리쳤다.

"도사가 오고 있습니다! 마님, 도사가 오고 있습니다!"

헐레벌떡 뛰어 들어온 여종이 그 자리에서 얼어붙었다. 정난정은 입에 피를 한가득 머금고는 웃어 보였다. 그녀는 검은 피를 토하며 죽었다. 멀리서부터 여종의 소리를 들은 정난정이 스스로 독약을 마시고 죽은 것이었다.

윤원형이 정난정을 끌어안고는 오열했다. 윤원형도 정난정에 대해 모르는 것이 하나 있었는데, 바로 그녀의 불륜이었다. 정난정은 의원 송윤덕(宋潤德)과 내통했는데 이를 모르던 윤원형은 그를 아들처럼 대했다. 정난정의 비밀은 그녀가 죽음으로써 영원히 묻히게 되었다.

정난정은 죽은 뒤 다시 천한 기생의 신분이 되었다. 그리고 5일 뒤 정난정의 죽음에 원통해하던 윤원형도 속병을 얻어 죽었다.

드디어 외척 세력으로부터 벗어난 명종은 스스로 정사를 돌보고자 했지만 2년 후 34세의 젊은 나이로 생을 마감했다.

---

20 鎭將. 조선 시대에 둔, 각 진영(鎭營)의 으뜸 벼슬

윤원형이 사림들을 풀 베듯 죽이며 흉악한 짓을 있는 대로 다했는데, 오래도록 천벌을 면하더니 금일에 이르러 마침내 핍박으로 죽으니, 조야가 모두 쾌하게 여겼다. 윤원형이 일단 패하고 나니 원수겼던 집에서 떼를 지어 빼앗겼던 재물에 대한 송사를 다투어 일으켰다. 조정에서도 그러한 사실을 알고 관원을 차출해 재물들을 본 주인에게 돌려주게 하고, 임금은 위사(衛社)의 공이 있다 하여 3등의 장례를 하사하였다. ―《명종실록》

* 출처: 《명종실록》 1권 즉위년 7월 9일 기사, 6권 2년 12월 26일 기사, 31권 20년 4월 6일 기사, 31권 20년 11월 13일 기사, 31권 20년 11월 18일 기사, 《석담일기》, 《자해필담(紫海筆談)》, 《패관잡기》

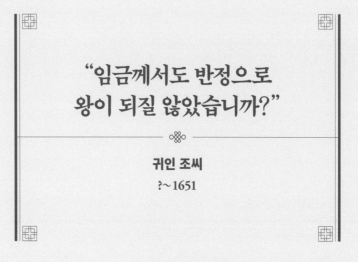

"임금께서도 반정으로
왕이 되질 않았습니까?"

귀인 조씨

?~1651

귀인 조씨의 본관은 순창(淳昌)이다. 경상도 우병사 조기(趙琦)의 서녀[21]다. 조기는 무인이며 우병사는 경상우도[22]의 병마(兵馬)를 관리하던 종2품의 무관 벼슬이다. 어머니는 한옥(漢玉)이다.

귀인 조씨는 소현세자와 그의 아내 강빈의 죽음에 큰 몫을 한 인물이었다. 그녀는 인조의 후궁이었지만 정식 절차를 밟고 들어온 명문가의 여식은 아니었다. 또한, 그녀의 아버지 조기는 우병사로 있을 당시 군병을 제대로 관리하지 못해 파직되기도 했었다. 그가 지휘하던 군병들이 가는 곳마다 침해와 약탈, 하다못해 백성들의 무덤을 파헤치고 사대부들의 서책을 훔쳐다가 팔아먹었기 때문이다. 조기의 잘못이기도 했지만 당시 임진왜란과 정묘호란의 직후였기에 그만큼 열악해지고 피폐해진 조선의 당시를 대변했다.

그녀는 어떻게 인조의 후궁이 되어 최고의 자리에까지 올랐으며, 어쩌다 인조의 아들인 효종에게 스스로 자결하라는 어명까지 받게 되었을까?

---

21 庶女. 첩이 낳은 딸
22 慶尙右道. 경상도를 양분(兩分)하여 그 오른쪽 지역에 속하는 여러 군(郡)을 통칭한 행정구역

인조에게
특산물처럼 진상된 조씨

궁중에서 조기와 김두남의 딸을 들여왔는데 조기의 딸이

제일 총애를 받는다 하였다. 조기의 딸은 정백창(鄭百昌)이

진납(進納)했다는 것을 사람들이 모두 알고 있었다.

행부호군(行副護軍) 이명준(李命俊)이 내수에 관한 소장을 올렸다.
인조가 대신들에게 명하니 복계[23] 했다. 인조의 낯빛이 썩 좋지 않았다.
무언가 못마땅한 기색이 역력했다.

인조의 눈치를 보며 대신이 먼저 아뢰었다.

"이명준의 소장 내용을 보건대 그 충성스럽고 곧은 말은 진심에서
우러난 것이옵니다. 다섯 가지 조항 중 궁금(宮禁)을 엄히 해야 한다는
조항에 이르러서는 의리가 깊어 실로 보통 사람으로서는 말하기 어려
운 것을 이명준이 한 것이옵니다."

---

23 覆啓. 사형에 해당하는 죄인의 옥안(獄案)을 다시 신중히 심사하여 임금에게 아뢰던 일

궁금은 임금의 거처를 뜻했다. 즉, 임금의 잠자리를 뜻함으로써 후궁이나 왕과 왕비를 가까이 모시는 나인을 두루 말했다.

"계속해보아라."

"예로부터 제왕가에서 빈어[24]를 들일 때는 정해진 법이 있는 것이옵니다. 전하께서 반정한 이래 8년이 되도록 아직껏 빈어를 선발하여 들이라는 분부가 없었으므로 신들은 전하의 성덕을 우러러 공경하였나이다. 하온데 어찌 하루아침에 부정한 길을 통하여 나온 여시(女侍)로 하여금 전하의 덕에 누를 끼치겠사옵니까?"

"무어라? 내가 실로 변변치 못하여 그대들에게 큰 근심을 끼쳤으니 나의 과실이로다. 내가 8년 동안 후궁을 들이지 않아 그것이 성덕이라? 임금의 자손이야 많으면 많을수록 좋은 것이거늘, 그대들은 내 후사가 많음이 좋지 않은 모양이구나. 또한, 너희가 힘을 써 빈어를 들여야 함은 어찌 몰랐더냐? 그리고 지금 너희가 말하는 여인들은 대체 누구를 뜻함이더냐?"

"조기와 김두남의 서녀를 이르는 것이옵니다."

인조가 미간을 찌푸리며 대신들을 쏘아보았다. 대사간 정백창(鄭百昌)이 조기와 김두남의 서녀를 인조에게 진납했다는 것은 궐 안팎으로 이미 소문이 자자했다. 그들 중 인조가 조기의 딸을 매우 어여뻐한다는 것이었다.

인조가 소리쳤다.

"내가 얼자와 천인이 궐에 들어와 복역하는 일까지 하나하나 신경

---

24 嬪御. 임금의 첩

을 써야 하는 것인가? 그 아이들이 나의 후궁이던가? 그 아이들은 한 낱 나인에 불과한 아이들이다."

"하오나 흉흉한 소문이 나돌고 있사옵니다. 대사간 정백창이 어찌 사사로이 두 서녀를 전하께 바친 것이옵니까? 이는 부정한 길이옵니 다. 이곳을 즐기는 염치없는 무리가 이를 본받는다면 앞으로 더 큰 화 를 불러올 것이옵니다. 삼가 바라건대 속히 서녀들을 내치시고 명하여 정백창을 죄줌으로써 온 나라의 백성들로 하여금 허물을 고치는 데 인 색하지 않은 성상의 마음을 보이소서."

"실로 천하에 괴이한 일이로다. 실로 괘씸하여 입을 열 수가 없도 다. 궐 안에서 내가 그들을 빈첩으로 대한 적도 없건만 억지로 죄를 만 들고 있으니 이는 필시 간흉들이 말을 날조하고 선동시킨 것이리라. 이 소문의 출처부터 조사하도록 하라."

인조는 이명준의 진언을 받아들이지 않고 도리어 청천벽력 같은 화를 냈다. 그러나 끝내 인조는 조기와 김두남의 여식을 돌려보내지 않았다. 오히려 인조에게 조씨를 바친 정백창은 1년 뒤 대사간을 거쳐 이조참판이 되었다. 인조 13년에는 승정원의 으뜸 벼슬인 도승지까지 올랐다.

정백창의 부인은 인조의 첫 번째 왕비였던 인렬왕후의 언니였다. 인렬왕후는 소현세자의 생모이다. 그러니까 형부가 처제의 남편에게 여자를 바친 것이었다. 정백창의 장인은 인조의 장인으로 국구였다.

조씨가 궁궐에 들어오고 5년 뒤 인조의 왕비였던 인렬왕후 한씨가 42세로 세상을 떠났다. 그로부터 2년 뒤 조씨는 후궁 첩지를 받았다. 인렬왕후는 늦은 나이로 대군을 출산했는데, 대군이 그날로 바로 죽었 다. 그리고 4일 뒤 인렬왕후는 산후병과 마음 병으로 죽은 대군을 따라

운명을 달리했다.

어찌 보면 인렬왕후에게 그녀의 이른 죽음은 다행이었는지도 모른
다. 형부가 남편에게 바친 여인으로 인해 인렬왕후는 자신의 장자와 며
느리, 손자들이 억울하고 참혹하게 죽은 사실은 알지 못했으니 말이다.

* 출처:《인조실록》23권 8년 7월 2일 기사

총애를 등에 업고
새 중전과 임금을 별거시키다

새 중전이 경덕궁으로 옮겨 갔다.

세자가 돈화문 밖에서 전송하고, 질병으로 인해서 따라가지 못하였다.

내전이 거처를 옮기는 일은 전일에 없었던 일이었다.

조씨는 중전이었던 인렬왕후가 죽고 난 후 후궁에 책봉된 지 1년 만에 정4품 숙원(淑媛)이 되었다. 소현세자가 죽고 봉림대군이 세자로 책봉된 당시 조씨는 정2품인 소의(昭儀)로 승격됐다.

그사이 인조는 새 왕비를 맞이했다. 바로 장렬왕후 조씨다. 왕비의 삼년상이 끝나고 44세였던 인조에게 시집을 오겠다는 사대부의 여식은 아무도 없었다. 이에 분노한 인조는 대궐에 나온 처자들이 혼인할 수 있도록 허락한다는 하교까지 내리고 나서야 새 중전을 맞아들였다. 솔직히 인조의 총애를 받고 있던 조씨가 두 눈을 시퍼렇게 뜨고 있는데 중전으로 여식을 내어놓을 만한 집은 드물었다. 여차하면 세자와 세자빈처럼 죽을 수도 있었다.

그러나 인조는 다행인지 불행인지 조창원(趙昌遠)의 여식을 중전으로 맞이했다. 열다섯 어린 신부였다.

"마마께서 중전의 자리에 오르셨어야 했사온데 말입니다."

조 소의가 싱겁게 피식 웃었다. 그녀의 처소엔 김자점(金自點)이 들어 있었는데, 이들은 서로가 권력을 나눠 갖는 공생 관계였다.

"국모가 되지 못하였다고 한들 무에 아쉬울 게 있겠습니까? 그도 아닙니다. 후궁의 최고 자리에 오른다 한들 중전의 자리만 하겠습니까? 내가 아무리 임금의 사랑을 독차지하고 권력을 행사하더라도 말입니다. 말을 뱉고 나니 억울한 것도 같습니다."

"너무 심려치 마옵소서. 소의마마야말로 이 나라의 진정한 국모가 아니겠습니까? 허울뿐인 중전의 자리는 그저 저기 어리신 중전께 줘버리시옵소서. 곧 궁도 옮겨 나갈 터인데 대궐의 진정한 주인은 마마가 아니고 누구이겠습니까?"

김자점의 말에 조 소의가 만족스러운 얼굴이 되었다. 후궁으로서 국모의 자리에 오른 것은 전례에 없었던 일도 아니었다. 후궁이 중전이 되기도 했었다. 하지만 조 소의는 알고 있었다. 자신은 절대로 중전이 될 수 없음을 말이다. 바로 자신의 출신 성분 때문이었다. 자신은 서녀였다. 어미가 첩이었다. 반정으로 왕에 오른 인조는 정통성을 중요시해야 왕의 입지가 더욱 단단해질 수 있었으므로 중전의 자리에 조씨를 올릴 수가 없었다.

하지만 어린 중전이 들어왔다고 해도 그 어리다는 것은 중전의 무기가 되지 못했다. 여전히 인조는 조 소의만을 총애했다.

어린 중전이 궐에 들어온 지도 벌써 7년이나 지났다. 조 소의가 말했다.

"이제 곧 전하께서 어명을 내리시겠군요. 다시는, 다시는 이곳으로 돌아오지 못할 것입니다. 암요, 이 궁궐의 안주인은 나여야만 합니다."

그 시각 인조가 대신들을 불러 하교했다.

"내 일전 한번 일렀도다. 중전이 경덕궁으로 거처를 옮길 것이니 그리들 알고 준비하라."

승지 이래(李秾), 정치화(鄭致和) 등이 아뢰었다.

"중전께서 별궁으로 이어하시는 것은 사안이 매우 중대한데, 이러한 하교가 뜻밖이라 모두들 의혹을 가질 것이옵니다. 대신들과 의논하여 결정하는 것이 어떨까 하옵니다."

인조의 얼굴이 붉으락푸르락했다. 전혀 달갑지 않은 소리였다.

"그곳이나 이곳이나 다 같은 거처이거늘 무엇이 나쁘겠는가."

중전은 당시 풍병을 앓고 있어 현기증을 호소하거나 간혹 놀라 경련을 일으키기도 했다. 인조는 그와 같은 핑계 또한 끌어들였다.

양사가 끈질기게 반대에 나서자 인조도 물러서지 않았다.

"중전이 풍간뿐만 아니라 의원에게 듣자 하니 전염병까지 있다 하였다. 그런데도 너희는 나의 몸을 살피지도 않으면서 이러는 의도를 모르겠다. 다 필요 없다. 당장 중전의 거처를 옮길 터이니 그리들 알라."

11월 2일 중전이 경덕궁으로 옮겨 갔다. 이미 이전부터 조 소의가 이간질을 심하게 하니 중전의 거처엔 얼씬도 하지 않았던 인조였다. 또 인조는 그간 내관을 경덕궁 단명전으로 보내 수리를 하고 있었던 터라 정원에서만 모르고 있을 뿐이었다. 인조가 중전을 별치시킬 뜻이 있음을 가까운 이들은 모두가 알았다.

경덕궁으로 쫓겨난 젊은 왕비는 1649년 5월 8일 인조가 청덕궁 대조전에서 죽은 후에야 돌아올 수 있었다. 이로써 궐 안이나 밖이나, 조 소의의 세는 더욱 커져갔다. 인조가 죽은 직후 장렬왕후 조씨는 26세였다. 인조가 죽으며 그녀는 대비가 되었고, 10년 뒤 효종이 죽고, 1674년에는 손자인 현종마저 죽었다. 그 후 그녀는 증손자인 숙종이 왕위에 오르고도 14년을 홀로 더 살다 65세로 졸했다.

중전에서 대비, 왕대비, 대왕대비가 되기까지 독수공방의 세월이 그녀 삶의 전부였다.

> 이때 새 중전 및 장 숙의가 모두 사랑을 받지 못하고 소의만이 더 더욱 총애를 받았으며, 또 성품이 엉큼하고 교사스러워서 뜻에 거슬리는 자를 모함하기가 일쑤이므로, 궁중에서 두려워하지 않는 사람이 없었다. ─《인조실록》

* 출처:《인조실록》36권 16년 3월 16일 기사, 46권 23년 10월 9일 기사, 46권 23년 10월 18일 기사, 46권 23년 11월 2일 기사, 50권 27년 5월 8일 기사

배운 게 도둑질이라고,
저도 제 아드님을 왕위에 올려야겠습니다

"나와 어머니가 임금을 저주하였다. 일이 이루어진 후에는
승선군을 세우고자 하였다." 효명옹주의 말이었다.
효명옹주는 조씨의 딸이었고, 숭선군은 조씨의 첫째 아들이었다.

조씨는 중전을 별궁으로 내쫓고 후궁의 최고 품계인 귀인(貴人)이 되었다. 이때 조 귀인과 손을 잡은 이가 있었으니 바로 김자점이다. 김자점은 광해군 때 인목대비 폐모론에 벼슬을 그만두었다. 그리고 인조반정에 일등 공신으로 출세가도를 달리기 시작했다. 소현세자를 비롯하여 세자빈 강씨의 전복 사건에서도 극형을 강력히 주장한 이가 바로 김자점이었다.

그는 조 귀인의 하나밖에 없는 딸을 손자며느리로 삼으며 인조와의 관계를 더욱 확고히 했다. 조 귀인이 김자점과 손을 잡은 이유 중 하나가, 만일 자신의 아들이 왕위에 오른다면 청나라의 승인을 쉽게 받을 수 있으리라 여긴 점이었다. 당시 송시열 등으로 위기를 느낀 김자점은 북벌론을 청나라에 밀고함으로써 그들의 보호를 받고 있었다.

조 귀인의 위력이 얼마나 대단했으면 인조가 죽자 효종은 조씨의 세 남매에게 노비를 각각 150명씩 내리기도 했다.

인조가 죽고 궐로 돌아온 장렬왕후는 대비가 되었다. 대비전에 앉아 있던 장렬왕후가 상궁을 다그쳤다.

"어찌 이리도 굼뜰 수가 있는가? 내 이것을 당장 잡아들이라고 하지 않았더냐?"

"예, 대비마마! 지금 오고 있는 중이라 하옵니다."

"내 이 요망한 것을 가만두지 않을 것이야."

장렬왕후의 얼굴은 무언가 단단한 결심을 세운 듯 강건했다. 이윽고 대비전으로 한 여인이 들어왔다. 영이(英伊)란 아이였다. 영이가 대비전으로 들어서는 무릎을 꿇었다.

"부르셨사옵니까? 대비마마!"

"조 귀인의 권세가 제아무리 높다 하나 네년까지 설마 조 귀인의 흉내를 내는 것이더냐? 네년이 내가 조 귀인으로 인해 궐에서 쫓겨났었다고 지금 나를 무시하는 것이더냐?"

"마, 마마…!"

영이가 몸을 더욱 엎드렸다. 영이는 원래 조 귀인의 딸인 효명옹주(孝明翁主)의 여종이었다. 자색이 곱고 수를 잘 놓았는데, 조 귀인이 그런 영이를 자신의 아들인 숭선군(崇善君)에게 내려준 것이었다. 숭선군은 영이를 어여뻐 여겼다. 영이는 숭선군의 사랑을 믿고 조 귀인처럼 숭선군의 부인에게 방자하게 굴었다. 숭선군의 부인 신씨는, 바로 영이를 부른 장렬왕후의 조카였다. 즉, 숭선군의 부인 신씨의 이모가 바로 장렬왕후였던 것이다.

"숭선군의 부인이 누군지 네년이 더 잘 알 터. 내 오늘 네년의 버릇을 단단히 고쳐줄 것이야."

영이가 손이 발이 되도록 빌었다.

"마마, 대비마마! 오해이시옵니다. 이년이 어찌, 어찌 부부인을 함부로 대했겠사옵니까?"

"내 모를 줄 알았더냐? 네년이 부부인에게 한 짓거리들을 말이다. 네 아무리 조 귀인의 권세를 믿고 까분다 하지만 실상 이 대궐의 주인은 나이니라. 김 상궁! 저년의 버릇을 내 오늘 바로잡아야겠다. 회초리를 들이라."

대비전 상궁이 회초리를 한가득 들여놓았다. 영이는 실로 기함할 지경이었다.

"마마, 마마! 살려주옵소서. 이년이 마마께 긴히 드릴 말씀이 있사옵니다. 마마를 진정한 궐의 안주인으로 만들 그런 소식을 이년이 알고 있사옵니다."

상궁 둘이 영이의 팔을 붙잡아 세우려는 중이었다. 회초리를 집어들던 장렬왕후가 의아해하며 입을 열었다. 무언가 큰 것이 걸릴 듯했다.

"긴히 할 말이라. 내 들어보고 너의 목숨을 살릴지 죽일지 결정하겠다. 네년 하나 죽어 나간다고 해서 조 귀인이 너의 장례라도 치러줄 것 같더냐? 어디 고해보거라."

영이가 주위를 두리번거리더니 이내 속삭였다.

"조 귀인께서 매번 '대비마마께서 자신을 구박하기가 어찌나 심한지' 하면서 아침저녁으로 우물물을 길어놓고는 사람들을 모두 물리고 몰래 기도하였사옵니다. 또한 심복 두세 시녀와 앵무(鸚鵡)라는 여자 무당과 해괴한 일을 모의하기도 하였사옵니다."

장렬왕후는 들고 있던 회초리를 놓치고는 놀라 벌어진 입을 다물지 못했다. 이 일은 효종에게 전달되어 국청이 설치되었다. 조 귀인과 그의 비복들, 무당 앵무까지도 모조리 잡혀 들어왔다.

문초가 시작되자 승복한 이도 있었고, 불복한 채로 죽는 이도 있었다. 앵무가 승복한 뒤로는 그녀의 말에 따라 대궐 곳곳에 땅을 파니 뼛가루가 재와 같이 무수했다.

죄인들이 승복한 초사[25]는 모두가 비슷했다. 앙진(仰眞)과 가음춘(加音春)이 문초를 이기지 못하고 진술했다.

"우리가 옛 무덤에서 썩은 관의 조각을 구하여 조 귀인에게 바쳤습니다. 그리고 불상을 주조하고 부도한 내용으로 기도한 일에 대해서도 모두 참여하여 알고 있습니다. 그리고 귀인이 작은 궤짝에다 사람의 뼛가루를 담아서 우리를 시켜 옹주에게 전해주게 하여 저주하는 데 쓰게 하였습니다."

예일(禮一)과 업이(業伊) 매를 이기지 못하고 진술했다.

"옹주가 옷소매 속에다 뼛가루를 담아서 대전 및 인평대군[26]의 집에다 뿌렸습니다. 그리고 다른 더럽고 흉한 물건도 많이 묻었습니다."

실로 대비전 침실을 파니 이상한 물건들이 수두룩했다. 이뿐만이 아니었다. 조씨는 딸을 시켜 대군과 부마의 집에 아침저녁으로 출입하면서 세수하고 머리를 빗을 때 쓰는 도구라고 칭하고서는 옷소매에 흉한 물건을 넣어 가지고 들어가 일을 꾸몄다. 심지어는 흰 이가 있는 머

---

25 招辭. 죄인이 자기의 범죄 사실을 진술하던 말
26 麟坪大君. 인조의 셋째 아들

리뼈와 누린내 나는 뼛가루를 가지고 와 자전과 대전에 흩뿌리거나 묻은 일까지도 발각되었다.

12월 13일에는 효명옹주의 남편인 김세룡(金世龍), 김식(金鉽) 등을 추국하면서 역모에 관한 것이 수면 위로 떠올랐다. 김세룡은 김자점의 손자였다. 김세룡도 의금부 심문에 조 귀인의 역모를 실토할 수밖에 없었다.

"부인과 귀인께서 임금을 저주하고 일이 이뤄지면 숭선군을 왕으로 세우고자 한다 하였습니다. 기축년에는 귀인께서 대전을 저주하였으며, 이미 불상까지 주조하였다고 했습니다."

옆에 있던 조 귀인이 소리쳤다. 여전히 앙칼진 것이 죄를 인정하지 못하고 있었다.

"예가 어디라고 거짓을 고한단 말이냐? 네놈이 실로 보았더냐? 나의 권세를 업고 네 할아비와 그리도 부귀영화를 누렸건만, 어찌 나를 이리도 배신하는 것이더냐? 모두가 거짓입니다. 전하, 모두가 거짓입니다! 승하하신 선왕께서 신첩을 어찌 대하셨는지 잊으셨단 말입니까?"

자신의 아들을 왕으로 세우려고 했던 조씨는 결국 파경을 맞이했다. 이 일로 하여 김자점도 처형되었다. 김자점의 아들인 김익과 그의 아들 김세룡이 조씨와 함께 숭선군을 왕으로 옹립하고자 역모를 함께 꾸몄기 때문이었다.

대신이 아뢰었다.

"김자점은 자기 멋대로 밖에서 훈신들을 불러들여 장차 고명을 받으려 했던 것은 임금을 세우기로 희망한 자가 있어 그런 것이옵니다."

효종이 대답했다.

"자점이 신하로서 나를 섬기지 아니하고자 하는 것은 내가 알고 있은 지가 벌써 오래되었다. 죄인 조씨와 김자점이 안팎으로 결탁하여 흉한 음모가 낭자하니 궁중에서는 조씨로부터 일어나고, 역모는 밖에서 김자점으로부터 싹이 텄음이다."

김자점은 효종이 왕위에 오르면서 송시열 등의 사림을 등용하자 그들에게 탄핵받아 인조 승하 6일 만에 유배되었다. 그러자 조 귀인은 마음이 더욱 급해졌고 결국 믿고 있던 영이로 인해 모든 것이 수포로 돌아갔다.

효종이 명했다.

"죄인 조씨는 들어라. 내 선대왕의 은혜를 생각하며 명하니 스스로 자결하라. 또한 특별히 은전을 베푸니 장사는 예를 갖추어주겠노라."

그렇게 조씨는 스스로 목숨을 끊었다. 특별히 그녀의 작호는 폐하지 않았다. 다만 소생인 효명옹주와 숭선군, 낙선군은 작호를 빼앗겨 유배되었다. 김자점의 아들과 조씨의 사위 김세룡은 처형되었다.

당초에 김자점이 조 귀인과 결탁하여 국권을 농락하고 조정을 탁란하게 하니, 몇몇 이름난 벼슬아치들이 붙어 친밀하여 세력을 조성하니 중외에서 분하다 하고 미워하지 않는 이가 없었다.

—《연려실기술》

* 출처:《효종실록》7권 2년 11월 23일 기사, 7권 2년 12월 13일 기사, 7권 2년 12월 14일 기사,《조야첨재(朝野僉載)》,《공사견문록(公私見聞錄)》

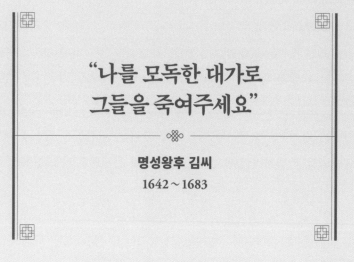

"나를 모독한 대가로
그들을 죽여주세요"

명성왕후 김씨
1642~1683

명성왕후(明聖王后) 김씨는 숙종의 어머니이다. 그녀의 본관은 청풍(淸風)이고, 아버지는 영돈녕부사 청풍부원군(淸風府院君) 김우명(金佑明)이며 어머니는 송씨(宋氏)다. 1642년 5월에 태어났고 1683년 12월 5일에 42세로 죽었다.

10세에 현종과 혼인해서 세자빈이 되었다. 효종이 죽고 현종이 왕에 오르자 1659년 5월 왕비로 책봉되었다. 현종 2년(1661) 8월에 원자인 숙종을 낳았다. 이후에 명선(明善), 명혜(明惠), 명안(明安) 공주를 낳았는데 명선, 명혜공주는 출가하기 전 일찍 죽었다.

현종은 후궁은 따로 두지 않았다. 일설에는 현종의 순애보가 아니냐는 말도 있고, 또 일설에는 감정을 잘 다스리지 못해 성질이 드세고 사내와 같은 김씨 때문에 현종이 감히 후궁을 보지 못했다는 풍문도 있다.

을미사변으로 유명한 명성황후 민씨는 고종의 부인이다. 왕후와 황후의 차이다.

나라고 정권을
장악하지 말라는 법이 있느냐?

대신 이하가 들어가 자리에 가서 앉으니 문짝 안에서 부인의 울음소리가 나므로

비로소 명성왕후가 나와 있음을 알았다. 조적, 조사기는

명성왕후의 일이 문정왕후 윤씨와 같다고 빗대기도 하였다.

10세에 현종과 혼인한 명성왕후 김씨는 서른셋 젊은 나이에 과부가 되었다. 그때 숙종의 나이 14세였다.

대비전에 명성왕후 김씨의 친정아비인 김우명(金佑明)이 그녀와 마주했다. 숙종이 왕이 되었지만 세는 남인(南人)이 잡고 있었다. 명성왕후와 김우명은 서인(西人)이었다.

"보통 주상이 어리면 대비가 수렴청정을 보기 마련입니다. 하지만 저들은 지금 저와 아버님을 보란 듯 무시하고 있는 것입니다."

원상들은 명성왕후의 정치 관여를 원치 않았고, 숙종은 어린 나이로 친정(親征) 중이었다. 명성왕후가 다시금 말을 이었다.

"왕이 바뀌었습니다. 그렇다면 저들이 쥐고 있는 것도 빼앗아야지요."

"그러나 마마, 섣불리 움직였다가 외려…."

명성왕후가 아비를 보며 버럭 노기를 드러냈다.

"그러니까 먼저 움직여야 한다는 것입니다. 저 어린 임금이 보위에서 쫓겨나 보십시오. 우리는 끝입니다. 아무도 전하를 지켜줄 만한 힘이 없단 소리입니다."

현종 때부터 계속된 예송 논쟁[27]으로, 제2차 예송 문제에서 서인이 패하는 바람에 숙종 즉위 직후 세력은 남인의 차지였다. 명성왕후의 반대파로는 허적(許積), 윤휴(尹鑴), 허목(許穆), 이하진(李夏鎭), 홍우원(洪宇遠) 등이었다.

이제 정권을 바꿔 서인이 득세한다면 문정왕후와 같은 권력을 잡지 말라는 법도 없었다. 숙종 또한 든든한 후원자인 자신과 외할아버지로 인해 왕권 강화는 물론이요, 안정된 정사를 펼칠 터였다.

명성왕후가 소신이 선 듯 말했다.

"문제는 인조의 세 번째 아들이었던 인평대군의 아들들입니다. 복창군(福昌君)과 복선군(福善君), 복평군(福平君). 이들을 어찌 처단할 것이냐…. 남인의 세력을 등에 업고 이들이 왕이 되지 말라는 법은 없질 않습니까? 더군다나 이들의 외조부는 우의정 오단(吳端)입니다. 허적과 손을 잡고 지금 정권을 농락하고 있는 자들입니다."

인조는 정비에게서 세 명의 아들을 두었었다. 소현세자, 효종, 인평대군(麟坪大君)이었다. 인평대군은 4명의 아들을 두었는데, 복녕군과

27　조선 시대, 현종(顯宗) 때 인조(仁祖)의 계비(繼妃)인 조대비(趙大妃)의 복상 문제를 둘러싸고 서인(西人)과 남인(南人) 사이에 크게 논란이 된 두 차례의 예법에 관한 논쟁

복창군, 복선군, 복평군이다. 복녕군은 일찍 요절했다.

드디어 김우명이 말을 꺼냈다.

"그들 형제들이 효종, 현종의 과한 사랑을 입어 그 행실들이 오만 방자함은 온 백성이 다 아는 사실이긴 합니다."

현종 9년에는 이 삼 형제가 경기 지방의 산골짜기까지 사냥을 갔었다. 그런데 문제는 그들이 데려간 사냥개의 먹이까지도 궁한 백성들에게 마련하게 해 탄핵까지 받았었다. 왕실의 친척으로 한양을 떠나면 경기 지방까지 출입하는 것도 법을 어긴 것이었다.

심지어는 국상 중에 궁녀와 관계를 한 것이 발각되었다. 현종이 죽자 상례 일로 복창군 이정(李楨)과 복평군 이연(李㮋)이 궁에서 유숙을 자주 했었는데, 소문에는 이들로 인해 임신한 궁녀까지 있다고 했다.

"먼저 물어뜯는 사람이 이기기도 쉬운 법입니다. 이리 앉아서 죽은들, 전장에 나가 죽은들 다를 것이 무에 있습니까? 전 제 아드님이라도 지켜야겠습니다. 그 화근덩어리 세 형제를 이참에 묻어야겠습니다. 궁녀와의 간통이라니요. 궁녀와 간통한 이는 모두 사형입니다. 어쩌면 저들은 벌써 남인과 결탁하여 무슨 일을 꾸미고 있는지도 모릅니다. 하니, 상소문을 올리세요. 이제 왕이 바뀌었노라고 선포를 해야지요. 증거는 확실합니다."

숙종 1년 3월 12일 김우명은 명성왕후의 명으로 복평, 복창군의 일을 숙종에게 알렸다. 한창 나이인 명성왕후 김씨는 숙종의 정사에 과감하게 첫발을 디뎠다.

제일 먼저 허적, 오정위가 숙종을 찾았다. 오정위는 복평군과 복창군의 외숙이었다. 복평군과 복창군의 그간 행패를 보면 궁녀와의 관계도 틀린 소문은 아니었다. 이들의 집에는 미인도 많았건만 꼭 궁녀와 간통을 했다. 그렇지만 이건 누가 보아도 그것을 빌미로 남인을 공격하는 것으로밖에 비춰지지 않았다.

이들은 마음이 급해졌다. 이번엔 그들의 또 다른 외숙인 오정창(吳挺昌)도 나섰다. 윤휴, 허목 등은 숙종을 면대하며 김우명을 불러들일 것을 요청했다. 삼자대면을 하자는 것이었다. 이는 대놓고 김우명을 무시하는 처사였다.

야대청 앞에서 명성왕후가 숙종에게 말했다.

"주상! 내 오늘은, 오늘만은 친히 저들을 보아야 하겠습니다. 하니, 윤허를 해주시지요."

숙종 1년 3월 14일, 명성왕후는 시퍼런 칼날을 세웠다. 숙종의 허락 따윈 필요 없었다. 야대청은 방이 한 칸이고 마루가 세 칸이었는데, 명성왕후가 대신들 몰래 방 안으로 모습을 감추었다. 이들은 지금 어린 숙종을 이용해 외려 친정아비인 김우명을 탄핵하려 들었다.

허적, 오정위, 오정창, 윤휴, 허목 등이 야대청에 들어 아뢰었다.

"전하! 청풍부원군 김우명은 무고로 왕손을 죽이려 하고 있사옵니다. 속히 처단을 하심이 옳으실 줄 아뢰옵니다."

"맞사옵니다. 선대왕의 총애를 얻은 군들이옵니다. 그들에게 어찌 그와 같은 죄를 옭아매어 죽일 수가 있사옵니까? 궁녀와의 간통은 곧 사형이옵니다. 무슨 연유로 군들을 모함하는지 청풍부원군 김우명의 저의가 실로 의심스럽사옵니다. 당장 잡아 국문을 해야 할 것이옵니다."

이들은 외려 김우명이 왕손을 죽이려 한다며 반박했다. 그때였다. 갑자기 아녀자의 울음소리가 들려왔다.

"흐흐, 으흐흑!"

그들은 그제야 명성왕후 김씨가 와 있음을 알게 되었다. 김씨가 허적을 향해 울며 소리쳤다.

"너는 여러 임금을 섬겨온 오랜 신하로서 은혜를 입었으면서 어찌 은혜를 갚기 위하여 힘쓸 것은 생각하지 않고 감히 내 눈으로 본 일을 애매하다고 하느냐?"

허적 외 모두가 당황했다. 대비가 다시금 말을 이었다.

"선왕(현종)께서 복창 형제를 대하심이 친형제와 다름이 없었다. 하루는 여러 공주들과 인선대비[28]께서 사사로 가지셨던 유물을 처리할 때, 복창이 궁녀 상업과 수상한 눈치를 하는 것을 보고 화근이 될까 두려워하여 처분을 내리려고 하던 중에 선왕께서 갑자기 승하하셨다. 내가 안에서 상업에게 파고 물었더니 말하기를, 인선대비의 초상 때 복창이 염습집사[29]로서 옷 보따리를 펼 때 몰래 손을 잡았으며, 또 발인하던 날 상여를 배설할 때 쪽지를 제 앞에 떨어뜨려 그리워하는 심정을 모두 말하더니 마침내 강간하였다 했다. 귀례는 물심부름하는 궁녀인데 복평이 번번이 차를 가져오라고 하고는 곧 손을 잡고 행랑으로 달려가니 하는 대로 좇았다고 하였다. 이런 일들은 선왕과 내가 친히 보고 들은 것이다. 이래도 내 아버님이 거짓을 고하고 그들을 음해하려 한다고 할 것이더냐?"

잠시 야대청이 술렁거렸다. 명성왕후가 말했다. 목소리가 차분히 엄해지고 있었다.

---

28 효종의 비
29 斂襲執事. 염습을 돕는, 조선 시대 임시 벼슬

조선의 뒷담화

"이미 복창군, 복평군과 간통했다는 나인 상업과 내수사의 종 귀례는 전하의 어명으로 국문이 이루어졌고, 이들은 그간의 일을 전부 자백하였다. 이래도 청풍부원군께서 왕손들을 무고로 죽이려 한다고 할 것이냐?"

허목과 그의 외숙, 야대청에 들었던 남인들이 서로의 눈치를 보며 고개를 내저었다. 더는 그들 형제를 감싸줄 수가 없는 상황이었다. 허적과 남인은 하는 수 없이 복창군과 복평군을 벌하여줄 것을 청했다. 복창군과 복평군은 이 일로 유배되었는데, 궁녀를 뜻하는 홍수를 써서 사건을 '홍수의 변(紅袖之變)'으로 마무리 지었다.

하지만 이들은 명성왕후의 도전을 그냥 넘길 수가 없었다. 이번 사건은 이것으로 무마되었지만 자신들의 자리를 뺏으려는 암탉은 적일 뿐이었다. 제2의 문정왕후가 살아 돌아와서는 안 될 일이었다.

이들은 집요하게 상소를 올려 명성왕후의 행동을 비난했다. 명성왕후의 행동을 관속, 즉 묶어놓아 다시는 이와 같은 일이 없게 하라는 것이었다. 이어 홍우원도 대비를 공격했다.

"여자는 안에서 위치를 잘 지키고, 남자는 밖에서 위치를 바로 지킨다 하였습니다. 그러므로 부인은 안에서 위치를 바르게 지키고 바깥일에 간여하지 말 것이며, 자기 마음대로 하는 일이 없어야 한다는 삼종지도가 있으니 조금이라도 이 도리에 어김이 있다면 주역에서 말한 안과 밖의 뜻에 어그러지는 것입니다. 전하께서 어리신 나이에 나랏일을 이어 맡으셨으나 몸소 모든 정사를 처리하시고, 대비는 수렴청정하신 일이 없사옵니다."

이들은 여기서 물러나지 않았다. 박헌(朴瀗)을 시켜 소를 올리기도 했는데, 명성왕후의 아버지 김우명은 박헌의 소로 인해 술을 마시다

술병으로 세상마저 떠났다. 권력을 잡아보려고 했던 명성왕후는 남인들의 무차별한 공격을 받으며 정치 선에 다시는 끼어들지 못했다.

하지만 정권은 바뀌었다. 위의 사건으로 명성왕후 김씨를 무시하고 함부로 깎아내렸던 이들은 숙종 6년(1680) 경신환국(庚申換局)이 일어나자 대비 모독죄로 사사되거나 유배되었다. 이때 복평군 이연과 복선군 이남은 '삼복의 난'으로 처형되었다. 바닥으로 떨어졌던 명성왕후의 자존심이 조금은 회복되었다. 그러나 그녀가 다시금 정치권으로 발을 들여놓기에는 아들이 너무 장성한 뒤였다. 당시 숙종의 나이 스물이었다.

* 출처:《숙종실록》3권 1년 3월 12일 기사, 3권 1년 3월 14일 기사, 3권 1년 4월 25일 기사

너도
남인이렷다?

장씨(장희빈)는 나인으로 뽑혀 궁중에 들어왔는데 얼굴이 아름다웠다.

경신년 인경왕후[30]가 승하한 후 비로소 은총을 받았다.

명성왕후(明聖王后) 김씨가 곧 명을 내려 그 집으로 쫓아냈는데,

숭선군(崇善君) 이징[31]의 아내 신씨가 기회로 여겨 보살펴주었다.

　　장씨의 이름은 옥정으로, 얼굴이 아름답기로 소문이 자자했다. 그녀에겐 장현(張炫)이란 당숙이 있었다. 장현은 역관(曆官)으로, 집이 매우 부유해 거부(巨富)로 유명했다. 재물이 많으면 벼슬아치들과 친분이 있기 마련이었다. 장현은 권력을 잡고 있던 남인과 가까웠다. 장현은 복창군 이정과 복선군 이남의 뒤를 돈으로 봐주었는데, 아쉽게도 경신환국으로 옥사에서 형을 받고 유배되었다. 옥정은 그런 장현의 집에서 자랐다. 그래서 명성왕후 김씨와는 어찌 보면 원수나 마찬가지였다.

30　仁敬王后. 숙종의 첫 번째 왕비
31　李澂. 귀인 조씨의 아들

장씨가 언제 궐로 들어왔는지는 모르나 첫 번째 왕비 인경황후가 죽은 후, 유독 많은 숙종의 관심과 사랑을 받았다.

그러나 그들의 사랑은 오래가지 못했다. 명성왕후 김씨가 장옥정을 궐에서 쫓아냈기 때문이다. 장씨가 남인 집안이라는 게 이유였다. 그도 그럴 만한 것이, 남인에게 그토록 공격을 당했으니 명성왕후 김씨로서는 남쪽으로 눈길조차 주기 싫었다.

"저따위 역관의 번번한 계집 하나로 전하를 구워삶아 다시금 정권을 잡아보시겠다? 하! 어림 반 푼어치도 없는 짓거리들을 하고 있는 것이야."

명성왕후 김씨가 콧방귀를 뀌었다. 그녀의 말대로 장옥정은 인물이 매우 출중했다. 그랬으니 당연히 숙종의 눈에 띄었을 수밖에.

"대비마마!"

명성왕후 김씨에게 손님이 찾아왔다. 여흥 민씨 민유중(閔維重)의 여식, 인현왕후(仁顯王后) 민씨였다. 숙종의 첫 번째 왕비가 죽고 새로이 책봉된 중전이었다.

명성왕후 김씨가 도탑게 반겼다.

"중전! 한시라도 바삐 후사를 보아야 합니다. 그것만이 주상과 중전께서 화평할 수 있는 길입니다."

당시 장옥정은 숭선군 이징의 아내 신씨가 보살펴주고 있었다. 이징은 인조 때 귀인 조씨의 소생이다. 그 아내 신씨가 바로 인조의 계비 장렬왕후의 조카였다. 장렬왕후는 현재 대왕대비였다. 숭선군의 아내 또한 그녀를 보살핌으로써 권력을 잡아보고자 함이었다.

명성왕후가 중전 민씨를 보았다.

"중전께서 무언가 달리 무거운 말씀이 있으신 듯합니다."

"한 가지 청이 있사옵니다. 대비마마!"

민씨의 집안도 명성왕후와 같은 서인 출신이었다. 하지만 왕비가 된 지 5년이 지나도록 왕손을 보지 못했다.

"대왕대비전에 다녀오신 겝니까? 하여 장 나인에 대해 말씀을 하시려는 겝니까?"

신씨의 권모술수로 인해 대왕대비마저 장옥정의 편에 서서 그녀를 매우 아꼈다. 아녀자로서 칠거지악(七去之惡)과 삼종지도(三從之道)에 발목이 붙잡혀 지아비의 사랑을 얻지 못하더라도 꼼짝없이 웃으며 살 수밖에 없는 것이 궁궐의 삶이었다. 그렇다. 중전의 자리는 지아비의 사랑을 받는 자리가 아니었다. 중전의 자리는 온 백성을 돌봐야 하는 국모의 자리였다.

인현왕후 민씨가 안색을 수습하며 웃었다. 명성왕후 김씨는 이와 같은 분위기가 어색하고 못마땅했다.

"마마! 임금의 은총을 입은 궁인이 오랫동안 민가에 머물러 있는 것은 사체[32]가 지극히 미안하니 다시 불러들이는 것이 마땅할 듯하옵니다."

명성왕후 김씨가 중전 민씨를 쏘아보았다. 그 화근덩어리가 아직도 정신을 차리지 못했음이었다. 명성왕후 김씨도 장옥정의 동태를 알고 있었다.

"쯧쯧쯧! 내 숭선군의 아내가 대왕대비를 자주 알현하는 것을 압니다. 노망이 나도 단단히 난 게지요. 이렇듯 중전께서 멀쩡히 계시온데 말입니다. 후궁이 필요하면 뽑아 올리도록 중전께서 명하세요. 장

---

32 事體. 사리(事理)와 체면(體面)을 아울러 이르는 말

나인은 아니 됩니다. 또한 내 중전의 마음 씀씀이를 잘 알고 있습니다. 내의원에 일러 한약을 한 재 지을 테니 성심껏 복용하세요.”

말을 잠시 끊은 명성왕후 김씨가 주위를 살피더니 인현왕후의 앞으로 고개를 디밀었다.

“중전께서는 하루라도 빨리 후사를 보셔야 할 것입니다. 그 요망한 것의 집안이 뼛속까지 남인인 것은 알 것입니다. 그것이 궁에 들어와 왕자라도 탄생시켜보세요. 다시 남인의 세상이 될 것입니다. 어쩌자고 그리 어리석은 청을 지금 제게 하는 것입니까? 맞습니다, 암! 그렇고 말고요. 중전이시니 당연히 후사를 생각하여 임금의 총애를 받고 있는 나인을 걱정하셔야지요.”

명성왕후가 안쓰러운 듯 다시 도타운 눈빛이 되었다.

“중전이 그 사람을 아직 보지 못하였기 때문입니다. 그 사람은 매우 간사하고 악독하고, 주상이 평일에도 희로의 감정이 느닷없이 일어나시는데, 만약 쬠을 받게 되면 국가의 화가 됨은 말로 다할 수 없을 것이니, 중전께서는 후일에도 마땅히 나의 말을 생각해야 할 것입니다.”[33]

인현왕후 민씨가 다시금 청했다.

“어찌 아직 일어나지도 않는 일을 미리 헤아려 국가의 사체를 돌아보지 않으시옵니까?”

명성왕후 김씨는 끝내 허락하지 않았다. 그것이 마치 남인에 대한

---

33 이 기록은 명성왕후가 죽고 난 후, 장옥정이 숙원으로 책봉될 당시 사관이 지난 일을 함께 기록한 것이다.

복수라도 되는 듯 김씨는 장옥정에게 이를 갈아댔다.

그러나 명성왕후 김씨가 1683년에 창경궁에서 42세로 사망하며 남인은 새로운 국면을 맞이했다. 장옥정이 궐로 들어왔고 왕자를 탄생시켰다. 왕자는 태어난 지 두 달 만에 원자가 되었다. 원자란 원래 왕비에게서 태어난 적장자를 지칭하는 것이었다. 곧 세자로 책봉하겠다는 숙종의 뜻이었다.

정작 살아서 권력을 잡지 못한 명성왕후 김씨와 달리, 그녀가 죽음으로써 장옥정은 일개 궁녀 출신으로 왕비에 올라 힘을 과시했다.

* 출처: 《숙종실록》 17권 12년 12월 19일 기사

내 아들만
살릴 수 있다면

숙종께서 천연두를 앓을 적에 무녀가 대궐로 들어가 기도하였는데,
호조 참판(戸曹參判) 박세채(朴世采)가 상소하여 논했다. 왕이 말하기를,
'무녀가 궁중에 들어와 기도하고 축원한 것은 참으로 불경스럽다마는
남의 병을 낫게 해달라고 기도하다가 죽었다고 소문이 난다면
이것도 또한 좋지 않을 일일 듯하다.' 하였다.

명성왕후 김씨는 비록 정권을 잡지는 못했지만 살아생전 누구보다
강인했다. 그런 그녀도 아들 숙종이 천연두에 걸리자 죽을상이 되었다.

숙종이 즉위하고 천연두가 유독 유행했다. 숙종의 첫 번째 왕비였
던 인경왕후(仁敬王后) 김씨도 천연두로 목숨을 잃었다.

"큰일이야. 주상께서 잘 보존하셔야 할 터인데…. 어허! 어찌 이리
늦을꼬."

명성왕후는 무녀(巫女) 막례(莫禮)를 기다리고 있었다. 시간이 지체
되어 역정이 났다가도 마음이 불안했다. 그때 마침 상궁 하나가 헐레
벌떡 대비전으로 들었다.

"마마, 무녀 막례가 지금 교자를 타고 궐로 들어오는 바람에…."

"하여, 누가 감히 교자를 잡았다고 하더냐? 그이가 누군 줄 알고,

누구의 명을 받고 입궐을 하였는지 몰라 그런 것이라더냐? 썩 가서 나의 명을 전하여라. 나라의 안보가 달린 문제이거늘. 당장 달려가지 못할까?"

상궁이 다시금 대비전을 뛰쳐나갔다. 본디 교자는 종1품 이상의 당상관들이 타던 가마였다. 그런 가마를 타고 무당이 궐에 들었다니, 영향력이 얼마나 막대한지 알 법하여 명성왕후는 오히려 막례의 배짱이 마음에 들었다.

드디어 그토록 기다리던 막례가 들었다. 명성왕후가 그녀의 손을 덥석 잡았다.

"어찌 방도가 없겠는가? 내 달라는 것은 무엇이든 줄 것이야."

죽어가는 자식 앞에서 잡지 못할 것은 없었다. 그것이 썩은 동아줄이든, 무당의 주술이든 상관이 없었다.

막례가 말했다.

"임금께서 삼재에 드셨으니 신께 빌기도 해야 하겠고, 대비마마께서도 복을 비셔야 하옵는데, 이리되오면 이년의 목숨 줄도 위험하게 되는 것은 아니온지요?"

명성왕후 김씨가 엄하게 꾸짖었다.

"지금 네년 목숨이 중요하더냐? 주상은 이 나라의 아비이니라. 너의 아버지란 말이다. 내 주상만 살린다면 무엇이 두려울까? 너의 명성이 자자해서 내 너를 친히 불렀는데, 네가 모시는 신의 재주는 꽤 쓸 만하지는 않은 듯하구나. 어찌하여 무당이 스스로의 목숨 줄도 읽지 못할까. 내 사람을 잘못 부른 것이야."

막례가 묘한 웃음을 짓더니 다소 점잖게 말을 받았다.

"하오시면 마마, 전하께서 입으시는 곤복³⁴이 필요하옵니다만."

명성왕후 김씨가 놀라며 되물었다.

"곤복이 무에 필요한가?"

"신께 복을 빌어야 할 터인데 전하께서 직접 비실 수는 없지 않사옵니까? 하여 이년이 직접 곤복을 입고 신께 빌어야 하오니 그리하여 주옵소서."

막례의 말은 틀린 소리가 아니었다. 명성왕후가 고개를 끄덕였다.

"알았네."

"하고⋯."

막례가 말을 하다 말았다. 명성왕후가 애가 타서 급히 물었다.

"또 무엇이 남았더냐?"

"이것이 제일 어려운 마지막 일이옵니다. 마마께서 매일 차가운 샘물로 목욕을 한 후 전하의 복을 함께 비셔야 하옵니다. 정녕 하실 수 있겠사옵니까?"

때는 11월 말이었고, 곧 12월이었다. 양력으로 따진다면 혹한인 1월쯤이었다.

"내 자식을 살리는 일에 어찌 나의 건강을 먼저 살핀단 말인가."

막례는 복을 빈다는 핑계로 곤복을 입고 흉악한 짓을 제멋대로 행했다. 아무도 말릴 수가 없었다. 대비는 매일 차가운 샘물로 목욕재계를 하고 숙종의 복을 빌었다. 건장한 사내도 한겨울 차가운 샘물을 이겨낼 이는 없었다.

---

34 袞服. 임금이 입던 정복. 누런빛이나 붉은빛의 비단으로 지었으며, 가슴과 등과 어깨에 용의 무늬를 수놓았다.

명성왕후 김씨는 그만 앓아눕고 말았다.

"어마마마! 어쩌자고 그런 짓을 하셨습니까? 어쩌자고 스스로 몸을 돌보지 않으신 채 무녀의 말을 들은 것입니까?"

이때 숙종은 천연두의 부스럼이 아물어 딱지가 생기고 있었다. 전염되는 병이라 오랜만에 맞은 아들의 모습이 더욱 애타게 반가웠다. 명성왕후의 손이 숙종의 볼을 쓰다듬었다. 장성한 아들이었건만 아직도 어미의 눈에는 그저 어린아이 같았다.

"보십시오, 그래서 이리 나으신 게 아니겠습니까? 어미는 괜찮습니다. 자식 앞에 목숨이 무에 아깝겠습니까?"

명성왕후의 병환이 깊어 숙종은 지방의 내로라하는 의관을 모두 불러들였다. 숙종의 눈에서 눈물이 떨어졌다.

명성왕후 김씨는 이날로부터 5일 뒤, 저승전(儲承殿)에서 42세의 나이로 운명을 달리했다. 어린 나이로 현종과 결혼하여 젊은 나이에 과부가 되었고, 자식 둘을 먼저 보냈던 어미는 결국 하나밖에 보지 못한 아들이 죽을까 무녀의 말을 듣다 생을 달리했다.

* 출처: 《숙종실록》 14권 9년 11월 30일 기사, 14권 9년 12월 5일 기사, 14권 9년 12월 15일 기사, 65권 숙종 대왕 행장(行狀)

3부

재 상 과 뒷 담 화

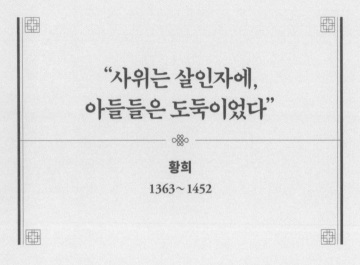

"사위는 살인자에,
아들들은 도둑이었다"

황희

1363~1452

비가 새는 초가집, 기운 이불, 그리고 서책. 황희는 청백리(淸白吏)였다. 청백리는 조선 최고의 관료상이었다. 황희는 태조, 정종, 태종, 세종까지 24년간이나 일한 최장수 재상이다. 임금에게 직언도 아끼지 않았던 황희는 왕들의 사랑을 듬뿍 받았다.

황희는 판강릉부사 황군서(黃君瑞)의 아들이며, 호는 방촌(厖村)이다. 사실 그는 황군서의 적자가 아닌 서자다. 어머니는 측실 김씨였는데, 집안의 여종이었다는 설도 있다. 황희는 자신이 정실의 아들이 아니라고 곧잘 말하곤 했다. 태종이 서얼금고법[1]을 시행하기 전까지는 고려 때부터 서얼에 대한 차별은 극히 드물었다. 그래서 조선 초기 서얼이었던 황희가 재상을 무려 24년이나 할 수 있었던 것이다.

그런 그도 남자이자 아버지로서 여자 문제와 자식 문제는 피해 가지는 못했다. 또한 좌상으로 있을 때는 감목(監牧) 태석균(太石鈞)의 죄를 해결하기 위해 이심(李審)의 아들 백견(伯堅)에게 뇌물로 청탁했다가 세종 12년 11월 24일에 관직이 잘린 적이 있다.

처가 사람들이 법에 어긋난 짓을 일삼아 고발되었을 때는 그들을 감싸며 변명했고, 박용의 아내에게는 뇌물로 말을 받아 사직을 청한 적이 있었으며, 한때는 황금을 뇌물로 받아 '황금 대사헌'으로 조롱을 받았다.

황희가 장인에게서 물려받은 노비는 단지 3명뿐이었고, 아버지에게 물려받은 것도 많지 않았다고 하지만, 기록에는 집안과 농막에서 부리는 이가 수없이 많다고 했다.

---

1   庶孼禁錮法. 조선 시대 양반의 자손이라도 첩의 소생은 관직에 나아갈 수 없게 한 제도

사위 서달이 사람을 때려죽이자
돈으로 매수하다

의금부에 가둔 황희, 맹사성을 파직하고 서선(徐選)의 직첩을
회수하는 등의 명을 내리다. 좌의정 황희와 우의정 맹사성과
형조판서 서선을 의금부에 가두었다. 사연은 황희의 사위 서달이
신창에서 아전을 죽인 사건에 연루된 것이었다.

　서달(徐達)은 황희의 사위였다. 서달이 신창현(新昌縣)에서 자신에게 예를 갖추지 않는다는 이유로 고을 아전을 잡아다가 마구 때렸다. 그런데 매를 맞은 아전이 이튿날 죽고 말았다. 아전의 이름은 표운평(表芸平)이었다. 운평의 집에서는 당연히 이 일을 상부에 보고하여 고소할 수밖에 없었다.

　황희의 인상이 어둑했다. 얼굴 전체에 퍼진 검버섯이 더욱 도드라져 보였다. 딸년이 찾아와 애걸복걸했다. 드디어 기다리던 맹사성이 사랑채에 들었다. 황희의 얼굴은 더욱 죽을상이 되었다. 맹사성은 우의정이었고, 황희는 직책이 좌의정이었다.

　맹사성이 사정을 몰라 먼저 물었다

　"좌의정께선 표정이 어찌 그러신가?"

"우의정, 나 좀 살려주시게."

"살려달라니, 어디 몹쓸 병이라도 걸렸나?"

"차라리 몹쓸 병에 걸렸으면 죽기라도 하지. 사위하고 딸년 덕에 이리 청을 넣고 있네. 서달이 사람을 죽였는데 조정에 알려지면 목숨이 위태로울 게 아닌가. 아전 하나가 예를 갖추지 않는다고 잡았다는데, 그걸 본 운평이란 자가 대거리를 하자 홧김에 그만 때려죽였다지 뭔가. 그 죽은 사람이 신창 사람이라 하네만."

황희가 말을 끊으며 잠시 맹사성의 눈치를 보았다. 신창이면 맹사성의 고향이었다. 황희가 다시금 부탁했다.

"어찌 좀 봐주시게. 딸을 과부로 만들 수는 없지 않은가? 신창 일만 잘 처리되면 서선이 형조판서로 있으니 문제 될 것은 없을 것이네."

맹사성이 사정을 이해한 듯 고개를 작게 끄덕였다. 형조판서 서선(徐選)은 서달의 아비였다. 또한 맹사성에게 고향 아전 하나 구워삶는 것은 일도 아니었다. 황희가 저렇게까지 청을 넣으니 맹사성도 뿌리치기가 힘들었다.

알음알음 운평의 집안에 대해 알아보니 때마침 운평의 형인 복만(卜萬)이 한양에 와 있었다. 당연히 복만은 뇌물을 덥석 받아먹고 제수씨에게 달려갔다. 복만이 울며 빌었다. 황희와 맹사성의 뜻을 어겼다간 신창에서 살지도 못하거니와 아전 짓도 못 할 판이었다. 한데, 뇌물까지 받았으니 죽은 동생은 안됐지만 살길이 두고두고 열린 것이었다.

"제수씨! 안타깝지만 죽은 자는 다시 살아날 수 없는 것 아니오. 본고을 재상(맹사성)과 현임 수령의 명령을 아전으로 순종하지 않다가 나중에 몸을 둘 곳도 없을 게고. 제발 우리 집 좀 살려주시오."

운평의 아내가 울부짖었다.

"아주버님, 사람이 죽었습니다. 어찌 생명을 저리도 하찮게 여긴답니까? 저는 살 수가 없습니다. 억울해서 살 수가 없어요. 매를 맞아 죽었습니다. 이 엄동설한에 매를 맞아 죽었다고요. 아주버님 동생이요."

복만이 싹싹 빌었다.

"죽은 것은 억울하지만 대신 그놈이 목숨값으로 돈은 벌어주고 갔으니, 제수씨! 앞으로 조카 놈들하고도 살아야 하지 않겠소? 여자 혼자 몸으로 어찌 산단 말이오. 어찌 제수씨의 억울한 심정을 내 모르겠소. 하나, 큰아버지인 나마저 아전에서 쫓겨나면 참말 큰일이 아니고 무엇이겠소."

하는 수 없이 운평의 아내는 합의하는 뜻으로 사화장(私和狀)을 써 주었다.

이후 조서가 다시금 꾸며졌다. 서달의 죄는 그의 종이 뒤집어썼고, 사건의 보고서는 7개월 동안이나 미뤄졌다가 슬그머니 의금부로 넘겨졌다. 이러는 와중 당연히 황희의 사위 서달은 방면되었다. 아버지가 형조판서니 일도 아니었다.

그러나 세종 9년 6월 21일, 세종이 정사를 보다 무언가 미심쩍어 물었다.

"이 일은 어떤 일이냐? 어찌하여 7개월이 지난 지금 보고서가 올라온 것이냐? 어찌 한낱 종놈이 아전을 때려죽였단 말이냐?"

형조판서 서선이 답하지 못하고 난처해하자 세종이 다시 물었다.

"이 종놈의 주인이 누구더냐? 누구냐고 물었다."

이에 황희가 급히 나서며 아뢰었다.

"이미 종놈과 아전 사이에 합의를 본 일인 줄 아옵니다. 하여 장계가 이제야 올라온 듯하옵니다."

"종놈이 아전과 합의를 한다? 하면 주인이 나섰단 소리가 아닌가? 종놈을 살리기 위해 주인이 직접 나섰다. 참으로 귀하고 옳은 일이 아닌가? 이가 누구인가?"

황희가 바닥에 엎드렸다. 서선도 바닥에 엎드리며 마지못해 입을 열었다. 맹사성 또한 질끈 눈을 감고 말했다.

"소, 소신의 아들이며 좌의정의 사위이옵니다."

"상전이 종놈을 살렸다… 거금을 들여서. 한데 어째서 너희는 지금 엎드려 흐느끼는 것인가? 무엇이냐? 네 아들의 종놈이 아전을 죽인 것이 확실하더냐? 아니면 너희가 작당을 부리는 것이더냐?"

서선이 변명을 했다.

"으흐흑, 전하! 전하, 그런 것이 아니옵고…. 아비 된 자로서 어찌 자식의 허물을 보고만 있겠사옵니까? 신을 죽여주옵소서."

세종이 자리에서 벌떡 일어섰다.

"아비 된 자로 자식의 허물이라? 하면 종놈이 죽인 것이 아니라 너의 아들이 사람을 죽인 것이더냐? 그런 것이더냐?"

"전하, 전하… 소신을 죽여주옵소서."

"아비 된 자이니 누구보다 자식의 허물을 바로잡았어야 하질 않더냐? 너희는 나라의 재상들이다. 이런 자들이 어찌 백성의 억울함을 살피지 않고 이와 같은 작당을 하였더냐? 여봐라, 형조판서 서선을 가두고 좌우정, 우의정 또한 금부에 가두라! 하고 이 일은 처음부터 철저히 다시금 조사하라."

그렇게 황희와 맹사성, 서선이 의금부에 갇혔다. 묻힐 뻔한 사건이 세종에 의해 만천하에 드러났다. 국문을 연 결과, 일을 쉬쉬하기 위해 황희와 맹사성, 서선은 신창현감 곽규(郭珪)에게 서신을 보냈으며, 사건을 조사한 감사, 온수현감, 직산현감, 목천현감, 대흥현감 등 일에 가담한 이들이 한둘이 아니었다.

황희와 맹사성은 파직되었다. 황희의 사위인 서달은 그 형벌이 교형에 해당되었는데, 세종은 그가 외아들이란 것을 감안하여 장 1백 대에 귀양 보내고 재물을 바치게 함으로 대신했다.

실록에는 황희를 두고 아래와 같은 기록을 남겼다.

청렴결백한 지조가 모자라서 정권(政權)을 오랫동안 잡고 있었으므로, 자못 청렴하지 못하다(簠簋)는 비난이 있었다.

* 출처: 《세종실록》 36권 9년 6월 21일 기사, 50권 12년 11월 24일 기사, 《문종실록》 12권 2년 2월 8일 기사

도둑놈의 자식들,
너희는 이제 내 자식이 아니다

황희의 아들 황중생의 절도에 대해 국문하다.

처음에 영의정 황희(黃喜)가 내섬시(內贍寺)의 여종을 첩으로 삼아

아들을 낳았는데, 황중생(黃仲生)이라 하였다.

　　황중생은 내섬시[2] 여종과 황희 사이에서 태어난 아들이었다. 중생이 하는 일은 세자의 소친시(小親侍)로, 일종의 심부름꾼이었다. 즉, 세자의 시중 드는 일을 맡아보았다.

　　그런데 중생에게는 황희조차도 모르는 나쁜 버릇이 있었다. 바로 도벽이었다. 세자의 거처인 동궁에서 금잔이 없어진 일이 해결되기도 전에, 지난번에는 광평대군[3]의 금띠가 없어져 한바탕 소란이 일었었다. 범인은 끝내 잡지 못했다.

2　內贍寺. 조선 시대에 각 궁(宮)에 올리던 토산물, 이품 이상 벼슬아치에게 주던 술, 일본인·여진인(女眞人)에게 주던 음식과 필목(疋木) 따위를 맡아보던 관아

3　廣平大君. 세종의 다섯 번째 아들

동궁 내관의 근심은 커져만 갔다.

"계속 범인을 잡지 못했다간 동궁을 지키는 모든 이들이 큰 화를 당할 터인데…."

귀한 물품들이 자꾸만 없어지다 보면 궁인이나 내관들이 문초를 겪을 수밖에 없었다. 사실 내관은 짚이는 곳이 있었다. 그러나 의심만으로 잡아들이자니 후환이 두려운 용의자였다. 바로 황희의 서얼인 황중생이었다.

한데, 이번엔 세자가 관복을 입을 때 사모 밑에 쓰던 모피로 된 이엄(耳掩)이 사라지는 일이 발생했다. 그리고 이엄이 사라지던 날, 퇴궐하던 중생의 소맷자락이 평소와 달랐다. 무언가를 급히 구겨 넣은 듯한 모양새였다. 게다가 중생의 행동거지도 어색하기 짝이 없었다.

동궁 내관은 멀쩡한 이를 의심했다는 이유로 국문을 당하더라도 계속 지켜만 볼 일이 아니었다. 내관은 무관 벼슬인 삼군진무를 불러 중생의 집을 수색하도록 청했다.

아니나 다를까. 없어진 이엄이 중생의 이불 속에서 발견되었다. 중생은 즉시 의금부로 잡혀 들어가 추국을 당했고, 모든 일을 자백했다. 그의 집에서는 이엄뿐 아니라 없어진 금잔도, 광평대군의 금띠 또한 나왔다.

그런데 없어진 금의 무게는 20냥이었는데 중생의 집에서 나온 것은 모두 11냥이었다. 의금부에서 물었다.

"바른대로 고하라. 없어진 아홉 냥은 어디에 숨겨둔 것이냐? 영의정인 네 아비에게 주었더냐?"

중생이 고개를 내저었다.

"모릅니다. 저는 아무것도 모릅니다. 그것들이 왜 소인의 집에서 발견되었는지 실로 알지 못합니다.”

“네놈이 아직도 정신을 차리지 못한 것이야! 매질을 더 당해야만 이실직고할 것이더냐? 영의정을 불러 대면을 시켜야 진실을 고할 테야?”

“아, 아닙니다. 소인이… 소인이 적형[4] 황보신에게 주었습니다. 그의 첩 윤이도 알고 있습니다.”

중생의 입은 황금의 무게만큼이나 무겁지 못했다. 황희의 자식 중 도벽이 있었던 것은 중생만이 아니었다. 황보신(黃保身)은 황희의 정실 부인에게 난 둘째 아들이었다.

“당장 황보신과 그의 첩 윤이(閏伊)를 잡아들여라.”

황보신과 윤이가 의금부로 잡혀 왔다. 의금부가 중생에게 다시금 물었다.

“아홉 냥은 어디로 간 것이냐? 누구에게 주었다고 하였더냐?”

중생이 황보신을 슬쩍 바라보자 황보신이 중생을 노려보았다. 황보신이 먼저 변명을 해댔다.

“아닙니다. 저는 아닙니다. 저는 받은 바가 없습니다. 어찌하여 저런 자의 말만을 듣고 이리 잡아들인 것입니까? 내가 영의정의 아들임을 모르고 이러시는 것입니까? 어찌하여 청백리를 겸한 아버님의 얼굴에 먹칠을 하겠습니까? 이는 저 서얼 놈의 농간입니다.”

중생에게 한차례 고문이 더 가해졌다. 중생은 처음과 같이 황보신에게 주었다고 말했다. 보신은 다시금 딱 잡아뗐다. 중생이 더는 참지

---

4 嫡兄. 첩에서 난 자식이 정실에게 난 형을 이르는 말

못하고 보신에게 미친놈처럼 대들었다.

"웃기시네! 너와 너의 첩 윤이가 같이 앉아 있을 때 내가 바로 쥐어주었다. 네가 윤이에게 묻기를 '네가 아는 척을 많이 하는데 이것이 진짜 황금이냐?' 하니 윤이가 대답했지. '진짜 황금이어요.' 그러자 네가 가죽 주머니에 넣질 않았더냐?"

이번엔 황보신의 첩 윤이가 무릎을 꿇으며 말했다.

"거짓을 꾸미는 것이지 사실이 아닙니다."

"정말 니들 이럴 거란 말이지? 네가 의금부지사가 되었을 때, 말 한 필과 필단 두 필을 훔쳐 윤이에게 주었지. 그뿐이랴? 금으로 만든 동곳[5]도 사사로이 훔쳐다가 저년의 머리에 꽂는 장식품으로 쓰질 않았더냐? 여기서 더 까발려보랴? 어? 네놈이 한 짓을 말이다."

소식을 듣고 급히 달려온 황희가 벽에 팔을 짚으며 몸을 의지했다.

"저, 저것들이 대체 어디서 왔을꼬…. 가문에 먹칠을 해도 유분수지."

황희는 할 수만 있다면 황보신은 부인의 배 속으로, 황중생은 첩의 배 속으로 도로 집어넣어 버리고픈 심정이었다.

이후 의금부가 황보신의 집을 수색하자 빼돌린 나머지 장물들이 많이 발견되었다. 의금부에 갇힌 황중생에게 황희가 찾아왔다. 아무런 말도 없이 우뚝 서 있는 아버지를 보며 중생도 할 말이 없었다. 황희가 말했다.

---

5 상투를 튼 뒤에 그것이 다시 풀어지지 않도록 꽂는 물건. 금, 은, 옥, 산호, 밀화, 나무 따위로 만들며 대가리가 반구형이고 끝은 뾰족하여 굽은 것과 굽지 않은 것, 또는 말뚝같이 생긴 것 따위가 있다.

"너는 이제 내 아들이 아니니라. 네 갈 길을 가거라."

황희를 똑바로 바라보지 못하고 있던 중생이 그제야 아버지를 보았다.

"대감마님께서 제게 해주신 것이 뭐가 있다고 이제 버리기까지 하십니까? 예, 저도 대감마님을 버리겠습니다. 아버지라 부르지도 못하는 아버지는 소인에게도 필요 없습니다."

황희는 황중생을 버렸고, 황중생도 성을 조(趙) 씨로 바꾸며 아버지를 버렸다.

* 출처: 《세종실록》 91권 22년 10월 12일 기사

남의 아내를
탐하다

황희, 박포의 아내와 간통하다.

"돌은 단단히 매단 것이냐?"

"예, 마님. 저만 믿으십시오."

박포의 아내가 그래도 못 미더운 듯 연못을 뚫어져라 살폈다. 달빛만이 세상을 염탐하는 늦은 밤이었다.

박포는 조선 초기의 무신이었다. 그는 태종 이방원이 난을 일으킨 후, 자신의 공적에 대한 대우가 타당치 않다며 불평하다 유배되었다. 그러다 태종에게 원한을 품고 방간[6]을 충동질해서 군사를 일으켰다가 1400년에 죽었다.

---

6 태조의 넷째 아들로 제2차 왕자의 난을 일으킨 인물

박포의 아내가 연못에서 뒤로 물러났다. 꽤 긴장한 탓이었는지 그녀의 걸음이 휘청거리자 사내종이 얼른 허리를 감싸 안았다.

"괜찮으십니까?"

"사람을 죽였는데 괜찮을 리가 있겠느냐. 보는 눈이 있을지도 모르니 어서 가자."

박포의 아내는 집안의 사내종과 눈이 맞아 간통하다가 종들의 우두머리에게 발각되었다. 일이 커질 것을 우려한 나머지 박포의 아내와 사내종은 우두머리를 죽이고 수장했다. 그러나 시체에 무거운 돌을 단단히 달았다고 여긴 그들의 생각과는 달리, 며칠 뒤 연못에서 시신이 떠오르고 말았다.

마을 현감이 시체를 건져내 검안하니 박포의 종이었다. 현감이 관졸들을 데리고 박포의 집으로 향했지만 박포의 아내는 이미 재물을 챙겨 한양으로 도주한 뒤였다. 그는 어느 토굴로 숨어들었는데 바로 황희의 집 마당 북쪽에 있던 토굴이었다. 재상의 집이니 수색도 어렵거니와 의심도 하지 않을 거란 계산이 컸다.

한 날에 황희가 여종을 불렀다.

"북쪽 토굴에 뉘가 있는 것이더냐? 아녀자의 모습을 보았느니라."

"어디 멀리서 온 부인이라는데 사정이 있어 잠시 지낼 곳이 필요하다고 하였습니다."

"그래? 내 한번 보아야겠다."

황희가 토굴 근처로 걸음을 했다. 따르는 이는 없었다. 말이 토굴이었지 토굴 앞으로 작은 농막이 지어져 있었다.

"헛, 흠."

황희가 인기척을 냈다. 조금 있자 안에서 여인네 하나가 모습을 드러냈다. 소복 차림의 박포 부인이 차분히 나와 예를 갖추었다. 젊고 아름다웠다. 사실 박포의 부인은 황희의 기척이 들리자 얼른 비단옷을 벗고 일부러 소복 차림을 한 것이었다.

황희가 물었다.

"양반가의 부인이라 들었건만 어찌 계집종 하나 없이 이런 곳으로 든 것입니까?"

박포의 부인이 옷고름으로 눈가를 닦으며 말했다. 어찌 되었건 황희의 눈에 들어야 이곳에서 오래 은신할 수 있었다.

"서방님을 일찍 여의고 아둔한 아녀자 홀로 아랫것들을 부렸는데, 그 아랫것들 중 우두머리 하나가 신첩을 겁탈하려 하였기에… 더는 두려워서 그곳에 있을 수가 없었습니다. 자신을 받아들이지 않으면 온갖 해괴한 소문을 퍼뜨린다고 하여… 으흐흑! 대감마님의 허락도 없이 이곳에 흘러들어 심려를 끼쳐 송구합니다."

박포의 부인은 실로 눈물까지 흘리며 쓰러질 듯했다. 황희는 부인의 눈물에 어찌할 바를 몰라 우왕좌왕했다.

"눈물을 그치시오. 그런 딱한 사정이 있을 줄이야…. 괜찮으니 예서 오래오래 머물도록 하시오. 끼니는 어찌 해결하는 것입니까? 내 아랫것 하나를 이리 보내겠소이다."

"나리, 감사합니다! 으흐흑."

박포의 부인이 흐느끼며 황희의 가슴으로 쓰러졌다. 부인은 박색도 아니요, 사내인 황희의 심장이 욕망으로 뛰기 시작했다. 황희가 어색해하면서도 부인의 등을 토닥였다.

"신첩 너무나 두렵습니다. 예서도 아랫것들이 저를 희롱하면 어찌합니까?"

박포의 부인은 사내를 다룰 줄 알았다. 황희는 얼른 다짐했다.

"내가 지키고 있는 한 그런 일은 절대로 없을 것이오. 그러니 그런 걱정일랑 말고 몸을 추스르시오. 먹는 것이 부실하여 이리 허약한가 봅니다. 자! 안으로 들어가시지요."

황희가 부인을 부축하며 농막 안으로 들었다. 박포의 부인은 저고리 고름을 풀었다. 이때부터 박포의 부인은 토굴에서 여러 해를 살았다. 그러고는 몇 년 후 사건이 흐지부지되자 집으로 돌아갔다.

황희의 간통 사실에 관해서는 단종 즉위 후 《세종실록》을 편찬하면서 언급된 바가 있다.

> 세종실록(世宗實錄)을 편찬하였는데, 지춘추관사 정인지(鄭麟趾)가 사신(史臣) 이호문(李好問)이 기록한 황희(黃喜)의 일을 보고 말하기를 "이것은 내가 듣지 못한 것이다. 감정에 지나치고 근거가 없는 것 같으니, 마땅히 여러 사람과 의논하여 정하여야겠다." 하였다.
> ― 단종 즉위년 7월 4일

황희의 간통 사건은 끝내 기록으로 남았다. 다만, 사초[7]를 살펴보건대 유독 황희의 종이만이(황희의 사초) 깨끗하고 흰 것을 보니, 그것은 사사로운 감정에서 나와 나중에 기록된 것으로만 유추되었다.

* 출처: 《세종실록》 40권 10년 6월 25일 기사, 50권 12년 11월 24일 기사, 《문종실록》 12권 2년 2월 8일 기사, 《단종실록》 2권 즉위년 7월 4일 기사

---

7 史草. 조선 시대에 사관(史官)이 기록한 사기(史記)의 초고(草稿)

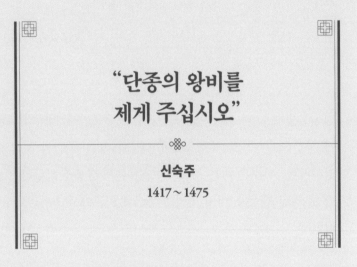

"단종의 왕비를
제게 주십시오"

—— ❈ ——

신숙주
1417~1475

빨리 쉬는 숙주나물은 먹지 않겠다. 신숙주를 따라다니는 부연 설명이다.

신숙주는 외국어에 능통해 국내외 중요한 문서들을 도맡아 보았으며 일본, 중국 등에 서장관(書狀官)으로 두루 다녔다. 서장관은 외국 사신으로 기록을 맡아보던 임시 벼슬이었으나 아무나 할 수 있는 자리가 아니었다.

신숙주는 변절자의 대명사이다. 원래 그는 세종의 두터운 신임을 받아 집현전 학자로 훈민정음 창제에도 힘썼다. 그에겐 세종의 적장자 문종을 거쳐, 문종의 유지를 받들어 어린 단종을 보필해야 할 의무가 있었다. 아니, 있었을까?

신숙주의 본관은 고령이며 아버지는 공조참판 신장(申檣)이다. 호는 보한재(保閑齋) 또는 희현당(希賢堂)이다. 그는 어떻게 배신자가 되었는가.

그래,
결심했어

단종 즉위년(1452년) 8월 10일.

세조(수양대군)가 신숙주를 불러 그 마음을 떠보다.

정수충(鄭守忠)이란 자가 있었다. 그는 원래 하동 사람으로, 처음에는 환관들을 가르치다가 세종이 영응대군[8]을 그에게 맡기면서 사정이 변했다. 정수충은 식년문과에 급제하며 벼슬 생활을 시작했다.

어느 날, 정수충이 수양대군의 집에 들어 그의 눈치를 살폈다. 수양대군은 야심이 컸다. 결코 어린 조카에게 모든 것을 양보할 만큼 가족애나 연민이 많은 자가 아니었다. 이미 그의 야망을 꿰뚫은 이들은 암암리에 수양대군을 왕처럼 대우했다.

정수충이 아첨하듯 말을 꺼냈다.

---

8   永膺大君. 세종의 여덟 번째 아들

"이제 여름도 가려나 봅니다. 매미가 이리도 시끄럽게 울어대니 말입니다. 귀는 더없이 소란하나 개중 시나브로 시원한 바람이 찾아드니 가을도 곧 오려나 봅니다. 아니 그렇습니까, 대군?"

수양대군이 조소를 머금었다. 그렇다고 정수충을 비웃는 것은 아니었다.

"시끄럽게 울어대는 것을 보니 곧 계절이 바뀐⋯. 혹, 누가 들으면 반란이라도 꾀하려는 줄 알겠소."

정수충이 질색하는 낯빛이 되었다. 수양대군이 또 짓궂게 웃었다. 그때 열어놓은 대문 사이로 말을 탄 선비 하나가 지나갔다. 수양대군이 정수충을 뒤로하고 급히 대문을 넘었다.

"신 수찬, 이보게, 신 수찬!"

반가운 임이라도 만난 듯 수양대군이 크게 손까지 흔들어댔다. 풀을 잘 먹인 삼베 소맷자락이 수양대군의 언행을 더욱 크게 부각시켰다.

수양대군이 반갑게 부른 이는 다름 아닌 신숙주였다. 세종 시절 집현전 학자 때부터 인연이 있던 두 사람이었다. 수양대군은 세종의 둘째 아들이며 문종의 아우였고, 신숙주와는 동갑내기였다.

신숙주가 잠시 머뭇거리다 말에서 내렸다. 그가 예를 갖추며 다가가자 수양대군(이하 세조라 칭함)이 눈을 흘겼다. 투정을 부리는 것이 무척이나 오랫동안 보아온 벗처럼 느껴졌다.

"어찌 문 앞을 지나면서 들리지도 않는가? 섭섭하네. 들어가서 술이나 한잔하세."

신숙주의 고개가 절로 주위를 살폈다. 세조가 나무랐다.

"무엇이 두려운가? 사람들의 이목이 두려운 것인가? 무엇 때문에? 내가 힘이 없어서인가, 아니면 내 힘이 너무 과해서 이러는 것인가?"

"말씀이 지나치십니다."

"하니 어서 들게. 이렇게 서 있다간 여러 이목이 더 쏠릴 것이야."

사랑채에 술상이 차려졌다. 오고 가는 술잔 속에 말은 없었다. 정수충 또한 두 사람의 동태만을 살필 뿐이었다. 세조가 술잔을 요리조리 돌려보더니 신숙주에게 물었다.

"우리는 벗이건만 어찌 이리 소홀하게 구는 것인가. 자네와 많은 이야기를 하고 싶었네. 사람이 비록 죽지 않았을지라도 사직에 있어서는 죽을 수도 있어야 하지 않겠는가?"

사직에 있어 죽음이라, 이는 목숨을 내어놓으란 소리였다. 세조는 알고 있었다. 신숙주는 여기서 절대로 주저앉을 인물이 아니었다. 자신이 가진 재주를 누구보다 아끼는 사람이었다. 세조가 다시금 말을 이었다.

"나는 자네의 재주를 아껴주고 싶네. 아니, 자네의 재주는 꼭 필요한 것이지. 임금이 누구이든 간에 말이야."

세조는 신숙주의 대답을 기다리지 않고 술을 마셨다. 시원스레 술잔을 비우지 못한 신숙주가 한참 만에 비로소 화답했다. 지금 세조는 목숨을 담보로 자신을 회유하고 있었다. 화답하지 않는다면 죽음밖에 없으리라.

"장부가 편안히 아녀자의 수중에서 죽는다면 그것은 세상 돌아가는 것을 모르는 것이라고 할 수 있겠습니다. 저는… 아녀자의 품에서 편히 죽을 팔자는 아닐 듯하옵니다."

세조가 흡족해했다.

"그렇지. 자네의 재주는 두루두루 널리 쓰여야 할 것이야. 내 자네의 재주를 그리 쓰도록 할 것이다. 하면, 나와 함께 중국으로 가자."

세조는 지금 어린 단종의 측근으로부터 일종의 좌천을 앞둔 상태였다. 바로 중국행이었다. 세조의 야심을 알기에 단종의 입지가 단단해질 때까지 한양에 둘 수가 없다는 조치였다. 세조는 신숙주를 서장관으로 삼아 중국으로 함께 떠났다.

세조가 신숙주를 불러 세웠을 때, 그는 말에서 내리기까지 무수한 생각을 했을 것이다. 죽을 것이냐, 살아남을 것이냐. 신숙주는 결국 집현전 학자들과 세종, 문종의 청을 거스르고 단종을 버렸다.

두 사람이 중국을 다녀온 후, 계유정난[9]이 일어났다. 계유정난 당시 신숙주는 한양이 아닌 외직에 나가 있었지만 계유정난의 공으로 2등 공신에 책록되었다. 그러나 이것은 시작에 불과했다. 신숙주는 정난 2등 공신, 좌익, 익대, 좌리(이상 1등) 공신에 책봉되면서 한명회와 더불어 조선 시대 가장 화려한 이력을 가지게 되었다.

* 출처: 《단종실록》 2권 즉위년 8월 10일 기사

---

9 癸酉靖難. 조선 단종 원년(1453)에 수양대군이 정권 탈취를 목적으로 반대파를 숙청한 사건. 10월 10일의 정변으로, 김종서, 황보인 등은 피살되고 안평대군은 사사되었다.

너는 죽겠지만
나는 살아남을 것이다

성삼문이 거사에 앞서 말했다.

"신숙주는 나의 평생 친구이지마는, 죄가 중하니 베지 않을 수 없다."

세조는 기어이 어린 조카를 몰아내고 왕이 되었다. 단종은 상왕으로 물러났다. 이에 반발한 집현전 학자 출신들이 단종을 다시금 왕으로 추대하고자 했다. 성삼문(成三問) 외 유성원(柳誠源), 하위지(河緯地), 박팽년(朴彭年), 이개(李塏), 박중림(朴仲林), 김문기(金文起), 유응부(俞應孚) 등이었다.

이들은 세조가 명나라 사신을 맞이하는 창덕궁 자리에서 기회를 엿보았다. 성삼문의 아버지인 성승(成勝)과 유응부, 박쟁(朴崝)이 별운검[10]으로 참석하게 되어 하늘이 내려준 호기였다. 그 자리에서 검으로

---

10 別雲劍. 임금이 거동할 때 운검을 차고 임금의 좌우에 서서 호위하던 임시 벼슬

신숙주, 세조, 정인지 등을 베면 끝이었다. 그러나 거사는 실패로 돌아 갔다. 반란을 꾀한 자들은 의금부에 붙잡혔다.

의금부에서 친국이 이뤄졌다. 박팽년이 곤장을 맞고 있는 자리 옆 으로 성삼문, 유응부, 이개, 하위지가 형틀에 묶여 있었다.

"네놈들이 여기가 어디라고 발을 들여놓는 것이더냐?"

갑자기 성삼문의 고함이 쩌렁쩌렁 울렸다. 바로 김질(金礩)과 그의 장인인 정창손(鄭昌孫), 세조와 함께 신숙주가 의금부로 모습을 드러냈 기 때문이었다. 이 거사가 틀어진 연유는 단종 복위 운동을 같이 도모 했던 김질과 정창손이 세조에게 밀고함으로써 물거품이 되고 말았다. 그런데 그 세 배신자가 낯짝도 두껍게 행차한 것이었다. 이들은 이번 옥사에 의금부제조로 임명되어 성삼문 등을 국문하게 되었다.

성삼문이 다시금 소리쳤다.

"신숙주, 네 이놈! 하늘이 두렵지도 않으냐? 옛날에 너와 더불어 집현전에 있을 적에 세종께서 원손(단종)을 안고 뜰 가운데 거닐며 말 씀하셨다. '나의 천추만세 뒤에 너희들이 모름지기 원손을 생각하라.' 이르셨도다. 그 말씀이 아직도 귀에 남았는데 네가 어찌 잊었는가. 너 의 악랄함이 이다지도 깊을 줄이야 어찌 알았겠더냐!"

신숙주가 성삼문을 쳐다보았다. 눈빛이 바윗덩이처럼 무겁게 얼어 붙어 있었다. 성삼문이 또 외쳤다.

"승하하신 임금(문종)께서 집현전의 여러 신하를 불러놓고 말씀하 셨다. 임금님의 무릎에는 지금의 임금(단종)께서 앉아 계셨지. 벌써 잊 은 것이냐? 너 또한 우리와 같이 하지 않았더냐? 어린 임금님의 등을 어루만지시며 무어라 했더냐? '내가 이 아이를 그대들에게 부탁한다.' 하시고 술을 내려주셨지. 그날 새벽 눈이 많이 왔었다. 모두 술에 쓰러져 잠이 들었지. 문종께서 어찌하셨더냐? 손수 우리에게 돈피 갑옷을 덮어주셨다. 잊었느냐? 잊었더냐? 서로가 감격하여 눈물을 흘리고 특별한 은혜에 보답하자고 맹세하였다. 네 이놈! 오늘 네 목을 베지 못한 것이 죽어서도 억울할 것이다!"

세조가 신숙주를 향해 말했다.

"뒤편으로 피하라."

신숙주가 세조의 명으로 뒤로 물러났다. 성삼문, 박팽년 등이 그 모습을 보며 비웃었다. 세조가 곤장을 맞던 박팽년에게 물었다.

"너희가 행한 짓거리가 진실이렷다? 누구의 사주를 받은 것이냐? 상왕이더냐?"

"어찌 뒤로 물러나 계신 상왕(단종)께서 이와 같은 일을 명하셨겠소? 이는 모두 우리의 의견이었소이다. 어제의 연회에서 거사를 행하지 못한 것이 천추의 한이 될 것이오."

박팽년은 세조를 왕으로 대우하지 않았다. 그들에게 세조는 그저 수양대군일 뿐이었다. 박팽년이 고개를 높이 쳐들어 신숙주를 노려보았다. 별운검이 연회장으로 들어가지 못한 것은 신숙주의 탓도 컸다.

"네 이놈, 숙주야! 너를 벗으로 삼고 그간 우정을 나눈 것이 제일로 원통하도다."

신숙주가 박팽년을 바로 보지 못한 채 속으로 중얼거렸다.

'그래, 너희는 나를 죽이지 못했으니 이제 너희가 죽을 것이다. 너는 죽을 것이나, 나는 살아남을 것이다. 마음껏 지껄이고 잘 가도록 하여라. 너희는 끝내 상왕을 지켜내지 못했음이야. 너희야말로 승하하신 세종과 문종의 뜻을 이리 저버린 것임을 어찌 모르더냐.'

사육신이 단종 복위 운동에 실패하자, 상왕으로 물러나 있던 단종마저 위태로워졌다. 신숙주는 세조의 그림자에 자신의 몸을 완전히 숨겼다. 이윽고 이개에게 곤장이 가해졌다.

이날, 소식을 전해 받고 집에 있었던 유성원(柳誠源)은 스스로 목을 찔러 죽었다. 그러나 관청에서 시체마저 가져다가 사지를 찢었다. 고문을 받던 성삼문은 수레에 실려 팔다리가 찢기고, 목이 베인 채 저잣거리에 3일 동안 효수되었다. 그의 가족과 혈족 모두가 참형에 처해졌다. 아녀자들만이 노비로 전락해 목숨만은 부지할 수 있었다. 이개 역시 성삼문과 같은 거열형(車裂刑)을 당했다. 이때 이개의 매부이자 전 집현전 부수찬인 허조(許慥)도 자결했다. 박팽년은 머리가 창에 꽂힌 채 저잣거리에서 구경거리가 되었다. 그의 동생과 자식들 모두가 죽임을 당했고, 부인은 관비가 되었다. 하위지도 거열형에 처해졌고, 그의 동생과 자식들은 모두 죽었다. 유응부는 살가죽을 도려내는 심문과 쇠를 달구어 사타구니를 지지는 고문으로 살이 다 익었다. 유응부는 끝내 형벌을 받다 죽었다.

이 일로 사건에 연좌된 부녀들을 대신에게 나누어 주었는데, 아래는 신숙주가 받은 이들의 명단이다.

최면(崔沔)의 누이 선비(善非), 조완규(趙完圭)의 아내 소사(召史), 딸 요문(要文)은 병조판서(兵曹判書) 신숙주(申叔舟)에게 주었다.

* 출처: 《세조실록》 4권 2년 6월 2일 기사, 5권 2년 9월 7일 기사, 《추강집(秋江集)》, 《해동야언(海東野言)》

대감께선
어찌 살아 돌아오셨소?

어찌 살아 돌아오시었습니까?

성학사(성삼문)의 옥사가 벌어졌다는 소식을 듣고 당신 또한

죽을 줄 알았습니다. 당신께서 살아 돌아온 것은 뜻밖의 일입니다.

신숙주의 부인은 영상 윤자운(尹子雲)의 누이였다. 신숙주는 집현
전 학자 출신으로 성삼문, 강희안, 박팽년, 정인지 등과 함께 세종 대에
많은 시간을 함께 보내며 정을 나누었다. 한데, 성삼문, 박팽년 등의 사
육신이 병자의 난[11]으로 옥사가 일어난 것이었다.

윤씨 부인은 좌불안석했다. 신숙주는 유독 성삼문과 돈독한 관계
였다. 등잔 밑이 어둡다고 이미 세조에게 줄을 선 신숙주의 속내를 윤
씨는 모르고 있었다. 그저 남편이 죽을 것이라는 생각에 눈앞이 아연
할 뿐이었다.

---

11 단종 복위 운동

조선의 뒷담화

윤씨는 자결을 결심했다.[12] 그녀는 안방에서 문갑을 뒤져 두 자나 되는 삼베 천을 꺼내 들었다. 그리고 삼베를 대들보에 휘둘렀지만, 끝내 마루에 주저앉았다. 다리에 절로 힘이 풀렸다.

"대감께서 갈 길은 더 악랄한 지옥일 텐데, 고작 자결하는 것이 무에 두렵다고…."

윤씨가 혼잣말로 마음을 가다듬었다. 분명 세조는 그들을 곱게 살려두지 않을 터였다. 본보기로 가장 혹독한 형벌을 가했으면 가했지, 그들의 재주를 아낄 이가 아니었다. 세조에게 그들의 재주는 아까우나 살려두자면 두고두고 후환이 될 수 있는 존재들이었다.

그 시각, 신숙주가 대문을 넘었다. 늦은 밤이었다. 그의 속도 편치만은 않았다. 성삼문과 벗들의 꾸지람이 자꾸만 따라오며 발목을 붙잡았다. 그래서 술을 한잔 마셨다. 문종이 직접 덮어주었던 돈피 갑옷을 어찌 잊으랴. 그날의 맹세를 어찌 잊으랴. 신숙주는 술에 취해 휘청거릴 만도 한데, 이놈의 육신과 정신은 말짱해지려고만 하여 고달팠다.

비틀대며 사랑채로 향하던 신숙주가 안방을 쳐다보았다. 중문이 활짝 열려 있었다. 희한한 일이었다. 오밤중 아녀자의 공간이 열려 있다니. 그 길로 신숙주가 중문을 넘어 안채로 향했다. 부인 윤씨가 대들보 아래 주저앉아 있었다. 놀란 신숙주가 물었다.

"이 시간에, 이것이 무슨 괴이한 모습이오?"

외려 놀란 것은 윤씨였다.

---

12 《지소록(識小錄)》에는 이날의 기록이 정난(계유정난)하던 날이라고 하기도 한다. 부인 윤씨가 병자년 정월에 죽었고, 사육신의 옥사는 병자년 4월의 일이기 때문이다.

"어찌, 어찌 이리 오신 것입니까? 정녕 살아 있는 것이 맞습니까?"

신숙주가 윤씨의 시선을 외면했다. 윤씨가 무슨 뜻으로 저리 묻는지 모를 리가 없었다. 윤씨가 벌떡 일어섰다. 냉랭해진 목소리가 신숙주의 가슴에 비수로 파고들었다.

"당신은 평소에도 성학사(성삼문) 등과 서로 형제와 다름없이 지냈습니다. 성학사가 의금부에서 친국을 당하고 있다 전해 들었습니다. 하여, 하여 당신도 분명 그들과 함께 죽을 것이라 여겼습니다. 대감께서 죽었다는 통지가 오면 자결이라도 해야 할 듯하여…."

윤씨가 신숙주를 뚫어져라 보았다. 그러고는 망연자실 혼잣말처럼 중얼거렸다.

"한데, 대감께서 살아 돌아온 것은 뜻밖의, 뜻밖의 일입니다…."

윤씨를 외면한 채로 신숙주가 담담하게 말했다.

"내가 죽지 않아 상당히 실망하신 모양이오. 그러나 앞으로 더 실망할 일이 많을 것이니 이제 그리 알고 계시오."

신숙주가 안채를 나섰다. 도포 자락에서 찬바람이 일었다.

'나도 사람이오. 살고 싶소. 내 자식들도 살리고 싶소. 나는 나의 재주가 아까운 사람이오. 목숨을 잃는 것보다 나는 내 재주를 나라를 위해 쓰고 싶은 게요. 이것이 변명이라고 해도 어찌할 수가 없소. 나라고 어찌 편할 것이오. 자문(自問)을 수도 없이 했소. 그렇소. 나는 겁쟁이고 변절자요.'

사랑채로 들어서는 신숙주의 얼굴은 비장했다. 신숙주는 이제 피해 갈 수 없는 배신자가 되었다.

* 출처:《송와잡기(松窩雜記)》

단종의 왕비를
제게 주십시오

노산군의 왕비 송씨가 관비가 되었더니

신숙주가 공신비[13]를 삼아서 자기가 받으려 하였다.

단종 복위 사건이 실패로 돌아간 후, 단종은 상왕에서 밀려나 서인이 되었다. 그리고 영월로 유배되었다. 단종의 왕비인 정순왕후(定順王后) 송씨 또한 의덕왕대비가 되었지만, 1457년에 6월 단종이 노산군으로 강등되자 그녀도 궁에서 쫓겨났다. 정순왕후는 시녀 셋과 함께 정업원[14]에서 목숨을 연명했다. 그녀는 아침저녁으로 소복을 입고 동쪽에 있는 산봉우리에 올라 영월을 향해 통곡했다.

---

13 나라에 공을 세운 사람에게 내리던 노비. 역적의 식솔들이 주어졌다.
14 양반 출신 여인네들이 출가해 머물던 절이라고도 하고, 궁궐에서 정년 퇴임한 궁녀들이 모여 사는 곳이라고도 전해진다.

이때부터 신숙주는 정인지와 함께 단종 사사를 주청했다.[15] 세조는 민심을 의식해 시간을 끌었지만, 단종을 살려둘 마음은 애초부터 없었다. 결국 세조 3년 10월 21일, 금부도사 왕방연(王邦衍)이 사약을 받들고 영월에 이르렀다. 왕방연은 차마 싸리 대문을 들어서지 못한 채 흐느꼈다.

"전하, 전하! 으흐흑…."

"시간이 늦어지면 더욱 곤란합니다."

단종을 지키던 나장이 말했다.

"잠시만, 잠시면 되네."

왕방연이 마음을 다잡으며 뜰 가운데로 들어가 엎드렸다. 차마 아뢰지 못하는 왕방연의 슬픈 한숨만이 간헐적으로 밤을 흔들었다. 그때, 단종이 방문을 열고 마루로 나섰다. 그는 이미 익선관과 곤룡포를 갖춘 모습이었다. 단종이 말했다. 말투가 모든 것을 내려놓은 듯 침착했다.

"먼 길 오느라 고생하였다."

왕방연은 단종이 영월로 유배될 당시, 단종을 호송한 이였다. 왕방연이 머리를 땅에 찧으며 울음이 터질까 입술을 깨물었다. 17세의 어린 단종이 그를 달랬다.

"괜찮다. 사약은 필요 없다. 내 스스로 먼 길을 갈 것이야. 스스로 그 길을 택할 것이야. 그래야 지금의 임금께서도, 한때 나의 숙부였던 그분께서도 할 말이 있겠지. 죄인이 사약이 아니라 스스로 자결하였다…라고 말이다."

---

15 병자록(丙子錄)에는 10월 24일 단종을 사사했다고 기록하고 있다.

단종이 다시금 방으로 사라졌다. 그 뒤를 통인[16] 하나가 뒤따랐다. 단종은 크나큰 활대를 등지고 가부좌를 틀었다. 단종의 양반다리 아래로 활시위가 지나갔다.

"이 화살을 시위에 꽂고 쪽문 밖으로 나가거라. 내 명이 떨어지면 너는 그 시위를 놓아야 할 것이다. 이제 때가 왔느니라. 그간 고마웠다."

"전하, 전하…."

단종을 모셨던 통인이 목놓아 울었다. 통인은 시위에 화살을 걸며 서서히 뒤로 물러나 쪽문 밖으로 나섰다. 단종이 스스로를 위로하기 위해 혼잣말을 해댔다.

"그래, 무섭다. 두렵다. 도망치고도 싶다. 저 화살이 시위를 떠나면 나는 죽겠지. 그러나 나는 절대 사약을 마시지 않으리라. 그 사약을 마시고 절대로 죄인이 되지 않을 것이다."

벌써 단종 복위 운동으로 인해 숙부인 금성대군(錦城大君)마저 죽임을 당했다. 살고자 발버둥 친다면 가까운 이들이 모두 죽을 터였다.

"지, 지금이다. 활을 놓아라."

단종이 눈을 감았다.

훅!

화살이 쏜살같이 날아와 단종의 가슴에 박혔다. 그 시간이 한 호흡도 되지 않았다. 붉고 뜨거운 피가 바닥을 흥건히 적셨다.

이날 단종을 모시던 시녀와 종들이 동강에 몸을 던져 죽었다. 세조는 단종이 스스로 목숨을 끊었으니 예로써 장사 지낼 것을 명했다.

16　通引. 지방 수령의 잔심부름을 하던 구실아치

단종과 함께 세종의 후궁이었던 혜빈 양씨도 죽임을 당했다. 단종에게 젖을 먹여 키웠기 때문이다. 혜빈 양씨의 아들이었던 한남군(漢南君)과 영풍군(永豊君)도 목숨을 잃었다. 단종의 장인이자, 정순왕후 송씨의 아버지 송현수(宋玹壽)도 교형에 처해졌다.

단종의 죽음에 대한 죄를 두고 세상은 신숙주와 정인지를 으뜸으로 뽑았다. 신숙주가 세조를 알현했다. 신숙주는 무언가 어려운 이야기를 숨기고 있는 듯하여 세조가 물었다.

"긴히 할 말이 있는 듯하구나."

"단도직입적으로 말씀 올리옵니다. 노산군이 자결하였고, 그의 왕비 송씨가 관비가 되었사옵니다. 송씨를 공신비로 받았으면 하옵니다."

세조의 낯빛이 순간 굳어졌다. 신숙주 또한 무척이나 긴장한 탓인지 얼굴빛이 좋지 못했다. 신숙주는 분명 세조에게 큰 힘이 되었고, 되고 있었다. 그런데 오늘과 같은 일은 생각지도 못한 변수였다. 한때 왕비였던 여인을 대신의 노비로 달라니… 세조가 대꾸했다.

"그는 아니 될 일이다. 그래도 내게 한때는 왕비셨고, 지금은 죄인이나 조카며느리였다. 송씨에 관해서는 따로 준비해놓은 것이 있느니라. 이 말이 밖으로 새어 나갈까 두려우니 그대는 오늘 일을 없던 것으로 하라."

신숙주가 대답 대신 고개를 깊이 조아렸다. 정순왕후 송씨는 미모가 빼어났다. 신숙주가 처음이었지만, 다른 대신들 또한 이러한 요구를 하지 말라는 법은 없었다.

얼마 후, 세조는 단종의 누이인 경혜공주(敬惠公主)의 소생을 송씨에게 양자로 주었다. 정종과 경혜공주의 사이에서 난 정미수(鄭眉壽)였다. 정미수는 아버지인 형조참판 정종(鄭悰)이 사사되고 경혜공주가 관비로 전락하자 세조가 거두어 궁에서 돌보고 있었다.

　정순왕후 송씨는 정미수를 양자로 들여 키우다가 82세 서인의 신분으로 졸하였다. 훗날 단종이 복위되면서 그녀도 함께 복위되었다. 연산 4년 7월 13일의 기록에 단종에 대해 김일손이 공초한 내용이 안타깝다. 사초에 이르기를, 아래와 같다.

　노산의 시체를 숲속에 던져버리고 한 달이 지나도 염습하는 자가 없어 까마귀와 솔개가 날아와서 쪼았는데, 한 동자가 밤에 와서 시체를 짊어지고 달아났으니, 물에 던졌는지 불에 던졌는지 알 수가 없다.

* 출처: 《세조실록》 9권 3년 10월 21일 기사, 《연산군일기》 30권 4년 7월 13일 기사, 《병자록(丙子錄)》, 《죽창한화(竹窓閑話)》, 《월정만필(月汀漫筆)》, 《파수편(破睡篇)》

천재조차도
어찌할 수 없었던 자식 문제

"신숙주의 아들이라 하여 내가 중벌(重典)에 처하지 못할 것이라고

생각하였느냐? 신숙주의 영혼이 너에게 무어라 하겠더냐?"

신숙주에게는 늘 골칫거리 아들이 하나 있었다. 바로 넷째 아들인 신정(申瀞)이었다. 신숙주는 죽기 전 신정을 두고 반드시 집안을 패망시킬 자식이라고까지 했었다. 벼슬을 하기 전에는 시정의 잡배들과 어울리면서 장사 등, 온갖 방법으로 영리를 꾀하고 백성들을 괴롭혔다.

신정이 의금부에 잡혀 왔다.

"놓아라, 놓지 못할까? 내가 누구인 줄 알고 이러는 것이더냐?"

신정은 평안도 감찰사였다. 아직까지도 제 죄를 인정하지 못하고 눈을 부라렸다. 신정은 죄인이 되어 포박되었다. 이유인즉 인신(印信), 임금의 도장을 위조했기 때문이었다.

성종이 친히 걸음을 했다. 신정을 쳐다보는 성종의 눈빛은 매몰찼다.

"내 너의 욕심을 잘 알고 있었다. 네 아비가 죽자 그의 첩과 아들

들, 형제들의 재산도 전부 빼앗지 않았더냐? 어디 그뿐일까. 너의 대문 앞에는 뇌물을 바치려는 자가 줄을 섰고, 반드시 진귀하고 좋은 것이 있으면 수단과 방법을 가리지 않았다. 내 이러한 일을 실로 모른다 여겼더냐?"

신정이 놀라며 눈동자를 재빨리 굴렸다. 어째서 그런 시시한 이야기가 성종의 귀에까지 들어갔는지 알 수가 없었다. 신정이 재빨리 대꾸했다.

"모두가 거짓이옵니다. 모두가 헛소리이옵니다. 어찌 소신이 그런 배은망덕한 짓거리를 했겠사옵니까. 모두가 모함이옵니다. 전하!"

신숙주는 자식 복이 없었다. 그것을 변절자라는 이유로 자업자득이라 하기엔 무리가 있겠지마는, 첫째 아들은 일찍 죽었고, 신숙주의 기대를 한 몸에 받았던 둘째 아들은 함경도 관찰사로 있다가 이시애의 난[17] 때 목숨을 잃었다.

사실 신정은 과거에 급제하여 벼슬을 한 게 아니었다. 아버지 신숙주의 배경으로 벼슬을 시작하여, 그 아버지 덕에 재상이 되었다.

성종이 한심스레 신정을 쳐다보았다.

"내가 처음에는 설마 네가 임금의 도장을 위조하였을까 의심하지 않았었다. 그리하여 체포 명령도 하지 않았었다. 일이 이렇게까지 커졌음에도 스스로 변명조차 없으니 내 어찌 너를 곱게 보아줄 것이냐? 숨김없이 자복하면 문초만은 피할 것이요, 만약 자복하지 않으면 형장[18]

---

17 조선 세조 13년(1467)에 함경도의 호족 이시애가 북도(北道)의 수령을 남도 사람으로 임명하는 것에 불만을 품고 일으킨 난
18 刑杖. 예전에, 죄인을 신문할 때에 쓰던 몽둥이

을 받을 것이야."

신정이 고개를 내저었다.

"모두가 거짓이옵니다. 신이 어찌 감히 임금의 도장을 위조하였겠사옵니까? 신이 무엇이 부족하여 그런 짓을 저질렀다 하옵니까?"

"아직도 정신을 차리지 못한 것이야? 지금도 네 아비의 뒷배를 믿고 있음이야. 네 아비와 한명회가 나를 왕으로 옹립했다고는 하나 그들은 이미 죽은 몸, 이실직고하지 않는다면 귀신이 된 네 아비가 저승에서 통곡할 일임을 어찌 모르는가?"

신정은 성종의 가짜 도장으로 임명장을 만들었다. 그것으로 욕심이 났던 이를 자신의 종으로 삼으려 한 것이었다. 수행원의 차첩[19] 위조였다.

"억울하옵니다. 전하, 실로 억울하옵니다. 어찌 소신이 아버님의 뒷배를 믿고 그와 같은 일을 저질렀겠사옵니까. 억울하옵니다."

"억울하다? 내 너의 죄를 낱낱이 읊어야만 시인을 할 것이더냐? 네놈이 대책을 의논하는 과거에서 답안지를 베껴 쓴 것을, 세조께서 네놈이 신숙주의 아들임을 아시고 눈감아주셨느니라. 그와 같은 일이 창피하지도 않았더냐? 너의 가문에 먹칠을 하는 것이 그리도 좋았더냐? 어디 이뿐일까? 공덕비를 세워달라 하였다지? 백성들의 등골을 빼어 모은 곡식을 도로 나눠주고는, 너를 위한 공덕비를 만들어서 대동문 밖에 세워달라? 기가 막혀 입까지 막힐 지경이로다. 여봐라, 저놈이 이실직고할 때까지 매우 쳐라!"

---

19 差帖. 구실아치 따위를 임명하던 사령장

"저, 전하!"

결국 형장이 네 차례에 이르자 신정이 자신의 죄를 인정했다.

"전하, 전하. 살려주시옵소서. 신이 죽을죄를 지었나이다. 신의 아비를 보아서라도 이번 한 번만 더 살펴주옵소서, 전하! 소신이 종 하나가 탐이 나서, 그만 노망이 났사옵니다."

성종이 손을 들자 몽둥이가 멈췄다.

"하여 임금의 도장을 위조했더냐?"

"전하! 으흐흑….”

조정에선 신정의 죄를 두고 의견이 분분했다. 신정의 죄는 사형감이었다. 그러나 신숙주의 공이 있으니 자결할 것을 명하라는 의견도 있었다.

"너의 죄를 두고 몇몇은 스스로 자결할 것을 권하였다. 그러나 너는 중죄임을 알고서도 고의로 죄를 범하였다. 그런 네놈이 자결이라? 네놈은 그런 인사도 되지 못하니라. 당초 네놈이 임금의 도장을 위조하였을 때는 반드시 너의 꿍꿍이셈이 있었을 것이다. 바로 네 아비의 공일 터. 이것이야말로 임금을 무시하고 조정을 기망한 것이 아니더냐. 그러나 신숙주가 나라에 공이 많고 너 또한 친공신이니 내가 어찌 용서하고 싶지 않겠는가."

"전하, 전하. 성은이 망극하옵니다."

신정이 그제야 안도했다. 성종이 다시금 말했다.

"그러나 만세의 법은 한때의 정으로 인하여 가볍게도, 무겁게도 할 수 없는 것이다. 나의 시대가 어질지 못하여 종이 주인을 죽이거나, 이처럼 임금의 도장을 위조해 함부로 사람을 착취하는 일이 생겼으니 내가 매우 부끄럽도다. 나는 처음에 여러 사람의 의논을 물리치고 그대를 임용하였다. 너는 무슨 까닭으로 나를 저버림이 이에 이르렀느냐? 신숙주의 아들이라 하여 내가 중벌에 처하지 못할 것이라고 생각하였느냐? 신숙주의 영혼이 너에게 무어라고 하겠느냐? 임금을 속인 죄를 어찌 받고 싶은 것이냐?"

신정의 눈이 좌우로 급히 흔들렸다. 무언가 오싹하며 기분이 좋지 못했다. 신정이 흐느끼며 성종에게 애원했다.

"살려주옵소서, 전하! 살려주옵소서. 소신이 실정을 고백하지 못한 것은 심히 부끄러워서 그랬나이다. 전하!"

"부끄러워 그랬다기보다는 형벌이 그만큼 아프고 두려워서 실토를 한 것이겠지. 어명이다. 죄인을 당장 사사하라."

"전하, 전하… 어찌 이러시는 것이옵니까? 전하를 어좌에 앉힌 분이 바로 제 아비이옵니다. 그 은혜를 어찌 이리 저버리시는 것이옵니까, 전하!"

금군에게 신정이 끌려나갔다. 신정은 그날로 청파리(靑坡里)에서 사사되었다.

해동악부(海東樂府)에 이르기를, 공이 젊었을 때에 성삼문, 박팽년과 더불어 문종의 탁고[20]의 유언을 받았었다. 세조가 왕위에 오르매, 벼슬이 상상[21]에 이르고 나이가 59세로 임종에 임하자 한숨 쉬며 탄식하기를 "인생이란 마침내 이에 그치고 마는가." 하

---

20 託孤. 단종의 장래를 믿을 만한 사람에게 부탁함
21 上相. 영의정

였으니, 대체 후회하는 마음이 싹터서 그러하였다 한다.

* 출처:《성종실록》140권 13년 4월 22일 기사, 140권 13년 4월 23일 기사,《해동악부》

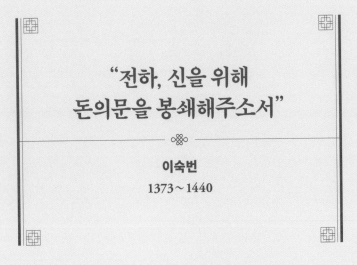

"전하, 신을 위해
돈의문을 봉쇄해주소서"

이숙번

1373~1440

이숙번은 태조 2년에 과거에 합격하여 태종을 모신 덕분에 승승장구했다. 아버지는 이경[22]이고, 어머니는 영양 남씨 남휘주(南輝珠)의 딸이다. 어머니인 남씨는 이경에게 재혼 후 이숙번을 낳았다.

이숙번은 태종을 도와 제1차 왕자의 난에 정도전 등을 제거하며 큰 공을 세웠다. 그로부터 이숙번은 태종의 신뢰를 받는 사내가 되었다. 그 후, 제2차 왕자의 난 또한 하륜과 함께 박포를 처형함으로써 더욱 입지를 굳혔다.

이숙번은 정종이 왕위에 있을 때 태종을 왕으로, 그것도 현왕에게 적극적으로 양위를 요구한 인물이기도 하다. 태종이 차마 끌어내리지 못한 형의 옷자락을 대신 끌어당긴 왕의 남자, 이런 남자를 그 어떤 왕도 싫어할 수는 없었다. 태종이 즉위하자 이숙번은 좌명공신(佐命功臣) 일등이 되었다.

태종 15년인 1415년에는 보국숭록대부[23]로 승진, 다시 좌찬성을 거쳐 안성부원군[24]에 봉해졌다. 조선 시대 최고의 벼슬인 정1품까지 고루 거친 이숙번.

그러나 지나친 거만으로 시야가 흐려진 그의 결말은 좋지 못했다.

---

22 李坰. 고려말 삼중대광 문하시중 역임, 시호는 문정(文靖)
23 輔國崇祿大夫. 조선 시대에 둔, 정일품 문무관의 벼슬
24 安城府院君. 정일품 공신에게 주던 작호

시끄러우니
내 집 앞으로 다니지들 마

돈의문 안에다가 훌륭한 집을 크게 짓고

지나가는 사람과 말소리를 듣기 싫다고 하여

임금께 아뢰어서 돈의문을 막고 행인을 금하였다.

이숙번은 두려운 게 없었다. 태종이 왕이 되면서 자신은 대신들의 일인자요, 만백성의 일인자였다. 이숙번을 두고 항간에서는 '대신을 거역하면 뒤탈이 한없다'는 소리가 돌기도 했다.

권세를 누리던 이숙번은 돈의문 안에 큰 집을 지었다. 아주 화려했다. 그런데 돈의문은 도성을 출입하는 사람들이 이용하는 서쪽 대문이었다. 늘 북적일 수밖에 없는 곳이었다.

"쯧쯧! 시끄러워서 사람이 살 수가 없구나."

이숙번이 사랑채 누마루에 서서 오가는 인파를 보며 혀를 차댔다. 그때 말을 탄 이가 지나갔다. 이숙번이 또 못마땅해했다.

"저 말발굽 소리는 어찌하여 사람 골을 이리도 지끈거리게 만드는 게야?"

또다시 아낙들이 조잘대며 지나갔다.

"저런, 저런. 집구석에 가서 밥이나 지을 것이지, 어디를 저리 싸돌아다니는 것이야? 이래서 배우지 못한 것들은 죄다 시끄러운 게야."

사실 그 소리가 대궐만 한 집 안으로 들려와 봤자 크게 거슬리는 것도 아니었다. 이숙번은 그저 제집 대문 앞으로 사람들이 지나다니는 게 마뜩잖았다.

"감히 뉘 집 앞이라고 저리들 소란을 피우며 지나가는 것인가."

이숙번이 사생결단이라도 낼 것처럼 안으로 들어 의복을 갖추었다. 태종을 보아야 했다.

입궐한 이숙번이 태종과 마주했다. 이숙번은 곧바로 말을 내놓지는 못했다. 안절부절못하는 꼴이 딱 봐도 무언가를 바라는 눈치였다. 결국 태종이 먼저 물었다.

"할 말이 있어 입궐하였을 텐데 천하의 이숙번이 할 말을 못 한다?"

이숙번이 앓는 소리를 해댔다.

"근래에 잠을 이루지 못해 나랏일에 피해만 주고 있으니 소신이 죄가 많사옵니다."

태종이 이숙번을 쳐다보았다. 도통 무슨 소린지 알아들을 수가 없었다.

"듣자 하니, 대궐 같은 집을 새로 지었다는데 어찌 잠을 못 자? 만날 춤이라도 쳐야 할 사람이. 뭐야? 무엇인데 이리 뜸을 들이는 것이야?"

"차라리 전하 곁에 가까이 있을 것을 그랬사옵니다. 무슨 부귀영화를 보자고 돈의문 앞에까지 나아가 집을 지었는지 후회가 막심하옵니다. 신도 이제는 늙어 예민해진 터라 인파 소리에 가슴이 철렁하옵니다."

"하여, 그대의 말은 돈의문으로 드나드는 백성을 막아달라? 지금 그 말이 하고픈 것이야?"

이숙번이 답은 못 한 채 고개를 숙였다. 태종은 고민에 빠졌다. 이숙번은 아직까지는 버릴 수 없는 사람이었다. 많은 힘을 보탰으니 그만큼을 바라는 것이 사람이기도 했다.

"그대의 의견은 알았으니 그만 물러가라. 지금 당장 할 수 있는 일은 아니질 않더냐?"

"예, 전하!"

며칠 뒤 대전에서 회의가 열렸다. 태종이 대신들을 살피다가 말을 꺼냈다.

"풍수학생(風水學生) 최양선(崔揚善)이 말하기를 돈의문을 막아 지맥을 보존하라고 하였다. 그대들의 생각은 어떠한가?"

이때 이숙번이 나서며 아뢰었다.

"인덕궁 앞에 소동이 있으니 길을 열고 문을 세울 만하옵니다, 전하!"

인덕궁은 정종의 거처였다. 이숙번의 소리에 대신들이 한바탕 술렁였다. 이숙번이 태종과 독대한 사실은 모르는 이가 없었다. 한 대신이 나섰다.

"풍수를 보아 그러하다면 당연히 따라야 할 것이오나, 백성들의 걸음이 편치 않으면 이 또한 민심이 흉흉해질 것이옵니다. 하오며 오늘날 이와 같은 일이 대신 한 사람의 편리를 도모하기 위해 행해지는 것이라면 모두가 한탄히 여길 것이옵니다."

이숙번과 태종이 대신을 동시에 보았다. 태종이 물었다.

"대신 한 사람의 편리를 도모한다? 그 대신이 누구인가? 그대는 아는 것인가? 나는 전혀 듣지 못한 이야기이니라. 하면 짐이 지금 사사로이 한 대신을 위해 백성의 불편함을 감수하더라도 새 문을 열려 한다는 말이더냐?"

"소, 송구하옵니다."

"아니다. 가만히 생각해보니 이는 그 대신을 나무라는 것이 아니라 나의 허물을 탓함이니 그대가 참으로 충신이구나. 하면, 백성이 땅속의 정기가 흐르는 줄을 함부로 밟아도 된다? 그럼으로써 나라의 기운이 쇠퇴한다면 그때는 어찌 되는 것이더냐? 그도 아니면 풍수학생 최양선을 잡아들여야겠구나. 그가 그런 말을 했을 때는 혹시 그대가 말한 대신에게 뇌물을 받아도 받았을 것이 아니더냐?"

나섰던 대신이 엎드려 아뢰었다. 그제야 희번덕거리는 이숙번과 눈이 마주친 것이었다.

"아, 아니옵니다. 전하! 소신이 소문만을 듣고 진상은 확인하지 않은 채 함부로 입을 놀렸사옵니다. 응당 지맥을 보호해야 할 것이옵니다. 소신이 늙어 잠시 맑은 정신을 차리지 못하였사옵니다. 신을 죽여주옵소서."

"하면 최양선이 아뢴 대로 일을 진행하여도 되겠더냐?"

대신의 콧등에 식은땀이 맺혔다.

"예, 예, 전하!"

그리고 몇 달 뒤, 이숙번이 사랑채에서 잔치를 벌였다. 풍악 소리가 도성을 가득 메웠다. 돈의문이 폐쇄되면서 더는 행인들이 그의 집 앞으로 지나다니지 않았다. 이숙번의 두 팔이 절로 얼씨구절씨구 춤사위를 그렸다.

"다들 보셨는지요? 이 사람 말 한마디면 안 되는 게 어디 있습니까? 자자! 이제 무엇이 더 필요들 하십니까? 벼슬입니까? 아니면 재물이 더 필요하십니까? 하하하!"

이후 서전문(西箭門)이 새로 열렸다. 더불어 이숙번의 권세는 하늘을 찔렀다. 모두 그의 말에 동의하기 바빴다. 그중 이숙번에게 아첨하려는 벼슬아치 하나가 맞장구를 쳤다.

"오늘 새 문을 열어 백성들의 왕래를 편하게 하였으니 전부 안성군(安城君) 대감의 큰 뜻입니다."

몇몇은 이를 반대하고 나섰지만 그들에게 자존심이 꺾일 이숙번이 아니었다.

"자자! 어서들 마십시다. 기생들이 심심하다고 하질 않습니까? 하하, 하하하!"

이숙번의 요청대로 돈의문은 태종 13년에 폐쇄되었다가 세종 15년에 서전문을 헐고 새 성문을 쌓아 돈의문이라 했다. 그리고 세종 28년에 태종을 변명하는 기록이 남아 있었다. 태종 또한 돈의문이 왜 닫혔는지 모르고 있었다는 기사다.

옛날 돈의문(敦義門)을 지을 때에 지금 낸 길은 곧은 길인데, 다만 이숙번(李叔蕃)의 문 앞으로 나가기 때문에, 인덕전(仁德殿)의 앞길을 내고 문을 지었었다. 내가 즉위한 뒤에 인덕전(仁德殿)[25]께서 수강전(壽康殿)에 거둥하는 날, 우연히 전해 듣고는 그 문을 고쳐 짓게 하였다. 그러나 태종께서도 끝내 그 까닭을 아시지 못

---

25 정종

하였다.

* 출처: 《태종실록》 25권 13년 6월 19일 기사, 《세종실록》 99권 25년 2월 2일 기사, 112권 28년 6월
18일 기사, 《용재총화(慵齋叢話)》, 《소문쇄록》, 《연려실기술》 제2권 태종조 고사본말 태종조의 명신
(名臣) 이숙번 편

마지막 경고를
알아듣지 못한 이숙번

임금이 불러도 병이 있다는 핑계로 가지 아니하여

내시들의 심부름 온 자가 늘 끊이지 아니하나

안방에서는 풍악 소리가 떠들썩하였다.

이숙번이 사랑채에 드러누워 세월을 보내고 있었다. 재물을 싸 들고 벼슬을 청탁하는 이가 줄을 섰다. 이숙번은 이와 같은 일을 아무렇지도 않게 해결했다. 궐에는 자신의 사람이 태반이었다. 종이에 아무개를 어디 직책에 써달라고 적어 보내기만 하면 끝이었다.

가뭄이 매우 심해 태종을 비롯하여 대신들의 걱정이 태산이었다.

"한심하기 짝이 없는 인사들 같으니라고. 모여들 앉아 머리 싸매고 있다고 비가 올 것이야, 눈이 올 것이야? 걸음 아끼며, 나라 녹 아끼며, 부는 바람에 비 소식이 있나 없나 점이나 치면 될 것을."

가뭄이 제아무리 심하더라도 이숙번의 집 우물은 마르지 않았다. 그때 차지[26]가 다가와 이숙번에게 인기척을 내었다.

"대감마님, 궐에서 또 사람이 나왔습니다."

내관이 온 모양이었다. 이숙번은 귀를 후비며 귀찮다는 듯 말했다.

"오늘도 몸이 심히 불편하여 움직일 수가 없으니 돌아가라 일러라."

차지가 우왕좌왕하며 걱정스레 말을 건넸다.

"하오나 계속해서 이리 돌려보내시면…."

사랑채에 벌러덩 누워 있던 이숙번이 벌떡 일어나며 성을 냈다.

"감히 어느 안전이라고 그따위 망발을 지껄이는 것이냐? 네 지금 나를 가르치려는 것이야?"

차지가 무릎을 꿇고는 빌었다.

"죽을죄를 지었사옵니다. 한 번만 살려주시옵소서."

그 후로도 여러 대신이 날마다 가뭄을 걱정하며 태종과 의논에 열중일 때, 이숙번은 병을 핑계로 몇 달 동안 입궐하지 않았다.

또다시 홀로 궐에 돌아온 내관을 보며 태종이 더는 참을 수 없다는 듯 소리쳤다.

"내 이놈을! 이놈이 죽고 싶어 환장을 한 것이야. 내관을 보내어 그리도 경고를 하였건만!"

드디어 태종이 이숙번에게 반감을 드러냈다. 이숙번은 공을 여러 번 세운 뒤로 그 공을 믿고 교만하기 짝이 없었다. 같은 재상이라도 발 아래로 여겼으니 그에게 이를 갈고 있는 이들이 만만찮게 있었음을 이숙번은 알지 못했다.

태종의 뜻을 알아차린 이들이 재빨리 이숙번을 제거하기 위해 나

---

26 次知. 벼슬아치의 집일을 맡아보던 사람

섰다. 좌대언(左代言) 서선(徐選)이 말했다.

"아뢰옵기 송구하오나, 안성군(이숙번)의 일을 그냥 지나칠 수가 없어 오늘에서야 진실을 고하옵니다. 지난 5월 25일에 강무[27]의 일로 명을 받아 이숙번의 집에 갔사옵니다. 그가 묻기를, 오늘의 정사가 어떠한가 하였사옵니다. 하여 박은(朴訔)이 우의정이 되었다 하니 그의 얼굴이 못마땅한 기색으로 물들며, 박은이 일찍이 자기 밑에 있었던 사람인데 어찌 저를 버리고 박은을 천거하였느냐고 울분을 토했사옵니다."

이어 삼공신(三公臣)과 우의정 박은 등도 그를 공격하기 시작했다.

"공자가 말하기를, 임금을 섬기는 데 예절을 다한다고 하였고, 또 신하가 임금을 충성으로 섬긴다고 하였으니, 만약 신하 된 자가 무례하고 불충하다면 죄가 이보다 큰 것은 없사옵니다. 이숙번이 전하의 은혜를 그토록 받아 마땅히 충성을 다하고 예절을 다하여서 이를 갚아야 할 것이온대, 그의 무례와 불충이 이토록 심하옵니다. 엎드려 바라건대 앞으로 이와 같은 일이 없도록 국문하여 여러 사람의 본보기로 삼으소서."

이숙번을 향한 불충의 죄를 청하는 신하들은 이뿐이 아니었다. 태종의 의도를 파악한 이들은 이숙번이 민무구와 민무질 형제의 죽음 이후 양녕대군과 만난 적이 있었는데, 이를 두고 역모의 마음을 품었다는 등 공격의 범위를 점차 넓혀나갔다.

마침내 태종이 이숙번과 마주했다. 태종의 눈빛은 예전처럼 살갑지 않고 매섭기만 했다. 병을 핑계로 입궐하지 않았던 이숙번도 듣는

---

27 講武. 조선 시대에 임금이 신하와 백성들을 모아 일정한 곳에서 함께 사냥하며 무예를 닦던 행사

귀가 있었던지라 꼬리를 내렸다. 까딱 잘못하다가는 가진 것을 모두 빼앗길 판이었다.

"신이 지은 죄가 많아 전하의 마음을 편치 못하게 한 점, 죽어 마땅하옵니다. 신을 죽여주옵소서."

"어찌하여 사태를 이리도 크게 키웠더냐? 어찌하여 너와 나의 신뢰를 이리도 무참하게 깨뜨린단 말이냐."

이숙번이 머리를 바닥에 찧으며 말했다.

"스스로 연안부[28]로 가겠사옵니다. 그곳으로 가 신의 죄를 뉘우치며 살겠사옵니다. 전하를 가까운 곳에서 뵙지 못하는 불충은 크오나 모두의 바람이니 신이 물러나겠사옵니다."

연안부에는 이숙번의 별장이 있었다. 이 또한 괘씸했지만 오랜 정이 있어 태종이 한발 물러났다. 그럼에도 벌이 너무 가볍다는 이유로 상소는 또 빗발쳤다.

"내 너를 끝까지 지켜주고 싶었다. 지금의 사태는 너의 불찰도 크니 네 아뢴 대로 그리하라."

"하온데 전하…!"

태종이 이숙번을 보았다. 무언가 느낌이 좋지 못했다. 이숙번이 너무나 태연하게, 여유롭게 입을 열었다.

"신이 옛적에 지나친 상은을 입었을 적에, 저의 우매함으로 설령 죄를 짓더라도 전하께서 생명은 보전하게 하여주십사 청을 하였사옵니다."

"하여?"

---

28 延安府. 황해 연백군에 있던 고려 시대의 행정구역

태종의 낯빛이 점점 굳어갔다.

"신은 전하께서 보전하여주신다 하였던 말을 늘 잊지 않고 있었사옵니다. 하오니, 전하! 이번만 소신을 살려주옵소서. 신은 그 약조를 잊지 않고 있었사옵니다. 전하!"

"그대가 끝까지 나를 실망시키는구나. 내 무어라 하였더냐? 너의 일이 종사에 관련되지 않으면 그리하겠다 하였지. 지금의 일이 공(公)이더냐, 사(私)이더냐? 입은 구화지문[29]이라 했던가. 내 그래도 너와의 인연을 생각하여 대신들의 반대에도 불구하고 황해도 별장으로 너를 보내려고 하였다. 그런데 무어라? 여러 대신들이 가뭄에 허덕이는 백성들을 불쌍히 여기는 가운데 네놈은 병을 핑계로 입궐도 하지 않았다. 어디 그뿐일까? 나의 경고로 보낸 내관들조차 모두 물렸다. 내 정녕 모를 줄 알았더냐? 이러한 가운데 너의 사랑채에서는 풍악이 끊이질 않았다는 것을, 계집의 웃음소리가 담을 넘었다는 것을! 여봐라! 죄인 이숙번을 의금부에 잡아 가두라."

"전하, 전하!"

그렇게 이숙번은 의금부에 갇혔다. 연후에는 관직은 물론, 공신녹권[30]과 직첩까지 모두 회수된 후 함양으로 추방되었다.

* 출처: 《태종실록》 31권 16년 6월 4일 기사. 33권 17년 3월 4일 기사, 《용재총화》, 《소문쇄록》

---

29 口禍之門. 화는 입으로부터 생기므로 말을 삼가야 함
30 功臣錄券. 고려, 조선 시대에 공신에게 수여하던 상훈 문서

네놈에게
뇌물로 금띠까지 주었는데

이숙번이 순금 띠를 도승지 김돈(金墩)에게 주고 서울로 돌아오게

해달라고 청하였다. 김돈이 세종에게 청을 넣기가 어려워

매양 조회에 들어갈 때면 손으로 늘 금띠를 매만졌다.

함양에 귀양 중인 이숙번은 매번 기회를 노렸다. 태종도 이미 죽었다. 지금의 왕은 그의 셋째 아들인 세종이었다. 천하의 이숙번이 이리 죽을 수는 없었다.

"어찌 금띠를 받고서도 이리 함흥차사인 게야? 아니야, 아니야. 도승지 그자도 기회를 엿보고 있을 것이야. 암, 그리 쉬운 일은 아니지. 그렇지만 답답해서 살 수가 있어야지."

이숙번은 순금 띠를 도승지 김돈에게 주었다. 이유인즉, 한양으로 돌아가게 해달라는 청탁이었다. 그 무렵 세종은 계획하고 있는 일이 하나 있었다. 바로 〈용비어천가〉[31]였다. 그런데 마침 선대왕 때의 일이 잘못 기재되어 있어, 그때의 일을 상세히 알 만한 자를 물색 중이었다. 김돈이 여러 신하들의 눈치를 살피다 말했다. 손으로는 연신 금띠를 매만져 댔다.

"전하… 전하께서 준비 중이신 일에 알맞은 인물이 있사옵니다."

세종이 반갑게 물었다.

"오, 그래? 그대가 천거할 만한 인물은 어떤 이인가?"

김돈이 또 대신들의 눈치를 살폈다.

"안성군이었던 이숙번이옵니다. 지금은 죄인의 신분으로 귀양지에 있으나 선대왕의 업적을 누구보다 잘 아는 이옵니다."

주변이 잠시 시끄러웠다. 곧 대신 하나가 말을 잘랐다.

"이는 아니 될 일이옵니다. 이숙번은 태종대에 불충한 죄를 얻어 귀양 중인 자이옵니다. 아직도 벌을 받고 있는 자이온데, 그런 자의 의견을 선대왕의 위대하신 공덕에 쓰시다니요. 이는 아니 될 일이옵니다. 그래도 죄인의 재주가 필요하시다면 그때그때 가서 물어보심이 나을 듯하옵니다."

세종이 고개를 끄덕였다.

"그래, 내 그자의 불충을 알고 있느니라. 하나, 이숙번만큼 아바마마를 잘 알고 있는 이도 없을 듯하구나. 도승지는 어찌 생각하오?"

세종이 김돈에게 물었다. 이는 기회였다. 김돈이 단도직입적으로 말하지 못한 뜸을 들였다.

"이숙번은 태종께 득죄한 사람이므로, 한양에는 들어올 수 없는 몸

---

31 龍飛御天歌. 조선 세종 27년(1445)부터 세종 29년(1447)에 간행한 악장의 하나. 훈민정음으로 쓴 최초의 작품으로, 조선을 세우기까지 목조, 익조, 도조, 환조, 태조, 태종의 사적(事跡)을 중국 고사(古事)에 비유하여 그 공덕을 기리어 지은 노래이다. 각 사적의 기술에 앞서 우리말 노래를 먼저 싣고 그에 대한 한역시를 뒤에 붙였다. 125장 10권 5책.

이옵니다. 신의 생각이 짧아 신중치 못한 채 그를 천거하고 말았사옵니다. 하오니, 여러 대신의 뜻대로 사람을 보내어 귀양지에 가서 묻고 오게 하는 것이 좋을 듯하옵니다."

"사람을 보내어 물어본다? 사람을 시켜서 물었다가 혹시 미진한 것이 있으면 어찌 되는 것인가? 물어보는 일도 결코 작은 일이 아니다. 서울로 불러 친히 묻되, 필요하면 그대들이 직접 가서 빠짐없이 묻는 게 좋겠노라."

사헌부에서 대거 반대에 나섰다. 대신들도 마찬가지였다. 아직도 이숙번에게 감정이 남은 이들이 많았다. 만약 이숙번이 이번 일을 계기로 아예 돌아온다면 그의 오만방자함은 하늘을 찌를 것이었다.

대신들이 우왕좌왕하는 사이 세종이 김돈에게 물었다.

"혹 이숙번이 머물 만한 곳이 있는가?"

김돈이 기다렸다는 듯 아뢰었다.

"자문선공감(紫門繕工監)에 따뜻한 방이 있사옵니다."

"가서 그를 데려오되 불편한 것이 없도록 하라."

"예, 전하!"

"또한 납제[32] 뒤에는 숙번으로 하여금 아침에 입궐하게 하고 저녁에 돌아가게 하라. 사옹방(司饔房)으로 하여금 음식을 내어주고, 경이 여러 날 접대하면서 천천히 상세하게 물어보도록 하되 너무 서둘지 말도록 하라."

"성은이 망극하옵니다, 전하!"

---

32 臘祭. 납일(臘日)에 한 해 동안 지은 농사 형편과 그 밖의 일들을 여러 신에게 고하는 제사

드디어 이숙번이 한양으로 돌아왔다. 역시 그의 거만함은 하나도 녹슬지 않았다. 그도 그럴 것이 이숙번에 대한 세종의 대우가 너무 과하여 상소까지 빗발쳤다. 정승을 두고는 자신의 문하 사람이라 하여 하대했다. 오죽하면 그의 사위조차도 이숙번을 멀리할 정도였다.

이숙번은 결심을 단단히 세웠다. '귀양지로 다시는 돌아가지 않으리라.' 그러나 그도 잠시, 일이 모두 끝나자 세종은 그를 다시 귀양지로 돌려보낼 것을 명했다.

김돈이 놀라 아뢰었다.

"하, 하오나 전하! 이미 불렀으니 특별히 그대로 두는 것이 어떨까 하옵니다."

세종이 말했다.

"숙번은 선조 때에 죄를 얻은 사람이니 내 마음대로 불러서 쓸 수가 없다. 다만."

김돈이 조아린 고개를 들지 못한 채 또 순금 띠를 매만졌다. 세종의 얼굴은 굳건했다. 세종이 다시금 말을 이었다.

"다만, 이번 일에 그의 공이 크므로 이숙번에게 명하니, 귀양지가 아닌 외방에서 편리한 대로 살게 두어라."

결국 김돈은 순금 띠를 이숙번에게 돌려주었다. 정계에 복귀하지 못한 이숙번은 그로부터 2년 뒤 생을 마감했다.

이숙번에 대한 위로의 기록은 세종의 언중으로 다음과 같이 실록에 실려 있다.

숙번이 광패하고 거친 성격에 상감의 총애를 믿는 마음이 있어서 교만하고 방자하고 무례하여 천노[33]를 범한 것이지, 불충(不忠)한 뜻이 있었던 것은 아니었다. 태종께서 태상왕(太上王)이 되어서 황희 등을 용서하실 때에도 말씀하시기를 '숙번의 공이 매우 크다. 내가 다시 등용하고자 하나 그 죄가 큰 까닭으로 실행하지 못하겠다.' 하시었다. 옛사람이 이르기를 '공과 죄가 서로 비긴다.' 하였고, 또 이르기를 '비록 그 죄가 있더라도 공으로 덮어준다.' 하였다. 그러나 태종께서 이미 등용하시지 아니하신 것을 내가 어찌 다시 등용할 마음이 있겠는가. 내 마음에는 생각하기를, 서울 밖에 편히 지내는 것이 좋을 것 같다. 만약 서울 안이 불가하다면 죄를 감등하여 경기로 옮기는 것도 좋을 것 같다.

* 출처:《세종실록》82권 20년 9월 25일 기사, 83권 20년 12월 7일 기사, 83권 20년 12월 13일 기사, 《용재총화》,《소문쇄록》,《연려실기술》제2권 태종조 고사본말 태종조의 명신 이숙번 편

---

33 天怒. 임금의 노여움

"상중(喪中)에 처자를 겁탈하기 위해 담을 넘다니"

홍윤성
1425 ~ 1475

홍윤성의 자(字)는 수옹(守翁)이고, 회인현[34] 출신이다. 아버지는 홍제년이다.

문종 즉위년에 문과에 급제하여 벼슬을 시작했다. 그러다 수양대군의 눈에 들어 황보인, 김종서 등을 제거할 때 적극적으로 참여했고, 수충협책정난공신(輸忠協策靖難功臣)의 호(號)를 받았다. 이로써 홍윤성은 출세가도를 달리게 되었다. 세조 즉위년에는 보좌한 공을 인정받아 좌익공신(佐翼功臣) 3등에 책록되었다. 이후 세조 2년에는 가선대부(嘉善大夫)에 참판(參判)으로 올라 인산군(仁山君)에 봉(封)해졌다. 또 신숙주와 함께 야인을 토벌, 1467년에 우의정, 예종 1년엔 좌의정, 그해 명나라를 다녀와서는 영의정까지 올랐다. 성종이 즉위 후, 그를 보좌한 공으로 좌리공신(佐理功臣) 일등에 책록했다.

홍윤성은 어릴 적 매우 가난했다. 그래서 숙부의 집에 겨우 의탁해 살다가 서울로 올라왔다. 세조는 융숭히 홍윤성을 돌봐주었다. 그에게 많은 양전을 내려주기도 했다. 홍윤성은 계속해서 재물 모으기에 힘써 거만금의 돈을 가지고 있었고 곡식이 넘쳐났으며, 물건을 실어서 집에 들이는 거마로 길을 매웠다.

홍윤성의 부와 권력은 대단했다. 그의 종들까지도 스스럼없이 살인을 저질렀다. 물론 홍윤성도 마찬가지였다.

---

34 懷仁縣. 충청북도 보은군 회남면(懷南面)·회인면 일원

술고래
홍윤성

신이 어찌 처자를 겁탈하기 위해 담을 넘었겠사옵니까?

그날의 일은 술이 취해 하나도 기억이 나질 않사옵니다.

홍윤성은 술고래였다. 홍윤성이 죽인 김종서 또한 그를 두고 술고래라고 했다. 오죽하면 세조가 그의 인장에 경음당(競飮堂)이란 호를 붙여 내려주기까지 했다. '경음'이란 술 따위를 누가 더 많이 마시나 겨룬다는 뜻이었다.

아무튼 홍윤성은 아무도 막지 못하는 술꾼이었다. 홍윤성의 집에서 잔치가 있는 날이면 대부분이 실려서 집으로 돌아갈 정도였다.

"아직 상중(喪中)이거늘, 어쩌자고 그랬더냐? 내 네게 호를 잘못 지어준 것이야."

세조가 홍윤성을 어리석다는 듯 보았다.

"송구하옵니다, 전하!"

홍윤성이 어머니의 삼년상을 치르던 때였다. 거나하게 취한 홍윤성이 혼사가 오가고 있던 김한의 집으로 쳐들어간 것이 보고되어 세조의 골머리를 썩이고 있었다.

"어찌할 셈이야? 내 너를 감싸주고는 있다지만 상소가 계속해서 빗발치고 있음이야. 어쩌자고 담을 넘어, 담을. 쯧쯧쯧!"

홍윤성의 부인이 아이를 낳지 못해 홍윤성은 김한의 여식과 혼사가 오가던 중이었다. 그런데 홍윤성의 어미가 죽었다. 상중에, 그것도 술에 취해 김한의 여식을 탐하기 위해 담을 넘은 것이었다. 다행히 처자와 처자의 어미가 옆집으로 피신해 불미스러운 일은 일어나지 않았다.

세조가 다시금 홍윤성을 보며 말했다.

"뭐가 진실인지 이야기를 해야만 해결할 수 있느니라. 실로 기억이 나지 않는 것이냐? 어찌 되었건 지금은 그대가 그곳에서 하룻밤을 묵었다는 것이 큰일이야. 그것도 상중에 술을 마시고서. 그대를 노리는 적들에겐 수많은 이야기를 만들어낼 수 있는 기회인 게지. 이 어리석은 사람아!"

여태껏 홍윤성은 술에 취해 기억나지 않는다는 말로 일관했다.

"송구하옵니다, 전하! 김한의 아내 오라비인 김인이라는 자가 소신을 탐탁지 않게 여긴다 하여 타이르기 위해 간 걸음은 사실이옵니다. 그러는 와중에 그 처자와 처자의 어미가 술상을 내어 왔사옵니다."

"하여 마셨다? 그것도 몸을 가누지 못할 정도로? 어미의 상중에?"

홍윤성이 고개를 숙이며 앓는 소리를 내었다.

"하면 김한의 집에 네 발로 간 것이며, 너는 일단 담을 넘지 않았다는 것이고, 술 또한 그들이 주어 마셨다는 소리구나. 그렇게 술, 술, 술 하더니 이것 보아라. 결국 술 때문에 사단이 난 것이야."

"실로 그 처자를 겁탈하기 위해 담을 넘은 것은 아니옵니다."

"조금이나마 빈틈이 보였다면 품었겠지. 내가 너를 모르더냐? 쯧!"

세조가 홍윤성을 노려보았다. 조카를 쫓아내고 왕위에 오르기까지 홍윤성의 덕을 많이 본 세조였다. 끝까지 안고 가야 할 제 사람이었다. 그만큼 서로가 나눈 비밀이 많았다.

세조가 명했다.

"여봐라, 당장 김한과 그의 아들 김분, 김인을 잡아들여라."

의금부로 김한과 김분(金汾), 김인(金潾)이 잡혀 왔다. 이들의 국문이 시작되었다. 재상을 욕보였다는 죄명이었다. 세조가 물었다.

"너희는 어찌하여 나라의 재상을 무고하였느냐?"

한차례 고문을 받은 김한이 억울함을 호소했다.

"실로 억울하옵니다. 무고라 하였사옵니까? 외려 나라의 재상이 저희를 무고죄로 죽이고 있사옵니다. 상중에 술을 마셨사옵니다. 상중에 아녀자를 겁탈하려 하였사옵니다. 이것이 실로 대죄가 아니고 무엇이옵니까?"

옆에 있던 김인이 소리쳤다.

"소신들이야말로 진실로 억울하옵니다. 홍 재상께서 소신이 이번 혼사에 감정이 있음을 알고 외려 신들을 죽이려 하니 어찌 억울하지 않겠사옵니까?"

세조가 말했다.

"그러니까 너희야말로 홍 재상이 마음에 들지 않아 이토록 해괴한 일들을 꾸민 것이 아니고 무엇이냐? 나라의 재상을 무고한 것이 아니고 무엇이냔 말이다."

"소신들은 실로 억울하옵니다."

"그러니까 홍 재상이 억울하다는 것이다. 너희는 분명 이와 같은 일을 기회로 삼아 홍 재상을 옭아매거나 그에게 원하는 것을 요구하였겠지. 한 가지를 물어보자. 홍 재상이 술고래임은 세상이 다 아는 이야기다. 한데 상중인 홍 재상에게 술상을 바친 것은 너희가 아니었더냐? 너희는 홍 재상에게 술을 먹여 어떤 꿍꿍이셈을 부리려고 한 것이냐?"

"전하! 무고이옵니다. 모든 것이 홍윤성의 농간이옵니다."

"너희가 재상을 욕보인 죄는 사형에 가까우나 홍 재상의 간곡한 청으로 유배를 명하노라."

김인과 김한, 김분은 이번 사건으로 인해 먼 지방으로 유배되었다.

그러나 홍윤성의 끔찍한 술 사랑은 여기서 끝나지 않았다. 성종이 어좌에 오르고 얼마 지나지 않아서였다. 홍윤성과 술을 마신 이수남(李壽男)이 술에 취해 집에 돌아왔지만, 이튿날 33세의 나이로 죽고 말았다. 이수남은 사망 후 병조판서로 추증되었지만 그에겐 어린 아들이 둘이나 있었다.

이때 홍윤성은 원상(院相)의 자격을 가진 최고위 직책에 있었다. 성종이 어린 나이로 보위에 올라 한명회, 신숙주 등과 함께 어린 임금을 보좌하며 정무를 보았다.

사헌부에서 홍윤성을 국문할 것을 아뢰었다. 이 시기 예종의 3년상이 끝나지 않았기에, 금주령이 내려져 있어서 더욱 그랬다.

홍윤성이 성종 앞에 대죄했다.

"신이 서리[35]를 앓아 항상 소주를 복용하는데, 하루는 이수남이 술에 취한 채 와서 이야기를 나누는 사이 두어 잔을 권한 것이 이와 같은

---

35 暑痢. 더위를 먹어서 설사를 하는 병

일이 되었사옵니다. 청컨대 대죄하게 하소서. 전하!"

성종이 말했다.

"비록 술을 금하더라도 복약하는 것이 어찌 해롭겠는가? 비록 분경[36]을 금하더라도 오는 자는 올 것이니, 대죄하지 말라. 경이 설사병을 앓는 까닭으로 소주를 내렸으니 마시고 가는 것이 옳겠다."

"성은이 망극하옵니다, 전하!"

홍윤성에게 평생 금주령은 어느 순간에도 없었다.

---

* 출처: 《세조실록》 13권 4년 7월 11일 기사, 13권 4년 7월 12일 기사, 13권 4년 7월 13일 기사, 13권 4년 7월 14일 기사, 13권 4년 7월 22일 기사, 13권 4년 7월 29일 기사, 13권 4년 8월 24일 기사, 《성종실록》 10권 2년 6월 3일 기사, 《필원잡기(筆苑雜記)》, 《용재총화》

36 奔競. 벼슬을 얻기 위하여 엽관 운동을 하던 일

살인 또한
그의 재주였다

홍윤성이 숙부의 말이 전파될까

그를 죽이고 후원 속에 묻어두었다.

홍윤성이 이조판서가 되었다. 그런데 어릴 적 그를 돌보아주었던 숙부가 찾아왔다. 차림새가 어찌나 너절한지 홍윤성의 하인들마저 숙부를 무시할 정도였다. 홍윤성은 숙부가 귀찮은 듯 사랑채에 서서 먼 산만 바라보았다. 숙부를 마당에 세워둔 채 안으로 들이지도 않았다.

홍윤성이 속으로 생각했다.

'이래서 친족들이 남보다 못하다는 것이야. 남들은 재물이라도 싸 들고 오지.'

이런 조카의 속도 모르고 작은아버지는 반갑게 알은체를 했다.

"이보게 조카! 그간 잘 있었는가? 내 우리 조카가 이렇게 잘될 줄 알았지, 암! 진즉에 알았고말고."

'저 입에 발린 소리.'

홍윤성은 숙부의 칭찬도 못마땅하게 들렸다.

"무슨 일로 먼 길을 오셨는지요?"

차가운 응대에 숙부는 무색한 낯빛을 감추며 애써 웃었다. 명색이 집안 어른이거늘 종놈들 보는 앞에서 마당에 세워두다니.

"무슨 일로 왔겠는가? 내 염치없이 자식의 앞날을 부탁하려고 왔네. 자네는 이조판서가 아닌가?"

홍윤성은 슬쩍 초라한 숙부의 행색을 바라보았다.

'쯧쯧, 아들의 벼슬을 청탁하러 오면서 빈손이라?'

"회인현에 있는 논 이십 두락을 나에게 준다면 그렇게 하리다."

숙부의 미간이 찌푸려지며 기어이 언성이 높아졌다.

"뭐, 뭐라? 네놈이 어찌 이런 말을 하는가? 옛날 네놈이 곤궁하여 뜻을 얻지 못할 때 너를 돌봐준 것이 30여 년이나 되었는데, 이제 재상의 몸으로 내 자식에게 벼슬 하나 주지 못한단 말인가? 네놈이 그러고도 사람이냐?"

갑자기 홍윤성의 얼굴이 붉으락푸르락해졌다. 지금 자신은 이 나라의 재상이었다. 그 옛날 궁핍했던 시절은 떠올리기도 싫었다. 집도 없이 숙부의 집에서 전전긍긍하며 살던 홍윤성이 아니었다. 그 누구도 함부로 대할 수 없는 그런 위치였다.

홍윤성의 눈빛이 서늘해졌다. 그때의 기억은 지울 수만 있다면 지우고픈 것이었다. 누군가 자신의 과거를 엿들을까 순간 창피해졌다. 홍윤성이 제정신이 아닌 듯 마루에서 내려오더니 돌을 들어 숙부의 머리를 세게 내리쳤다. 숙부는 그 자리에서 머리가 깨져 피를 흘리다 죽었다. 홍윤성은 그의 신복들을 시켜 숙부를 후원에 묻어버렸다.

이 일은 여기서 일단락되는 듯했다. 부리는 자들은 결코 자신을 배신하고 비밀을 누설할 리 없었다. 돌아오지 않는 숙부로 인해 그 집에서 사람이 찾아온다면 시치미를 떼면 그만이었다.

여러 달이 지나, 돌아오지 않는 남편을 찾기 위해 홍윤성의 숙모가 한양으로 올라왔다.

"나는 이 집 대감마님의 숙모일세. 남편이 돌아오지 않아 어찌 된 일인지 물으러 왔을 뿐이네. 하니, 이거 놓으시게."

홍윤성의 숙모 또한 남루하긴 마찬가지였다. 하인 하나가 콧방귀를 뀌며 지껄였다.

"남편처럼 죽기 싫으면 썩 꺼지시오. 대감마님이 그리 한가한 줄 아시오?"

하인의 말실수로 홍윤성의 일은 세조의 귀에까지 들어가게 되었다. 어찌 되었건 홍윤성은 살인을, 그것도 존속살인을 저지른 것이었다.

홍윤성의 숙모는 세조가 온천에 거둥할 때 버드나무 위에 올라가 울부짖었다. 신고를 해봤자 홍윤성이 죄다 막을 것이 자명했다. 세조가 의아하여 여인을 내려오게 했다. 홍윤성의 숙모가 흐느끼며 소리쳤다.

"말씀드리고자 하는 것이 권신(權臣)에게 관계되므로, 한 걸음 사이에도 반드시 그 말이 변경될 것이니 감히 전하가 아니라면 어디에도 말을 할 수가 없사옵니다. 분명 그 간사한 권신이 모든 것을 덮으려 할 터이니 죽어서도 눈을 감지 못할 것이옵니다."

세조가 연을 멈추고 홍윤성의 숙모를 가까이 불러 사정을 전해 들었다. 이윽고 세조는 크게 분노했고, 홍윤성의 노비 몇십 명의 목을 베었다.

그러나 홍윤성의 살인은 이것으로 끝나지 않았다. 한번은 홍윤성이 남의 논을 빼앗아 미나리를 심었다. 논의 주인이었던 늙은 할미가 울며 사정해도 돌려주지 않았다.

"이 늙은 몸이 홀로 살면서 일생에 믿고 사는 것이 논뿐인데 이대로 순응하면 굶어 죽을 것이요, 반항하면 피살될 것이니 어차피 죽음은 마찬가지라. 그놈을 만나 단판을 짓는 것이 어찌 두려울까."

늙은 할미는 큰 결심을 하고 논문서를 집어 들었다. 그러나 냉혹한 홍윤성은 늙은 할미의 말은 한마디도 듣지 않고 그를 바로 거꾸로 매달았다. 그러고는 돌로 머리를 내리쳤다. 싸늘한 주검이 된 할미는 길바닥에 내던져졌다. 모두 홍윤성이 두려워 거두는 자가 없었다.

홍윤성의 기세가 하늘을 찌르자 그의 종들도 함부로 날뛰었다. 포도부장 전임(田霖)이 순찰을 돌고 있을 때였다. 홍윤성의 종들이 전임에게 대거리를 해왔다. 전임이 괘씸해 뒷날 홍윤성의 집을 찾았다.

"대감의 종들이 세력을 믿고 함부로 행동하였으니, 도둑은 아닙니다만 빌건대 이제부터는 엄하게 다스리소서. 공에게 누가 미칠까 두려워 말씀 올리는 것입니다."

그놈, 제법 배포가 두둑하구나. 홍윤성이 전임을 흡족해하며 그와 가까이 지냈다. 전임은 홍윤성의 덕으로 벼슬도 올랐다.

한 날은 전임이 홍윤성의 사랑채에 들자 그가 의자에 앉아 활시위를 당기고 있었다. 그 시선을 쫓으니 뜰 안 나무에 여종이 묶여 있었다. 전임이 물었다.

"공께서 어찌 이러시는 것입니까?"

"한 번 불러서 대답을 하지 않기에 죽이려 한다."

전임이 놀라며 말렸다.

"죽여버리기보다는 소인에게 주시는 것이 어떨까 하옵니다."

홍윤성이 전임을 쳐다보며 웃었다.

"그럼 그렇게 하려무나."

다행히 풀려난 여종은 전임이 평생토록 데리고 살았다. 그러나 이처럼 멋있어 보이는 전임도 홍윤성과 크게 다르지는 않았다.

전임은 성격이 본디 잔인하여, 회령부사(會寧府使)가 된 지 오래지 않아서 죄 없는 사람 네 명을 죽였습니다. 그 일로 국문이 있어 서용되지 못하게 될 것인데 마침 사면을 입어 면죄되었으나, 도로 직을 제수하여 겸사복장을 시킨다는 것은 징계하는 도를 잃어버린 것과 같다고 하겠습니다.　　　　　　　　　　―《연산군일기》

* 출처: 《연산군일기》 3권 1년 2월 12일 기사, 《기재잡기》, 《부계기문(涪溪記聞)》

사람을 죽인 이가 그대인가,
아니면 그대의 종놈인가?

밤에 궐의 북문에서 아녀자가 서글피 울어 나가보니

나계문(羅季文)의 아내 윤덕녕(尹德寧)이었다.

지아비의 억울한 죽음을 알리기 위해서였다.

늦은 밤, 대궐의 북문에서 아녀자의 울음소리가 그칠 줄 몰랐다. 이에 세조가 내관을 보내 알아보았더니, 지아비의 억울한 죽음을 알리고자 홍산에서 온 여인이었다. 그녀의 이름은 윤덕녕(尹德寧)으로, 고(故) 성균사성(成均司成) 윤상은(尹尙殷)의 딸이었다.

윤덕녕이 엎드려 흐느꼈다.

"첩의 지아비 나계문은 인산군(仁山君) 홍윤성의 종 김석을산에게 해를 당하였사옵니다. 하오나 홍 정승(홍윤성)의 위세로 지아비의 죽음이 묻히고 말았으니 어찌 살 것이옵니까? 이 원통한 마음을 알리고자 멀고 먼 길을 걸어왔사오니, 전하께서는 부디 살펴주옵소서."

내관의 말을 전해 들은 세조가 윤덕녕을 궁으로 불렀다. 윤덕녕이 편전에 들자 세조가 물었다.

"아녀자의 몸으로 여기까지 걸었다니 너의 억울함이 그만큼은 클터? 어찌 된 일인지 상세히 말을 해보아라."

"홍 정승이 행한 일이 법에 저촉된 게 한두 가지겠습니까마는, 이년의 지아비를 죽인 것은 우연이 아니옵니다. 지난해 가을 홍윤성이 정승이 되니 고을 사람들이 모두 시골에서 드물게 정승이 난 일이라 하여 관노비 두 사람을 주었습니다. 당시 이년의 지아비가 홍 정승에게 건실한 노비를 주지 않았다고 하여, 이년의 지아비에게 곤장을 쳤는데 그때도 거의 죽을 뻔하였사옵니다."

세조가 내관에게 물었다.

"어찌해서 관아의 노비를 사사로이 준 것이냐?"

"아마도 그 지방의 풍습인 듯하옵니다."

"풍습? 나라의 노비를 함부로 가져가는 것이 풍습이라? 내 이것들을! 지금 당장 홍산현감(鴻山縣監) 최윤(崔倫)과 관찰사 김지경(金之慶)을 잡아들여라. 하고, 너는 홍 정승에 대해 할 말이 더 있는 것이렷다?"

윤덕녕이 말을 이어갔다.

"그일 이후로 홍 정승은 지아비를 곱게 보지 않았사옵니다. 지아비는 집 앞 동산에 무척이나 많은 소나무를 심고 가꾸었사온데, 어느 한날에 군사 이백여 명을 데리고 와서는 벌목을 하고 강제로 빼앗아 갔사옵니다. 또 수일이 지나 이번에도 벌목을 하기 위해 사람들을 데려왔사옵니다. 하여, 소인이 홍 정승의 첩 복지(福只)를 찾아가 사정도 하였으나, 군인 일백여 명을 보내어 동산 안의 잡목까지도 모두 베어 갔사옵니다. 그때 군인들과 지아비를 죽인 이들이 모두 홍 정승의 집에 있사옵니다."

"너의 지아비는 어찌 죽었더냐?"

윤덕녕은 흘러내리는 눈물에 차마 대답을 잇지 못했다. 잠시 후, 감정을 추스른 윤덕녕이 세조에게 고했다.

"엄동설한에, 홍윤성의 종 김석을산이 윤동질삼 등을 불러 언 땅을 파고는 지아비를 발가벗긴 다음 때려죽였사옵니다. 이 일을 관아에 고 발하였으나 외려 정승을 모함한다는 이유로 저의 오라비 윤기와 지아 비의 사촌 형인 나득경(羅得經)이 맞고소를 당하였사옵니다."

"알았다. 밤이 늦었으니 내관을 따라가 쉬도록 하라."

윤덕녕이 물러갔다. 세조의 입에서 깊은 한숨이 흘러나왔다.

다음 날, 홍산현감 최윤과 관찰사 김지경이 편전으로 들었다. 이들 은 서로의 눈치를 살펴댔다. 세조가 먼저 김지경에게 물었다.

"나계문의 죽음에 관련한 이들은 하나같이 석방되었다고 들었다. 홍윤성의 종 또한 풀려났겠지. 관찰사 김지경에게 묻노라. 너의 직임은 한 지방을 통찰하는 것으로 응당 크고 작은 일들을 알아야 할 것이다. 그런데 어찌하여 홍윤성의 종 김석을산이 교만하고 횡포하며 방자하 고 잔악해 사람을 죽였음에도 너는 용서하여 놓아주었느냐? 무엇이 두 려웠던 것이더냐?"

"신은 외려 현감 최윤을 문책하여 김석을산이 도망쳤다 하더라도 그 나머지 무리를 오히려 가두게 하였사옵니다. 어찌 홍윤성을 두려워 하여 그랬겠사옵니까?"

"그래? 그런데 어찌하여 또 모두 방면을 한 것이더냐?"

"고, 고의로 살인한 것이 아닌 까닭으로…."

세조가 기가 막히다는 듯 웃었다.

"하! 고의로 살인한 것이 아니기에 방면하였다? 그렇다면 너는 이 것을 잘못하여 죽인 것이라 생각하느냐, 장난질을 하다가 죽인 것이라 생각하느냐?"

김지경이 더는 대답하지 못했다. 이번엔 세조가 최윤에게 물었다.

"너는 홍윤성을 몇 번이나 보았느냐?"

"두 번뿐이었사옵니다."

"네가 본 것은 무슨 일 때문이었느냐?"

"대신이 고을에 이르렀으니 보지 않을 수 없었습니다."

"너는 수령(守令)이 되었으니, 또 글자도 알 것이다. 옛말에 이르기를, 한 사람을 섬긴다고 하였는데 네가 왕으로 섬기는 이는 누구더냐?"

이 질문에 최윤 역시도 대답이 없었다. 세조가 김지경에게 다시 물었다.

"죽은 나계문의 형인 나득경 등이 정승인 홍윤성을 모해하였다는 일을, 너는 처음부터 믿고서 가두었더냐?"

"신은 처음에 믿지 않았으나 다시 생각하니 대신을 모해하였다는 것은 일이 작은 일이 아니어서 우선 들어주었습니다."

"처음엔 믿지 않았는데, 가만히 보니 누군가의 청을 들어줄 수밖에 없었다?"

김지경이 또 대답을 못 하고 주춤거렸다. 더 이상 물을 것도 없다는 듯 세조가 명했다.

"이놈들을 당장 의금부에 가두라. 그리고 김석을산의 부모, 처자(妻子), 형제와 멀고 가까운 족친 삼절린[37]까지 잡아 옥에 가두라."

세조는 김석을산 등 나계문의 죽음에 가담한 이들에게 능지처참을

37　三切隣. 범죄 사건이 났을 때 그 사건이 난 바로 이웃에 사는 세 집

명했다. 김지경은 고신을 거두고, 최윤은 서울에 있는 감옥에 가두었다. 다만, 여러 신하들이 상소를 올려 홍윤성을 벌줄 것을 청했지만 세조는 이 사건을 그대로 끝냈다.

이 사건 또한 나계문에게 불만을 품은 홍윤성의 짓거리였다. 세조는 홍윤성을 불러 앉히고 경고했다.

"스스로 경계하라. 더는 봐줄 수가 없음이야."

홍윤성은 아무런 대답도 하지 못했다.

그렇다면 천하의 홍윤성을 고발했던 윤덕녕은 어떻게 됐을까? 세조는 그녀에 대한 기록을 남기며 신변을 보호해주었다.

> 홍산(鴻山) 사람 나계문(羅季文)의 아내 윤씨(尹氏)는 위세를 두려워하지 않고 지아비의 원수를 갚았으니, 절의(節義)가 가상할 만하다. 관(官)에서 쌀 열 석(石)을 주고, 특별히 그 집을 복호(復戶)하게 하라.

* 출처: 《세조실록》 45권 14년 2월 20일 기사, 45권 14년 2월 22일 기사, 45권 14년 3월 5일 기사, 《문헌비고(文獻備考)》

홍윤성의
부인들

홍윤성은 자신의 첩이 조금이라도 거슬리면

검을 써 위협하거나 죽이기도 하였다.

홍윤성이 도순문출척사(都巡問黜陟使)로 순행하고 있을 때였다. 양주에 이르렀는데 웬 남녀가 물결처럼 모여 있었다. 이에 홍윤성도 호기심이 발동해 가까이 다가가 보니 홍윤성의 시야로 한 여자가 들어왔다.

"저 여인은 누구인가?"

홍윤성이 지방 아전에게 물었다.

"좌수[38]의 집 여식입니다."

"좌수의 여식이라…. 알았다. 일단 관아로 돌아가자."

홍윤성은 관아로 돌아오자마자 아전에게 일렀다.

---

38 座首. 조선 시대에, 지방의 자치 기구인 향청(鄕廳)의 우두머리

"아까 본 여인의 집에 가서 전하여라. 내가 오늘 너희 여식을 첩으로 삼을 테니 술자리를 갖추되, 만일 일이 지체되면 도륙을 면치 못하리라."

"예? 예, 나으리!"

소식을 전해 받은 좌수의 집은 초상집이 되었다. 귀한 딸을 시집도 보내기 전에 첩으로 만들게 생겼으나 당장 도망을 놓을 수도 없는 상황이었다. 이미 집 주변으로 관졸 몇이 지키고 있었다.

외려 차분한 것은 좌수의 여식이었다.

"어버이께서는 걱정 마시옵소서. 이는 무척 쉬운 일이니 제가 잘 처리하겠습니다. 이도 저의 운명이라면 받아들여야 할 것입니다."

좌수의 여식은 그길로 곱게 단장한 채 홍윤성을 기다렸다. 도착한 홍윤성이 중문을 넘으려 하자 처자가 그의 소맷자락을 잡았다. 놀란 홍윤성이 뒤를 돌아보자 처자가 급히 그의 한쪽 팔을 움켜잡으며 다른 손으로는 패도(佩刀)를 빼 들었다.

"공께선 나라의 대신으로 이제 명을 받아 지방을 순행하셨으면서 어찌 한 가지 칭찬할 일도 하지 않고 허물부터 만들려 하십니까? 저 또한 사족의 딸이거늘, 공이 첩을 삼으려 함은 무슨 까닭입니까? 만일 아내를 삼으려면 따라가겠지만 첩을 삼으려면 이 앞에서 죽고자 합니다. 공께서는 어찌 이리 무례한 일을 행하여 사람을 죽이려 하십니까?"

맹랑한 여자였다. 그러나 홍윤성은 대단히 만족스러웠다.

"하하하! 좋다! 내 마땅히 그대의 청을 들어주리다."

홍윤성은 즉시 세조에게 편지를 부쳤다. 홍윤성의 정실 남씨가 아직도 자식을 보지 못하고 있으니 그 어리석음을 탓하고, 좌수의 딸을 계실로 삼겠다는 내용이었다. 이후 홍윤성은 이 처자와 정식으로 혼례를 치르고 숭례문 밖에서 살았다.

그렇다면 홍윤성의 부인은 과연 몇이었을까? 어머니의 삼년상 중, 겁탈하려 했던 김한의 여식과 아내 남씨(南氏)에게 자식이 없어서 강제로 취하여 장가든 같은 고을의 사족(士族) 김자모(金自謀)의 딸이 기록에 남았다.

그리고 홍산에 홍윤성과 사이가 좋은 김생(金生)이란 자가 살았다. 그에게는 나이 장성한 딸이 있었는데 집이 매우 가난해서 시집을 보내지 못한 상황이었다. 홍윤성은 사위를 골라준다는 명목으로 김생의 집에 자주 드나들었다. 실은 그 여식의 미색이 매우 출중하여 다른 꿍꿍이가 있었던 것이다. 결국 홍윤성은 많은 포백과 곡식들을 실어 보내고 김생의 여식에게 스스로 장가를 들었다.

성종 대에 홍윤성이 죽자, 그의 여인들은 시끄럽게 다투었다. 누가 정실이고 누가 후처냐는 것이었다.

이처럼 권력을 믿고 안하무인했던 홍윤성은 겨우 발에 난 종기 하나 때문에 죽고 말았다.

* 출처: 《성종실록》 59권 6년 9월 8일 기사, 66권 7년 4월 4일 기사, 《기재잡기》

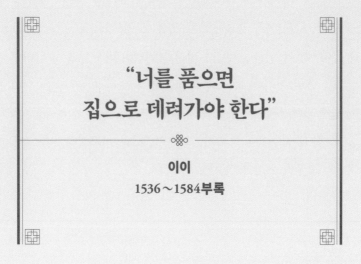

"너를 품으면
집으로 데려가야 한다"

❊

이이
1536 ~ 1584부록

이이는 1536(중종 31)년 12월 26일, 강릉 외가에서 태어났다. 호는 율곡(栗谷), 석담(石潭), 우재(愚齋)이다. 아버지는 사헌부 감찰을 지낸 이원수(李元秀)이고, 어머니는 사임당(師任堂) 신씨(申氏)이다. 이원수는 죽어서 아들 덕분에 좌찬성[39]으로, 신사임당은 정경부인[40]으로 추증되었다.

이이는 조선 시대 최연소 과거 합격자이기도 했다. 명종 3년인 1548년 진사시에 13세로 합격했다. 그는 장원을 무려 아홉 번이나 해서 별명이 '아홉 번 장원'이었다. 그야말로 세상에서 일등이 제일 쉬웠던 학자다.

이런 올바른 대학자의 이이에게도 허점이 있었다. 이이도 그를 공격하는 이들이 있었기에 기록에서 피해 가지는 못했다.

이이는 선조의 신임과 사랑을 듬뿍 받았다. 이이도 선조에게 많은 글을 지어 올려 경계로 삼도록 했다. 당시 당파는 동인과 서인으로 나뉘어 있었다. 이이는 어느 당파에도 속해 있지 않았는데 서인의 벗들과 교류하다 보니 동인의 공격을 피해 갈 수 없었다. 동인이 이이를 공격할 당시 그를 사랑한 선조의 재미난 말들을 몇 가지 언급해본다.

"너희가 임금과 신하 사이를 막으려 하니 심술을 알 만하다."
"경(이이)의 성심으로 깊이 고마운 것을 내가 이미 알고 있다.

39　左贊成. 조선 시대에, 의정부에 속하여 백관(百官)을 통솔하고 일반 정사(政事)의 처리, 국토 계획, 외교 따위를 맡아 하던 종1품 벼슬

40　貞敬夫人. 조선 시대에, 정1품, 종1품 문무관의 아내에게 주던 봉작

여러 사람의 지껄임을 개의치 말라. 나와 함께 국사나 돌보자."

"이이는 나라를 그르친 소인에 지나지 못하고, 나는 경망한 임금에 지나지 못한다. 너희는 이 일을 다투어서 야인의 괴수를 잡을 것인가?"

"이이를 일러 당을 만들었다고 하니, 나는 이제부터 이이의 당이라고 부르도록 하여라."

"이이의 잘못을 논한다? 썩은 선비의 말이라서 웃음이 나올 뿐이니 그냥 두라."

"하루아침에 이이가 조금 실수를 하자, 탄환을 끼고 곁눈으로 노려보던 무리가 저들 생각에 '바로 이때다, 이러한 기회는 다시 얻을 수 없을 것이다.' 싶어 참새가 날듯 일어났구나. 그리하여 사특한 말로 모든 길을 가로막고 사면으로 에워쌌으니 소인들의 꾀가 그야말로 교묘하고도 참혹하구나."

그래,
잠깐 외도했었소

어머니가 돌아가시자 19세에 금강산에 들어가 불도(佛道)를 닦았는데,
승려들 간에 생불(生佛)이 출현했다고 소문이 자자하였다.

이이가 생원과 진사를 뽑는 과거에 합격했다. 과거에 뽑힌 이들은
성균관에 나가 알성(謁聖)하는 것이 전례였다. 알성이란 문묘에 가서
공자의 위패를 뵙고, 합격을 알리는 일이었다.

이이가 알성하려 하자 성균관 유생들이 일제히 그를 막아섰다. 장의[41]
민복이 앞으로 나섰다.

"그대는 알성하지 못한다."

"어째서입니까?"

이이가 물었다. 이이는 열셋에 처음 진사시에 합격한, 조선 최연소

---

41 掌議. 조선 시대에, 성균관 향교에 머물러 공부하던 유생의 임원 가운데 으뜸 자리

과거 합격자였다. 민복이 가소롭다는 듯 비웃었다.

"한때 중이었던 자가 어찌 공자를 뵙는단 말이냐. 불교를 배척하는 가운데 그대는 불교의 도를 닦지 않았더냐?"

철저한 유교 사상에 이이 또한 어느 정도 예상은 했던 바였다. 이이는 스스로를 변호했다.

"어머니께서 돌아가시고 시묘살이를 3년 동안 했습니다. 그때 제 나이 열여섯, 시묘살이를 하는 3년 동안 무수한 생각에 사로잡혔습니다. 맞습니다. 어머님의 임종을 지키지 못한 것도, 어머님이 너무 일찍 돌아가신 것도 억울하였고, 애첩을 너무 사랑하신 아버지에 대한 감정도 큰 몫을 하였습니다. 이것이 유교가 가르치는 것의 본모습인가도 싶었습니다. 그때 불교 학문에 잠시 빠진 것은 변명할 여지가 없습니다."

이이의 어머니는 신사임당(申師任堂)이었다. 운명 당시 48세였다. 그즈음 아버지 이원수(李元秀)는 조상의 공덕으로 수운판관[42]이 되었다. 벼슬길에 나아간 이원수는 평안도에 일이 생겨, 큰아들 이선과 이이를 대동했다. 그런데 그때 어머니가 돌아가시고 말았다.

민복이 코웃음을 쳤다.

"스스로 의암(義庵)이라 짓고, 중들이 그대를 보며 모두 생불이라 하였다지. 지금 그대는 인정을 하였다. 하니 돌아가라. 공자를 뵐 수는 없다."

"뜻한 바를 얻지 못해 불교 학문에서 이미 벗어났습니다. 유학을 숭

---

42 水運判官. 전함사에 속하여 수운(水運)에 대한 일을 맡아보던 종5품 벼슬

배하나 불교의 학문이라 해서 쓸모없는 것은 아니라 생각합니다. 분명 그곳에도 배울 점은 있었습니다. 무릇 학문을 익히는 자라면 배움의 폭을 정해놓는 것이 아니라, 폭넓은 배움을 택해야 한다고 생각합니다."

민복이 어처구니가 없다는 듯 혀를 내둘렀다.

"지금 그대가 나를 가르치려는 것인가? 그도 아니면 아직도 불도에 미련이 있어, 그 불도를 가르치려고 들어온 이단인가? 아하! 유생을 위장하여 불도를 전파하려는 것인가?"

이이가 민복의 눈을 바로 보았다.

"말씀이 지나치십니다. 또한 제가 한때 중이었다면 지금 틀고 있는 상투는 무엇입니까? 저는 머리를 민 적도, 중이 된 적도 없습니다."

"하면 금강산으로 들어가 어디에 있었던 것인가? 그대가 의탁한 곳은 어디인가? 산속에 홀로 움막이라도 짓고 산 것인가?"

"금강산으로 들어가 절에 잠시 몸을 의탁한 것은 맞습니다. 하나, 그 일 년여의 시간으로 제가 중이었다는 것은 억울합니다."

"그대의 말이 진실이건, 거짓이건, 알성은 허락하지 않겠다."

이미 해가 지고 있었다. 성균관 유생들도 민복의 뒤에 서서 이이의 일성을 단단히 차단했다. 그럼에도 이이는 흐트러짐 없이 꿋꿋이 시간을 견뎠다.

밤이 깊어져도 누구 하나 뒤로 물러서는 이가 없었다. 그때 소식을 전해 들은 심통원(沈通源)이 그의 아들을 보냈다. 심통원은 우의정과 좌의정까지 한 인물이었고, 명종의 왕비와 인척 관계였다. 민복은 어쩔 수 없이 이이의 알성을 허락할 수밖에 없었다.

이이는 관직 생활 내내 한때 중이었다는 이유로 대신들과 동인에게 발목이 잡혔다. 불도를 닦을 당시 머리를 밀었느냐를 놓고 삭발설까지 나돌았다. 대사간(大司諫) 송응개(宋應漑)는 이이에게 중으로 있다가 속세로 돌아와 진사에 뽑혔지만 장삼 입고 머리 깎은 중이라며 공격했다.

이이의 불도에 대해서 또 다른 이야기가 전해지는데, 신사임당이 죽고 난 후 시묘살이 중 한 스님이 나타나 망령을 위해 복을 올려야 한다는 설로 이이를 유혹했다고 한다.

어찌 되었건 이이는 홍문관 교리를 사직하는 상소에서 스스로가 불도에 심취했음을 인정했다.

어머니를 여의고는 망령되이 슬픔을 잊고자 불교를 탐독하다가 본심이 어두워져 드디어 깊은 산으로 달려가서 거의 일 년이 되도록 불교에 입문하여 종사하였습니다. 그런데 다행히 하늘의 신령함을 힘입어 하루아침에 잘못을 깨닫고는 시무룩한 기분으로 집에 돌아와 죽도록 부끄럽고 분함을 느꼈습니다. 불교의 도에 중독된 자 중에 신과 같이 깊이 중독된 자는 없을 것입니다.

* 출처: 《선조실록》 2권 1년 5월 1일 기사, 17권 16년 7월 16일 기사, 《선조수정실록》 18권 17년 1월 1일 기사, 《명종실록》 32권 21년 3월 24일, 《계갑일록(癸甲日錄)》, 《계곡만필(谿谷漫筆)》, 《연려실기술》 제18권 선조조 고사본말(宣祖朝故事本末) 선조조의 유현(儒賢) 중 이이 편

아버지는
백수에 계집까지 좋아했다

**이이의 아버지 이원수는 50세가 되던 해에 과거를 거치지 않고
조상의 공덕으로 수운판관에 임명되었다.**

"어머니, 술을 따뜻하게 데워 왔습니다."

이이가 계모의 방문 앞에서 조심스레 말을 올렸다. 방에서는 살갑
지 않은 목소리가 이이를 반겼다.

"거기 두고 가시게."

"기침하시어 기분이 편치 아니하십니까? 목소리가 좋지 않으십니
다. 소자가 들이오리까?"

"되었다고 하질 않소."

이이가 잠시 안절부절못했다. 계모는 이이가 열 살 무렵부터 알고
지내던 주모로, 그때부터 아버지 이원수와 사랑을 주고받아왔다.

이원수는 벼슬 하나 얻지 못하고 지내다가 쉰이 되어서야 음직으
로 수운판관이 되었다. 어머니 신사임당은 그 모습을 오래 지켜보지도

못한 채 세상을 떠났다. 재혼은 절대 아니 된다는 사임당의 유언에도 불구하고 이원수는 지금의 계모와 재혼했다.

오랜 시간 보아온 사이임에도 계모는 늘 이이에게 차가웠다.

"하면 여기다 놓고 가겠습니다."

그때 갑자기 방문이 벌컥 열렸다. 방안에서 따뜻한 공기가 훅 밀려나왔다. 계모가 눈을 흘기며 말했다.

"어찌도 이리 사람을 괴롭히는 것이오? 이제 되었다 하질 않소? 내 젊어 술을 팔았다 하여 지금 이러는 것이오? 어찌 번번이 새벽마다 술을 데워 올리는 것이냐고 물었소."

"그런 것이 아니오라…."

계모의 말은 억지였다. 계모는 새벽에 따뜻하게 데운 술을 즐겼다. 그래서 이이는 거르지 않고 매일 새벽 술을 올렸다. 무언가 또 심보가 틀어진 듯 계모의 표정은 좋지 못했다.

"사람들이 모두 무어라 수군거리는 줄 아시오? 내 성질이 패악하고 드세서 아드님을 구박한다고들 합니다. 내 아드님을 그리도 구박하였소? 내 출신이 이러해서 더욱 사람들이 그런 소문을 내는 게 아니고 무엇이오? 하니 이제 그만하오. 아드님이 불교에 빠진 것도 나로 인해 부친의 사랑을 빼앗겨 그런 것이라고 떠들고들 있소이다."

"소문은 그저 소문일 뿐입니다. 어찌 그런 것에 신경을 쓰십니까? 몸 상하십니다."

"대체 내게 어찌 이러는 것이요?"

"어찌 이러다니요? 제게는 이제 한 분밖에 없는 어른이십니다. 어찌 이리 마음이 상하셨습니까?"

이원수는 신사임당이 죽고 딱 10년을 더 살다 생을 마감했다. 계모만 홀로 남은 것이었다. 계모가 시선을 달리했다.

"그만 돌아가시게. 날이 차네."

이이가 예를 갖추며 서 있자 계모가 쟁반을 안으로 들이곤 문을 닫았다. 이이는 굉장한 효자였다. 겨울에는 따뜻하게, 여름에는 시원하게 계모를 보살폈다.

이이가 멀어지는 듯하자 계모가 사발을 들어 술을 한 모금 마셨다. 온몸으로 스며드는 따뜻함이 좋았다.

계모는 대단한 아들을 두어 자격지심이 있는 것도 사실이었다. 저런 아들 하나 낳지 못한 자신이 원망스럽기도 했다. 사람들의 시선이, 하물며 가끔 방문하는 이이의 벗들조차도 자신을 바라보는 시선이 좋지 않았다. 그러면 그럴수록 계모의 마음은 더욱 어그러져갔다.

'내 아들이면 얼마나 좋았을까? 내 배를 빌려 태어났더라면 머리를 잘라서라도 신을 꿰어줄 것을.'

이이는 항상 효심으로 계모를 모셨다. 녹봉도 임의로 처분하지 않았다. 항상 계모의 의중을 물었다. 계모가 좋지 않은 기색이 있으면 마음을 기쁘게 해드렸다. 하지만 불행히도 이이는 갑작스러운 병으로 47세에 계모보다 먼저 생을 마감한다. 계모는 이이의 시신을 끌어안고 오열했다. 그리고 삼년복을 입고 그의 명복을 빌었다.

이윤우(李潤雨)가 이이와 계모에 대한 일을 아래와 같이 남겼다.

서모가 공의 은덕에 감동하여 착한 사람이 되어서 공의 말이면 비록 불을 밟고, 물에 들어가라고 하여도 또한 사양치 않았다.

* 출처: 《명종실록》 32권 21년 3월 24일 기사, 《율곡전서(栗谷全書)》, 《남계집(南溪集)》

서인,
그리고 서얼

"서얼[43]에게 벼슬길을 터주게 한 일에 대해서는 사람들이 필시
'이는 이이가 그의 첩 아들 입장을 생각해서
그 법을 만들었을 것이다.'라고 할 것입니다."

선조 집권 당시 당파가 둘로 나뉘었다. 바로 동인(東人)과 서인(西
人)이다. 동인의 영수는 김효원(金孝元)이었고, 서인의 영수는 심의겸
(沈義謙)이었다. 이 둘은 사이가 좋지 못해서 당파가 갈렸는데 김효원
의 집이 도성 동쪽이라서 동인, 심의겸의 집이 도성 서쪽이라 서인으
로 불렸다.

이이는 어느 쪽의 당파에도 들지 않았는데, 문제는 그와 교류하던
친구들이었다. 정철(鄭澈)을 비롯하여 성혼(成渾), 송익필(宋翼弼) 등이
서인이었다. 그래서 이이는 늘 동인의 미움을 받았고, 동인의 공격 대

---

43 첩의 자식

상이었다.

여진족이 이탕개(尼蕩介)를 중심으로 난을 일으켜 어지러운 시국이었다. 정철이 이이에게 물었다.

"자네가 주장하는 일은 분명 이뤄지지 않을 것이야. 서얼허통(庶孼許通)이라, 사대부들이 가만있겠는가?"

옆에 있던 성혼도 거들었다.

"분명 자네의 사정을 앞세워 물어뜯을 것일세."

이이가 웃었다. 이이는 병조판서였고, 나라에 일어난 변은 시급했다.

"당파를 막론하고 인재는 두루 등용해야 한다는 내 의견이 틀린 것은 아니질 않는가? 나는 그저 서얼에게도 기회를 제공하고자 할 뿐일세."

정철이 나섰다.

"그러니까 그 화살이 자네에게로 쏠리는 게 문제가 된다는 말일세. 태종께서 서얼차대(庶孼差待)를 두셨음을 잊은 것인가? 말 지어내기 좋아하는 이들이 입들을 닫아두겠는가? 분명 자네 아들들에게도 좋지 못할 것이야. 아니면, 실로 자네의 아들들을 두고 이 일을 행하고자 하는 것인가?"

이이는 스물두 살이 되던 해에 노경린(盧景麟)의 여식과 혼인했다. 하지만 둘 사이에서는 아들을 보지 못하고 여식을 하나 보았으나 일찍 죽었다. 그러자 이이의 외할머니는 대가 끊길 것을 염려해 후처 두기를 권했다. 그렇게 이이에게는 후실이 둘 생겼는데 김씨와 이씨였다.

이이는 첫 번째 서자를 39세에 얻었다. 이름이 경림이었다. 44세엔 둘째 경정도 보았다. 후실에게서는 딸 하나를 더 얻었는데, 서녀라는 이유로 김장생(金長生)의 아들 김집(金集)의 후처가 되었다.

이이가 말했다.

"북호(北胡)가 난을 일으켜 조정과 민간이 불안한 때에 군사를 조달하고 양식을 운반하는 책임을 맡았네. 누구 하나 발 벗고 나서서 도우려는 이는 없고, 백성은 두려움에 떨어야 했지. 자네는 전쟁을 해보았는가? 전쟁이란 것이 무엇인지도 모른 채 살았던 백성들의 고통스러운 울음을 자네는 들어보았는가?"

이 전쟁 당시 이이는 자원하여 육진[44] 수비에 나가 만 3년 복무하는 자는 서얼이라도 과거에 오르는 것을 허하고 천인을 양민으로 올려 줄 것을 아뢰었으나, 양반들의 반대에 부딪혔다.

이이가 침통함을 감추며 말을 이었다.

"이탕개의 변란에 대체 누가 나서고 있는 것인가? 벼슬 좋아하는 사대부들인가? 모자란 양곡은 어찌 조달할 것인가? 말들은 또 누가 줄 것인가? 먹지도, 달리지도 못하는 상황에서 누가 전쟁을 할 것인가? 자네는 죽겠는가? 이처럼 위험한 상황에 서얼들에게 벼슬을 준다는 명목으로 전쟁에 끌어들이는 내가 더 나쁘지 않겠는가? 더욱 참담한 것은 이런 위험한 일을 하고서라도 벼슬을, 재주를 보이고픈 서얼들이 한둘이겠는가 이 말일세."

서얼은 벼슬을 할 수도, 대를 이을 수도 없었다. 옆에 있던 송익필의 고개가 절로 이이의 소리에 동조했다. 송익필 또한 당대의 뛰어난 문장가였지만 그도 서출이었다.

---

44 六鎭. 조선 시대에, 지금의 함경북도 북변(北邊)을 개척하여 설치한 여섯 진(鎭). 세종 때 둔 것으로, 경원·경흥·부령·온성·종성·회령의 진을 이른다.

조선의 뒷담화

정철이 한풀 꺾인 기세로 말했다.

"자네의 뜻이 어찌 나쁘다고만 하겠는가. 하나, 혈통 운운하는 양반들이 결코 호락호락 두고 보지는 않을걸세. 자네가 자꾸만 공격을 받아 마음이 편치 않네."

이이가 정철과 송익필을 놀리듯 말했다.

"내 자네들인 서인과 친한 값을 지금도 톡톡히 받고 있지 않는가."

"그건 그러하지. 정여립만 보아도 이가 갈리네. 자네의 비호를 그리도 받았건만 동인이 득세하고 있다 하여 우리를 배반하고 동인으로 전향하여 지금 어떤가? 자네와 성혼을 그리도 비방하고 있지 않은가?"

정여립은 이이의 문하생이었지만, 서인을 버리고 동인에게 합세하여 이이를 공격했다. 이이가 웃었다.

"나는 아무런 걱정도 없는 사람일세. 이렇듯 자네들이 있으니 무엇이 두렵겠는가?"

"솔직해봄세. 이번 서얼허통이 실로 눈곱만큼도 사욕이 없는 것인가?"

이이가 쓸쓸한 표정을 지었다.

"집안에 가진 재물이라도 많아야 양식을 내어놓고 면제를 시켜줄 것인데, 그런 형편이 되지 않으니 내 무슨 말을 하겠나."

이이는 이번 서얼허통 주장이 자신의 서얼 아들들을 위한 것이 아니냐는 의심을 받고 있었다. 서얼 자식을 둔 이라면 모두 자신과 같은 생각을 한 번쯤이라도 가졌을 법이거늘 서얼이라는 이유로 어디에서도 사람 취급을 받지 못함이 안타까웠다.

"참, 요즘 자네 건강은 어떤가? 안색이 많이 좋지 않아."

성혼이 물었다.

"요즘 들어 어지럼증이 심해지긴 했네만, 이러다 곧 낫겠지."

벗들의 걱정처럼 이이의 건강은 점차 나빠져갔다. 그리고 결국 일년도 지나지 않아 세상을 떠나고 말았다. 이이는 죽어서도 서얼허통에 관한 이야기로 편치 못했다. 죽기 전 모든 제도를 무시하고 서얼인 장남 경림에게 대를 잇게 했기 때문이다. 친우였던 성혼, 정철, 신응시, 윤근수는 친구의 뜻을 돕고자 쌀과 피륙을 거두어 나라에 바치고 경림의 서얼허통을 도왔다. 경림은 이이의 적통을 계승하여 교관에 제수되었다.

이이의 죽음을 두고 한 가지 묘한 의문이 제기되기도 했다. 바로 동인의 저주다. 이이는 갑작스레 병을 얻어 죽었는데, 그가 죽고 난 뒤 그의 집에서 불태운 쥐와 나무로 만든 저주의 인형이 발견된 것이다. 범인으로 허봉과 박근원, 또는 송응개의 소위로 지목되기도 했다. 이들은 이이와 사이가 좋지 못해 서로 원수처럼 미워했었다. 선조 또한 박근원, 송응개, 허봉은 간사한 인물들이라 하여 멀리 귀양을 보내기도 했다. 이들 모두 이이를 탄핵한 동인 계열이었다. 이 이야기는 한때 동인이었던 우성전(禹性傳)이 기록으로 남겨 이이의 죽음에 대한 의구심을 두었다.

서얼허통에 힘썼던 이이에게 선조는 아래와 같은 말을 남겼다.

서얼을 허통하게 하자고 한 일에 대해서는 매우 구차한 일이지만, 조종의 토지를 조석 간에 상실하는 것을 민망히 여겨 이를 위해 부득이 시행한 것이지, 이이가 어찌 그 자신이 일찍 죽을 것을 미리 알고 자기의 서자를 위해서 한 일이겠는가. 그런데 이제 '그는 반드시 자기 아들 때문에 이 납속법(納粟法)을 만들었다.' 하니, 이는 범범하게 외인(外人)들의 가설(假說)인 것처럼 하였으나 실상은 그의 행위를 배척한 것이다.

* 출처: 《선조실록》 17권 16년 5월 1일 기사, 18권 17년 3월 4일 기사, 《계갑일록》, 《명신록(名臣錄)》, 《계미기사(癸未記事)》

기생 유지는
내 사랑

이이가 황해도 관찰사로 임명되어 해주 감영에 이르니,

고을에서 어린 기생을 보내어 모시게 하였다.

이이는 39세에 황해도 관찰사로 임명되었다. 이때 이이의 건강이 좋지 않아 선조가 요양 차 보낸 것이기도 했다. 해주에는 처가가 있었고, 황주에는 친밀한 누나가 있었다. 모두 선조의 큰 배려였다.

해주 감영에 들어 고단한 몸을 풀자 술상과 함께 동기[45]가 따라 들었다. 새로 관찰사가 부임하면 그 지방 최고의 기생으로 하여 시중을 들게 하는 게 관례였다.

이이가 어린 기생을 보았다.

"네 나이가 올해 몇이더냐? 하고 이름은 무엇이냐?"

---

45 童妓. 아직 머리를 얹지 아니한 어린 기생

"이름은 유지옵고, 나이는 열둘입니다."

"참으로 어여쁘게 생겼구나. 하나, 너의 재예와 용모는 심히 사랑스러우나 너와 동침을 하게 된다면 도리상 마땅히 집으로 데리고 가야 하는데, 이것이 심히 어려운 일이므로 너를 안을 수는 없겠구나."

유지가 발개진 얼굴로 고개를 숙였다. 이이가 다시금 말을 이었다.

"너를 곤란하게 만드는 일은 하지 않겠다. 그러니 마음은 놓고 있거라. 술이나 한잔 따르겠더냐? 너는 어쩌다가 관기가 되었느냐? 아픈 이야기라면 하지 않아도 된다."

"소첩은 본디 선비의 여식이었으나 사정이 여의치 않아 이리되었습니다."

"그래, 사연이 있겠지. 이러면 어떠하겠느냐? 너도 네 소임을 해야하니, 오늘부터 내 일상생활을 돕도록 하여라."

"예, 나리."

유지는 이이가 한양으로 돌아갈 때까지 곁에서 그를 보필하는 일을 수행했다. 유지는 아양을 떨고 아첨을 부려 무언가를 얻으려는 자가 아니었다. 그래서 이이는 유지가 보면 볼수록 더욱 괜찮은 아이라 생각했다. 하지만 이이 또한 이 생각을 마음에만 담고 있었다.

두 사람의 인연은 여기서 끝나지 않았다. 이이와 유지는 그가 해주를 지날 때마다 재회했다. 이이가 죽기 전에도 황주에 누님을 뵈러 갈 때 유지와 동행했다. 8년이란 세월 동안 둘은 마음과 술과 시만을 나누었다.

이날도 이이가 해주를 떠나며 유지와 이별하고 밤고지라는 강마을에서 피곤함을 풀고 있을 때였다. 누군가 문을 두드렸다. 유지였다.

"이제 떠나면 다시 만나기를 기약하기 어렵기에 이렇게 멀리까지

온 것입니다. 부디 물리치지 말아주십시오."

잠시 머뭇거리던 이이가 길을 비켜주었다. 유지가 방으로 들었다. 두 사람은 이런저런 이야기를 나누었다. 그러다 이이가 지필묵을 대령했다.

"네게 주는 마지막 선물이 될 듯하구나."

이이가 자신의 마음을 담아 시로 남겼다. 유지가 마지막 글귀를 읽으며 눈물을 훔쳤다.

"내생이 있단 말이 빈말이 아니라면, 죽어 저 부용성[46]에서 너를 만나리…"

1583년 9월 28일이었다. 이이는 다음 해 정월 16일 서울 대사동(현인사동)에서 세상을 떠났다. 소식을 들은 유지는 서울로 올라와 삼년상을 지냈다.

그 마지막 밤, 이이가 유지에게 준 시는 〈유지사(柳枝詞)〉[47]였다. 아름답고 절절한 시에 이이는 짧은 3수를 덧붙였는데 아래와 같다.

예쁘게도 태어났네 선녀로구나(天姿綽約一仙娥)

10년을 서로 알아 익숙한 모습(十載相知意態多)

이 몸인들 목석 같기야 하겠나마는(不是鳴兒腸木石)

병들고 늙었기에 사절한다네(只綠衰病謝芬華)

헤어지며 정인처럼 서러워하지만(含悽遠送似情人)

---

46 芙蓉城. 연꽃 핀 저승의 신선 나라
47 이이가 남긴 〈유지사〉 친필은 현재 이화여대 박물관에 소장되어 있다.

서로 만나 얼굴이나 친했을 따름이네(只爲相看面目親)

다시 태어나면 네 뜻대로 따라가련만(更作尹那從爾念)

병든 이라 세상 정욕은 이미 재 같구나(病夫心事已灰塵)

길가에 버린 꽃 아깝고 말고(每惜天香葉路傍)

운영처럼 배항을 언제 만날까(雲英何日遇裵航)

둘이 같이 신선 될 수 없는 일이라(瓊漿玉杵非吳事)

떠나며 시나 써주니 미안하구나(臨別還憑贈短章)

— 1583년 9월 28일(癸未 九秋 念八日)

병든 늙은이 율곡이 밤고지 강마을에서 씀(栗谷病夫 書于 栗串江村)

이이가 죽은 후 광해군 3년에 최초 이이의 시문집인《율곡집(栗谷集)》이 발간되었다. 그러나 이《율곡집》에는 누락된 것이 많아 숙종 8년에 박세채(朴世采) 등이 재작업에 들어갔다. 그런데《율곡전서》초고본을 보던 이지렴이 심각한 표정이 되었다.

"이것이 무엇인가? 기생의 이야기가 아닌가?"

박세채가 대수롭지 않게 말을 받았다.

"어찌 그리 놀라시는가? 시가 매우 아름답고 정직하지 않은가? 율곡 선생의 시이거늘, 무엇이 놀랍다고 이러는 것인가?"

이지렴이 답답하다는 듯 말을 이었다.

"기생이 아닌가, 기생이! 선생께서 쓴 시가 한낱 기생을 위한 것이라니 말일세."

"그러니까 그것이 무슨 상관이냔 말이야."

"허허! 이 사람아. 아무리 첩과 기생이 선비의 전유물이라지만 성리학의 대학자일세. 후세에 이런 이야기를 남겨 무엇이 좋겠는가? 모범이 될 만한 시는 아니라고 봄세. 이 일은 비밀로 묻어두는 것이 나을 듯하네."

박세채는 고개를 끄덕이며 동조했으나 썩 내키는 표정은 아니었다. 그리고 잠시 후 그 표정은 장난기 가득한 웃음으로 바뀌었다.

그렇게 《율곡집》 재작업에서 빠진 〈유지사〉에 대한 이야기는, 박세채가 남긴 개인 문집인 《남계집(南溪集)》에 기록되어 전해지게 되었다.

* 출처: 《남계집》

조선의 뒷담화

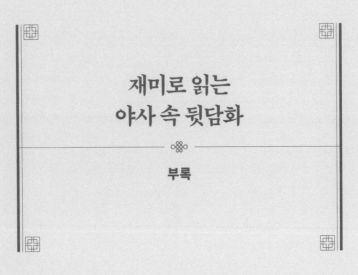

재미로 읽는
야사 속 뒷담화

※

부록

공당
문답

맹사성
1360~1438

　맹사성(孟思誠)은 온양에 있는 아버지를 자주 뵈러 다녔다. 오갈 때 한 번씩 지역 관아에 들릴 법도 하지만 늘 간소한 행차를 고집했다.

　양성(陽城)과 진위(振威)의 두 고을 원이 맹사성이 내려온다는 소식을 듣고는 그를 마중하기 위해 장호원(長好院)에서 기다렸다. 한데 기다리던 맹사성은 오지도 않고, 대기하고 있던 수령들 앞으로 소를 탄 웬 중년의 사내가 유유자적 지나가는 게 아닌가. 수령 하나가 노하며 아전을 불렀다. 아전이 사내에게 얼른 달려가 말했다.

　"여기서 이리 지나가면 아니 되오. 지금 큰 재상을 기다리고 있으니 썩 물러가든지, 빨리 이 소를 당장 치우시오. 수령들께서 심히 노하셨소이다."

　소를 세운 중년의 사내가 하인에게 대꾸했다.

"하하, 하하하! 네 가서 전하거라. 나는 온양에 사는 맹고불(孟古佛)이라고 말이다."

고불은 맹사성의 호였다. 아전이 수령들에게 다가가 맹사성의 말을 전했다. 수령들이 미친 듯이 도망을 놓기 시작했는데, 그 모습을 보며 맹사성이 또 한바탕 시원하게 웃었다.

온양에 당도하여 아버지를 뵙고는 다시금 맹사성이 한양으로 향했다. 용인쯤에 당도하니 갑자기 큰 비가 쏟아졌다. 맹사성은 가까운 곳에 누각이 있어 그곳으로 비를 피했다. 한데 맹사성보다 먼저 온 객이 2층 누각에 있었다. 폐를 끼칠까, 맹사성은 올라가지 않은 채 아래에서 비를 피했다.

보아하니 어디론가 가는 행차인 듯한데 부리는 자가 제법이었다. 누각 위에 먼저 자리를 차지한 사내가 맹사성을 향해 말했다.

"아랫것들이 편히 쉴 수 있게 이리로 올라오시지요."

넉살 좋은 사내였다. 맹사성이 누각으로 올라갔다. 사내가 또 말을 꺼냈다.

"심심하던 차에 잘되었습니다. 나는 영남에 사는 사람입니다. 비가 쉽게 그칠 것 같지 않으니 장기나 한판 두시지요."

"그럽시다."

두 사람이 장기를 두기 시작했다. 그때 맹사성이 장난기가 발동했다.

"우리 '공', '당' 하는 토를 넣어 말을 해보는 게 어떠하오. 내가 '공'으로 말을 끝내면, 그대는 '당'으로 말을 끝맺는 것이오."

젊은 사내가 호응했다.

"좋습니당."

맹사성이 물었다.

"무엇 하러 서울로 올라가는공?"

"벼슬을 구하러 올라간당."

"무슨 벼슬인공?"

"녹사[1] 시험을 보러간당."

맹사성이 웃으며 또 말을 이었다.

"내가 마땅히 시켜주겠공."

젊은 사내가 못 미더워하며 눈을 흘겼다. 그도 그럴 것이 맹사성의 차림이나 행차가 보잘것없어 더욱 그랬다.

"에이 그러지 못할 거당."

"두고 보겠공."

주거니 받거니 말장난을 하며 장기를 두는 사이 비가 그쳤다. 두 사람은 작별하고 서로 갈 길을 재촉했다.

며칠 뒤, 맹사성이 정부에 앉아 녹사 시험에 참여했다. 드디어 맹사성이 기다리던 젊은 사내가 들어왔다. 시험관들을 쳐다보지 못하는 사내에게 맹사성이 먼저 말했다.

"어떠한공?"

젊은 사내가 화들짝 놀라며 고개를 들었다. 그곳엔 함께 비를 피했던 중년의 사내, 맹사성이 있었다.

'내가 마땅히 시켜주겠공.'

'에이, 그러지 못할 거당.'

---

1   錄事. 조선 시대에, 의정부나 중추원에 속한 경아전의 상급 구실아치를 통틀어 이르던 말. 기록을 담당하거나 문서, 전곡(錢穀) 따위를 관장했다.

사내는 제가 한 말을 머릿속으로 떠올리며 기가 죽은 채 대답했다. 사람을 겉모습만으로 판단했던 자신이 부끄러웠다.

"죽었소이당."

정부에 모인 모든 이들이 두 사람을 괴이하게 보았다. 맹사성이 젊은이와의 인연을 설명해주었다. 재상들이 박장대소했다.

맹사성의 인연으로 사내는 녹사가 되었다. 그리고 맹사성의 추천으로 여러 차례 고을 원을 지내기도 했다. 후인들이 두 사람의 대화를 일러 '공당 문답'이라고 했다.

* 출처:《연려실기술》제3권 세종조 고사본말 세종조의 상신(相臣) 맹사성 편

조선의 뒷담화

정승을 가르친 기생

설매

조선 개국 후 태조는 연회를 자주 베풀었다. 아무리 제 사람들이라고 하지만 관리에 소홀하면 뒤돌아서 험담을 해대는 게 인간의 심사였다. 그것도 지조를 지킨 이들과 달리 권력에 눈이 멀어 줄을 갈아탄 이들이라면 더욱 그랬다. 적당히 돈과 명예를 안겨주고 계집 다루듯 가려운 곳을 긁어주어야 좋아하는 인사들이었다.

후원에 거하게 술판이 벌어지고 태조가 인사치레를 끝낸 후 자리를 뜬 뒤였다. 정승 중 하나가 기생 설매(雪梅)를 유심히 지켜보고 있었다. 미색도 미색이지만, 가야금의 재주도 빼어났고, 사내 다루는 솜씨가 뛰어나 소문이 자자한 아이였다. 저 아이를 한 번이라도 품고 싶건만 원체 줄을 서서 기다리는 놈들이 많으니, 설매에 대한 소문은 장안에 파다했다.

술이 거하게 오른 정승이 설매를 비꼬았다. 정승이면 종1품의 으뜸 벼슬이었다. 그런 자신을 무시해도 유분수지.

"네가 아침은 동쪽에서 먹고 저녁은 서쪽에서 먹는다 하지?"

술 시중을 들던 설매가 비아냥거리는 소리에 정승을 쳐다보았다. 화사하게 치장을 한 설매가 못마땅해하는 정승과는 달리 여유롭게 아양을 부렸다.

"대감께서 지금 질투를 하시는 것입니까? 이년을 품고 싶어서요? 제아무리 대감의 말을 되새겨도 시샘을 하는 듯합니다만."

"하면 아닌 것을 증명해보아라. 네 오늘 나를 모셔 밤과 아침을 같이 지내보든가."

"이년이 지조를 지켜야 하는 이유라도 있는 것입니까? 몸뚱이를 팔아먹고 사는 천한 기생년이 아닙니까? 이년을 이리 만든 것도 계집 좋아하는 사내들인걸요."

정승이 술잔을 들며 콧방귀를 뀌었다.

"제아무리 미천한 기생년이라고 하나 지조는 지켜야 하는 것이 아녀자의 기본 도리가 아니더냐?"

설매가 자세를 바로잡으며 정승을 빤히 보았다. 연회에 모인 이들이 예사롭지 않은 분위기에 웅성거림조차 함부로 내지 못했다. 대거리를 해대는 정승과 마찬가지로, 설매의 눈에 잘 보여 어찌 한번 해볼까 하는 기대가 컸기 때문이다.

설매가 다소곳하게 예를 차리며 입을 열었다.

"조견(趙狷)은 죽음에 임하여, 자신의 비석에는 반드시 고려조의 벼슬을 기록하고 자손들은 새 조정(조선)에서 벼슬을 하지 말라 하였지요. 한데 자식들이 조정에서 새로 내려준 벼슬을 비석에 새겼더니 벼락이 떨어져서 그 비석이 깨졌다고 합니다."

정승이 무슨 소리인지 몰라 얼굴에 노기가 스쳤다. 설매가 다시금 말을 이었다.

"김주(金湊)는 명나라 사신으로 갔다가 돌아오던 압록강에서 왕이 바뀐 것을 알고는 돌아오지 않았습니다. 종에게 일러 입고 있던 옷과 신발을 내어주며, 그것을 표식으로 삼아 부인이 세상을 떠나면 그것과 합장을 하되 옷과 신발을 내어준 그날을 자신의 기일로 삼아라 일렀지요."

그제야 안팎이 술렁거리기 시작했다. 설매는 지금 지조에 관해 말하고 있었다. 설매가 또 입을 열었다.

"우현보(禹玄寶)는 정몽주가 죽으매 귀양 갔다가 조선이 개국되자 임금께서 그의 능력을 귀히 여겨 작호를 내려주었는데 끝내 받지 않았습니다. 한데, 대감께서는 지금 정승입니다. 아니 그렇습니까?"

"저, 저년이! 저런 쳐 죽일 년을 보았나. 버러지만도 못한 천한 기생년이 뚫린 입이라 지금 함부로 지껄이는 것이더냐? 네년이 예가 어딘지 알고 그런 망발을 하는 것이야? 새치 혓바닥을 뽑아놓아도 모자랄 것이야."

설매가 자리에서 일어났다. 화려한 비단 치맛자락이 설매를 더욱 돋보이게 만들었다. 그녀의 얼굴은 비장한 빛이 역력했는데, 그래서 더 대쪽 같아 보였다. 설매가 정승을 향해 마음껏 비아냥거렸다.

"동쪽 집에서 아침을 먹고 서쪽 집에서 잠자는 이 천한 몸으로, 왕씨를 섬기다가 이씨를 섬기는 정승을 모시는 것이 어찌 꼭 지조와 관련이 있겠습니까? 제 오늘 대감을 모시지요. 대감과 제가 다를 것이 무에 있겠습니까? 진한 밤을 함께 보내보시지요."

정승은 붉어진 낯빛으로 대꾸가 없었다. 좌중에 있던 사람도 모두 설매의 말에 탄식했다. 개중에는 눈물을 훔치는 자도 있었다. 설매의 반짝이는 눈 또한 눈물의 것임을, 고개 숙인 재상들은 아무도 알지 못했다.

* 출처:《연려실기술》제1권 태조조 고사본말 고려에 절개를 지킨 여러 신하 편

조선의 뒷담화

사랑을 버리고
살기를 도모하셔야 합니다

조반
1341~1401

　　조반(趙胖)은 어릴 적 아버지를 따라 북경으로 갔다. 그의 고모가 원나라 탈탈(脫脫) 승상[2]의 부인이었는데, 탈탈은 몽고 사람이었다. 조반은 고모부인 탈탈 밑에서 자라 중국말을 아주 잘했다.

　　부유한 생활도 잠시, 탈탈이 탄핵을 받아 유배를 가게 되었다. 집안이 멸문을 면치 못하게 된 것이었다. 다급해진 고모가 조반을 불러 단단히 일렀다. 고모 옆으로 지위가 낮은 사내가 서 있었다. 탈탈과 자신을 가까이서 모시던 낯이 익은 소관[3]이었다. 고모가 조반의 어깨를

2　丞相. 옛 중국의 벼슬. 우리나라의 정승에 해당한다.
3　小官. 지위가 낮은 관리

붙잡았다. 손아귀에 힘이 무척이나 강했다. 그녀의 손은 마치 현실의 억울함을 겨우 참고 있는 듯 간헐적으로 떨렸다.

"이곳으로 올 때만 하여도 소년이었건만 이제 장성한 사내가 되었구나. 미안하다. 끝까지 지켜주지 못하여 오라버니께도 송구하구나. 이자가 너를 압록강까지 모실 것이다. 너의 여인과 같이 떠나거라."

"고모님! 고모님도 같이 가시지요. 이리 홀로 갈 수는 없습니다."

"아니다. 어찌 지아비를 버리라고 하는 것이냐? 나는 승상을 끝까지 모실 것이다. 오라버니께서 병중에 계신다는구나. 너는 꼭 살아 돌아가 대를 이어야 하느니라. 어서, 어서 떠나거라. 네 몸을 보존하는 것이 나를 위한 것이고, 승상을 위한 것이며, 네 아버님을 위한 것이고, 네 나라를 위한 것이다. 예서 배운 것들을 돌아가 마음껏 펼치거라. 어서 모셔라."

소관이 예를 갖추며 길을 재촉했다. 고모의 뒤로 조반이 아끼던 계집아이가 서 있었다. 누가 보아도 아리따운 절세미인이었다.

소관과 조반, 조반의 여인이 길을 나섰다. 분명 조반을 쫓는 이가 있을 터였다. 조반은 고모부인 탈탈로 인해 원나라에서 벼슬까지 하고 있었으니 더욱 몸을 사려야 했다.

이들은 다행히 검문을 피하며 가루(街樓)까지 이르렀다. 잠시 숨을 돌리는 사이 소관이 조반에게 다가가 말을 건넸다. 표정이 썩 좋지 못했다.

"천운이 닿아 이곳까지 화를 면하고 왔으나 만일 사람들이 의심하면 도마 위의 고기요, 또 저토록 미색이 출중한 아녀자와 동행을 하다 보면 사람들의 시선을 더욱 잡아끌 것입니다."

조반의 낯빛이 굳어졌다.

"지금 무슨 말을 하고자 하는 것인가?"

소관이 조반과 눈을 맞추지 않은 채로 말을 받았다.

"지금은 목숨을 부지하는 것보다 더 중한 것은 없습니다. 공의 여자와 동행하는 것은 위험한 일입니다. 혹여 공의 여자를 탐하기 위해 사내들이 붙는 날이면 모두가 죽을 것입니다. 사랑을 버리시고 살기를 도모하셔야 합니다."

조반이 뛰는 심장을 겨우 달래며 역정을 냈다. 조반은 혈기왕성한 사내였다. 제 여자를 목숨보다 귀히 아낄 줄 아는 피 끓는 이십 대 사내였다.

"그러니 더욱 같이 가야 할 것이다. 저 아이를 홀로 두고 떠난다면, 그리하여 네 말대로 저 아이를 겁탈하기 위해 사내가 붙는다면, 저 아이는 분명 죽고 말 것이다. 그럴 수 없다. 죽어도 같이 죽고, 살아도 같이 살 것이야."

"혼례를 치른 부인도 아니질 않습니까?"

조반이 소관의 멱살을 움켜잡았다.

"사내의 순정도 순정이다. 난 저 아이에게 내 순정을 바쳤다."

소관은 더는 말이 없었다. 조반도 소관의 멱살을 놓았다. 가루에서 하룻밤을 묵어야 할 듯했다.

그날 밤, 조반의 여인이 정성스레 그를 보필한 후 말했다.

"소첩 드릴 말씀이 있습니다."

조반도 사람인지라 소관이 전했던 말이 자꾸만 떠나질 않았다. 실로 같이 다니기에 부담스러운 미모이긴 했다. 조반이 조금은 퉁명스럽게 말을 받았다.

"말해보아라."

"두 분의 말씀을 들었나이다. 소첩 때문에 같이 한꺼번에 죽는 것은 옳지 못합니다. 서방님께선 돌아가셔서 꼭 이뤄야 할 대업이 있습니다. 소첩은 여기서 꼼짝도 않고 기다리겠습니다. 하니, 이 혼란스러운 시국이 지나면 꼭 찾으러 와주십시오."

조반은 말을 아꼈다. 아무런 말도 할 수가 없었다. 여인이 다시금 말을 이었다.

"여각 주인과 이미 말을 끝냈습니다. 얼굴을 가린 채 이곳에서 스스로를 돌보며 기다리겠습니다. 하니, 부디 소첩의 뜻을 자르지 마십시오. 서방님께서 제게 주신 순정, 소첩이라고 어찌 없겠습니까? 제 사랑도, 서방님을 향한 저의 사랑도 큰 것임을 부디 알아주십시오. 여기 남겠습니다."

조반이 여인을 외면했다. 그러겠노라 약조도 해줄 수가 없었다. 그리할 수 없다고 청을 뿌리칠 수도 없었다.

새벽녘 조반이 소관만을 대동한 채 여각을 나섰다. 하늘이 무너지는 듯했다. 억장이 무너지는 듯했다. 세상이 끝나는 것처럼 눈물이 쏟아질 듯했다. 두 사람은 말에 올라 미친 듯 달리기 시작했다. 얼마나 갔을까, 조반이 말을 세웠다.

"아니다, 아니야. 내 지금 무슨 짓을 하고 있는 것이야? 평생을 지켜준다 하였다. 죽어도 같이 죽자 하였다. 돌아가야겠다."

말고삐를 돌리려는 조반 앞으로 소관이 막아섰다.

"정 그러시다면 소인이 다녀오겠습니다. 같이 돌아가면 분명 보는 눈이 있을 것입니다."

소관이 말을 돌렸다.

여각으로 돌아온 소관이 말을 멈추고 내려섰다. 여각 앞으로 사람들이 몰려 있었는데 느낌이 싸했다. 소관이 사람들 사이를 비집고 들어갔다. 멍석 위에 죽은 이가 누워 있었는데 조반의 여인이었다. 스스로 목숨을 끊은 것이었다.

소관이 한참을 내려다보다 여인의 팔에서 팔찌를 빼냈다. 그러고는 여각 주인에게 후하게 금전을 건넸다.

"시신을 잘 묻어주시게."

소관이 말에 올라 조반에게로 달렸다. 가엾은 여인이었다. 그러나 사모에 대해서는 대단한 여인이었다. 순간 조반이 부러웠다.

말고삐를 잡고 있는 조반이 초조한 듯 걸음을 우왕좌왕하고 있었다. 저 멀리 소관의 말이 보였다. 한데 혼자였다. 조반이 급히 물었다.

"어째서 홀로 돌아온 것이냐?"

"믿을 수 없는 것이 아녀자라 하였습니다. 돌아가서 보니 어떤 벼슬아치 두 사람과 술잔을 나누며 노래를 하고 있었습니다. 저를 보고도 부끄러운 빛이 없었습니다."

조반이 말에 올랐다. 그의 얼굴이 배신감과 분노로 일그러졌다. 조반은 괘씸한 감정을 말에 전부 쏟아부었다. 압록강을 향해 한시도 쉬지 않고 달렸다.

조반과 소관이 안전하게 압록강을 건넜다. 이제야 안도하는 조반에게 소관이 어렵사리 말을 꺼냈다.

"드릴 것이 있습니다."

소관이 소맷자락에서 팔찌 하나를 꺼냈다.

"이것이 무어냐? 이것은 그 아이의 것이 아니냐? 나를 배신한 계집의 팔찌를 어찌해서 주는 것이냐? 더는 필요 없다."

소관이 정중히 예를 갖췄다.

"공의 여인은, 공을 위해 스스로 목숨을 끊었나이다. 제가 돌아갔을 때는 이미 목숨이 끊어진 뒤였습니다."

조반이 바닥으로 주저앉았다. 그리고 한동안 헛웃음만 쳐댔다. 헛웃음은 곧 사내의 통곡으로 이어졌다. 조반의 울음은 새끼를 잃은 짐승의 것처럼 산을, 강을, 하늘을 뒤흔들었다.

"악! 으악!"

조반이 압록강을 건넌 후, 유배 갔던 탈탈은 짐새[4]의 깃털로 담근 술을 마시고 죽었다. 그를 탄핵했던 합마(哈麻)에 의해 살해된 것이었다.

조반은 조선 개국 후 개국공신이 되었고, 벼슬이 참찬문하부사[5]에까지 이르렀다.

* 출처:《연려실기술》제2권 태조조 고사본말 태조조의 명신 조반 편

4 　중국 남방 광저우(廣東)에서 사는, 독이 있는 새
5 　參贊門下府事. 조선 태조 원년(1392)에, 문하부에 둔 정2품 벼슬

죽은 사람은 땅에 묻는 것이지,
버리는 것이 아니니라

기건
?~1460

　기건(奇虔)이 제주 목사로 부임하게 되었다. 오랜 시간 배를 타야 했다. 파도가 성을 내기도 했고, 하늘이 성을 내기도 했지만 배는 무사히 포구에 당도했다. 한데 그의 눈앞으로 기절초풍할 광경이 펼쳐졌다. 바닷가의 구렁이며, 언덕이며, 바위 틈틈이 썩어가는 시체가 즐비했다. 이미 백골이 된 시체도 있었다.

　"이, 이게 다 무엇인가?"

　기건이 갑자기 자신의 가슴을 매우 쳤다. 없던 뱃멀미가 이제야 쏟아지려 했다. 파도가 칠 때면 백골의 뼈다귀가 하나씩 바다로 밀려 나갔다.

　기건이 마중 나온 아전에게 물었다.

　"무슨 전쟁이라도 났었단 말이냐? 저기 저 시체들은 모두 어떻게 된 것이냐? 혹 왜놈들이 왔었더냐?"

제주 아전은 놀란 기색 하나 없이 되물었다.

"무엇을 말입니까? 왜놈들이 쳐들어왔었느냐니요?"

기건이 시체들을 보며 다시금 말했다. 누가 보아도 놀라 기함한 모습이었다.

"아니, 그대는 저 시체들이 눈에 보이지 않는단 말이냐?"

아전이 이제야 알겠다는 듯 아무렇지도 않게 답했다.

"모두 죽은 자들이 아닙니까?"

"어허! 이 사람 좀 보게나. 그러니까 죽은 자는 묻는 것이 도리이거늘, 저 시체들이 대체 어찌 된 것이냐고 묻질 않더냐?"

"하면 저기 먼 육지에서는 이런 광경이 없다는 것입니까? 이곳 제주는 사람이 죽으면 모두 저렇게 버리는 게 관습입니다."

"부모의 시신을 저리 버린단 것이냐?"

"예!"

기건이 관아에 당도했다. 당장 시급한 것은 버려지는 시체가 공무의 일 순위가 되어버렸다. 기건은 관곽[6]에 대한 것을 가르쳤다. 관을 만드는 것도 가르쳤다. 또한 사람이 죽으면 시체를 닦고 수의로 갈아입힌 다음 염포로 묶는 법까지 전부 반포하여 가르쳤다. 그리고 앞으로는 그 어떠한 시체도 바다나 산에 버리지 못하도록 명했다. 제주의 장례 관습이 기건으로 인해 바뀌게 된 것이었다.

한 날은 기건이 잠을 청하고 있었다. 그것이 꿈인지, 생시인지 분

---

6 棺槨. 시체를 넣는 속 널과 겉 널을 아울러 이르는 말

간이 되지 않을 만큼 형상도, 느낌도 또렷했다. 관청에 앉아 있는데 뜰 아래 약 삼백 명 정도나 될 것 같은 사람들이 자신에게 절을 해댔다. 그러더니 일제히 엎드려 감사의 인사를 전했다.

"대감으로 인해 해골이 바람과 물을 피했으니 어찌 은혜를 갚아야 할지 모르겠습니다. 하여 저희가 작은 선물을 준비하였습니다. 공께서는 올해 반드시 어진 손자를 볼 것입니다."

삼백이나 되는 사람들이 다시금 일제히 절을 해댔다. 두렵지도, 무섭지도 않고 흐뭇했다. 기건은 그때까지 아들이 셋이나 있었지만 모두 자식을 보지 못했다. 그런데 동년에 기건의 아들 축(軸)이 아들을 보게 되었다.

손주를 안아보고 있던 기건이 다시금 꿈을 떠올렸다. 손자를 얻은 기건의 집에서는 잔치가 벌어졌다. 잔칫상에는 갖가지 산해진미가 놓여 있었다. 기건의 부인이 전복을 집어 그의 접시에 살며시 올려놓았다.

기건이 부인을 보며 웃었다.

"저는 되었소."

부인이 어찌 그러냐며 기건을 보았다.

"좋아하는 것이 아닙니까?"

"좋아하는 것이었긴 하였소만, 이제는 먹질 못하겠소. 제주에서 전복을 따는 해녀들을 보았는데 목숨을 내어놓고 이것을 따오더이다. 내 어찌 그 목숨과 같은 것을 함부로 먹겠소. 내 마음이 그렇습니다."

기건은 실로 평생 전복을 먹지 않았다.

---

* 출처: 《연려실기술》 제4권 단종조 고사본말(端宗朝故事本末) 정난(靖難)에 죽은 여러 신하 중 기건 편

죽은 여자를 살려
장가든 남자

남이와 권람
1441~1468, 1416~1465

저잣거리에서 놀던 남이(南怡)가 집으로 향하고 있었다. 혈기왕성한 청년인 남이는 집으로 향하는 걸음걸음 얼굴에 장난기가 가득했다. 꼭 어여쁜 처자의 치맛자락이라도 들추어 놀릴 면상이었다. 인물도 매우 잘난 남이였다. 부유한 집안의 사내답게 옷차림이며, 갓끈이 멋스러웠다. 남이는 건장하고 용맹한 무인이었다. 세조가 친히 아끼는 인물이기도 했다.

한참을 걸어가고 있는데 어린 계집종이 남이 쪽으로 걸어왔다. 양손으로 보자기에 싸인 상자를 조심스레 안고 있었다. 어린 계집종이 가까이 다가올수록 남이의 표정이 굳어졌다.

'저건 무엇인가.'

남이가 속으로 말했다. 그때 계집종이 남이의 곁을 스쳐 지나갔다.

계집종이 들고 가는 보자기 위에 요망한 것이 앉아 있었다. 분을 한껏 바른 귀신이었다. 그것 또한 남이를 보자 고개를 갸우뚱하며 표정이 좋지 못했다.

'저 요망한 것도 내가 보이는 것인가?'

"저건 필시 귀신이다."

남이가 저도 모르게 말을 뱉으며 계집종을 따라갔다. 세상에 귀신을 보는 이는 몇 되지 않았다. 그런데 여태 살면서 귀신이란 존재를 본적은 남이 또한 없었다. 이것이 무엇을 뜻하는 것인가.

계집종이 들어간 집은 권력 있는 재상의 집이었다. 남이가 선뜻 발길을 돌리지 못하고 갈팡질팡했다. 그런데 그때 담장 안에서 울음소리가 새어 나왔다. 남이가 대문을 두드렸다.

"여봐라. 당장 대문을 열어라. 당장 대문을 열지 못할까?"

남이의 소란에 사내종이 문을 열었다. 사내종의 붉은 얼굴이 우환을 짐작케 했다. 남이가 물었다.

"무슨 일인지 물어보아도 되겠느냐? 어찌 곡소리가 나는 것이냐?"

"주인마님의 작은 아가씨가 갑자기 숨을 거두었습니다."

"내가 좀 들어가봐도 되겠더냐?"

좀 전까지만 해도 울먹이던 사내종이 눈을 부릅뜨며 눈빛이 바뀌었다. 미친놈을 쳐다보는 그런 얼굴빛이었다.

"뉘신지는 모르겠으나 지금 이 댁 귀한 아가씨가 목숨을 잃었는데 손님을 받으라니요?"

남이가 진지하게 말했다.

"가서 대감마님께 아뢰어라. 내가 아가씨를 살릴 수 있다고 말이다. 어차피 죽은 목숨이 아니더냐? 하니 한번 믿어보라고 전해주어라.

밑져야 본전 아니더냐? 급하다. 어서!"

사내종이 우물쭈물하더니 안으로 모습을 감췄다. 시간은 더디 갔다. 그 요망한 것이 사라지면 다 끝이었다. 잠시 후 사내종이 다시 나타났다.

"대감께서 들어오시랍니다."

남이가 급하게 마당을 지나 별채로 향했다. 별채엔 사람들이 모여 난리가 한바탕이었다. 처자의 아비가 남이를 보았다.

"남이라고 합니다."

"내가 누구인지 그대도 알 터. 한데 어찌 죽은 나의 여식을 그대가 살린단 말인가? 만약 그러지 못할 시에는 그대가 아무리 선대왕의 외손이라고는 하나 내 가만있지 않을 것이오."

남이가 뜻을 받잡고는 간단한 예로 답을 대신했다. 죽은 처자의 아비는 지금 권력의 중심에 있는 권람(權擥)이었다. 남이가 아무리 태종의 외손이라도 자칫 잘못했다간 죽을 수도 있었다.

"대신의 여식을 제가 보았으면 합니다."

권람이 종들에게 눈짓을 보냈다. 모두 자리를 비켜주었다. 남이가 들어가보니 죽은 처자의 가슴 위에 그 요망한 것이 앉아 있었다. 얼굴에 분칠을 하고 보자기 위에 앉아 있던 여자 귀신이 맞았다. 남이가 그 귀신을 뚫어져라 쳐다보았다. 처음 시선을 외면하던 귀신이 남이를 보더니 이내 아쉬운 표정으로 처자의 가슴에서 내려왔다.

"아가씨가 숨을 쉽니다. 숨이 되돌아왔습니다."

보자기 상자를 가슴에 안고 왔던 어린 계집종이었다. 밖에서 기다렸던 권람도 뛰어 들어왔다. 그러더니 여식과 남이를 번갈아 보았다. 남이가 일어났다.

"하면 저는 이만 물러가보겠습니다."

남이는 기뻐하는 권람의 식구들을 뒤로하고 별당을 나섰다. 그렇게 걸어서 안채를 지나 바깥 행랑채로 향하는데 또 곡소리가 들려왔다. 뒤돌아보니 대문을 열었던 사내종이 급히 뛰어왔다.

"아가씨께서 또 숨이 끊어졌습니다."

남이가 별채로 다시 뛰었다. 안으로 들어가니 그 요망한 귀신이 또 가슴을 타고 앉아 있었다. 이번엔 남이를 쳐다보지도 않았다. 남이가 계집종에게 물었다.

"네가 가슴에 안고 온 보자기 안에는 무엇이 들었더냐?"

"홍시입니다. 아가씨께서 보자기를 풀자마자 먼저 드시고는 이리 되셨습니다."

"홍시라…. 그것을 드시지 말았어야 했다."

남이가 권람을 보며 말했다.

"제가 길을 가고 있는데 이 아이가 상자를 들고 가는 것을 보았습니다. 한데 그 상자 위에 분칠한 귀신 하나가 앉아 있었습니다. 그것이 지금 아가씨의 목숨을 잡고 있습니다. 속히 귀신 쫓는 약을 쓰시고, 귀신 쫓는 이를 불러야겠습니다."

권람이 재빠르게 명을 내렸다. 그리고 다행히 권람의 여식은 목숨을 건졌다. 이 일을 계기로 남이와 권람은 친분을 이어갔다.

남이가 살린 여식이 혼기가 차서 출가를 시켜야 했다. 남이와의 인연으로 권람의 여식도 둘 사이의 혼사를 은근 바라는 눈치이기도 했다.

권람이 유명한 점쟁이를 찾았다. 아무래도 남이의 성격과 왕실의 종친이라는 것이 걸렸다.

권람이 남이의 사주를 내보였다.

"이분의 사주는… 반드시 젊은 나이에 죽을 운명인데 누구입니까?"

권람의 입에서 저도 모르게 긴 한숨이 새어 나왔다. 이번엔 또 다른 사주를 점쟁이에게 내밀었다.

"이 사람의 사주는 어떠한가?"

"이분의 사주는… 수명도 매우 짧고 자식도 없는데, 다만 복은 누리고 화는 당하지 않을 팔자입니다. 앞분의 사주는 사내이고, 이분의 사주는 아녀자인데, 혹 혼인을 시키려고 하심입니까?"

여식의 사주도 나빴고, 남이의 사주도 나빴다.

"뒤에 본 사주가 나의 여식이다."

점쟁이가 고개를 끄덕이며 말했다.

"혼인을 시켜도 무방할 듯합니다. 사위 되실 분의 사주가 매우 나쁘긴 하나, 대감마님의 여식은 그 복만을 누리고 가실 것입니다. 하니 과부가 될 팔자도 아니요, 나쁘지 않은 자리입니다."

"알았네."

권람은 남이를 사위로 받아들였다. 남이는 17세에 무과에 장원으로 급제해서 세조의 사랑을 무척이나 받았다. 28세는 병조의 으뜸 벼슬인 병조판서까지 되었다. 그러는 사이 권람의 여식은 복만을 누리다가 먼저 세상을 떠났다. 남이는 병조판서가 된 후 얼마 지나지 않아 모반의 혐의로 젊은 나이에 생을 마감했다.

* 출처: 《연려실기술》 제6권 예종조 고사본말(睿宗朝故事本末) 남이의 옥사 편

형수님의 시신이
사라졌다

선조
1552~1608

임진왜란으로 인해 한양과 궐을 버렸던 선조가 돌아왔다. 그런데 이게 어찌 된 일인가? 피란길에서 돌아오니 형수의 시신이 없어졌다. 선조가 망연자실하며 익선관에 손을 댔다. 충격으로 휘청거리는 그의 몸을 내관이 붙잡아 모셨다.

"전하! 괜찮으시옵니까?"

선조가 겨우 말을 이었다.

"이것이, 이것이 어찌 된 일이냐?"

"송구하옵게도 그것이… 왜놈들이 땅을 파헤쳐 시신을, 공회빈(恭懷嬪)마마의 시신을…."

내관과 궁녀들이 일제히 엎드려 통곡했다.

"전하! 전하!"

공회빈은 선조의 숙부였던 명종의 며느리였다. 일찍이 명종의 장남인 순회세자(順懷世子)와 혼례를 올렸는데, 불행히도 순회세자가 13세 때 명을 달리했다. 홀로 된 공회빈 윤씨는 궐에서 얼마 전까지도 선조와 함께 숨을 쉬고 살았었다. 명종의 장남인 순회세자는 선조보다 한 살이 많았고, 선조는 명종의 이복동생인 덕흥대원군의 셋째 아들로 태어났다.

명종의 며느리인 공회빈 윤씨의 삶은 기구하기 짝이 없는 인생이었다. 원래 윤씨는 처음부터 세자빈으로 책봉되지 않았다. 처음 세자빈으로 낙점된 여인은 전 참봉 황대임(黃大任)의 여식이었다.

명종 당시 집권을 장악한 이들은 명종의 어머니인 문정왕후와 그의 오라비 윤원로, 남동생 윤원형이었다. 문정왕후와 그의 외척들은 당연히 조카며느리 또한 자신들이 선택한, 자신들의 편을 세우려고 했다. 그 인물이 황대임이었다. 황대임은 명종의 외삼촌인 윤원형의 사위 안대덕의 친척이었다. 윤원형은 황대임 여식의 사주까지 고쳐서 명종에게 사주단자를 올렸다. 그런데 황대임의 여식에게는 고질병이 있었다. 혼례를 앞두고 그녀는 본격적으로 앓아누워 버렸다. 심한 복통, 중요한 일을 앞두고 반응하는 민감한 장을 가지고 있었던 것이다. 명종은 애가 타기도 했지만, 화가 나기도 했다.

명종이 더는 참지 못하고 어명을 내렸다.

"혼인은 만복의 근원이다. 한데 세자빈이 지난해 가을부터 지금까지 복통으로 완전히 치료조차 할 수 없는 상황이다. 혹 병이 낫는다 할지라도 어찌 병이 있는 사람을 며느리로 삼으며 자손까지 바라겠는가. 간택된 세자빈을 버릴 수는 없으니, 품계를 낮춰 양제[7]로 삼고 속히 다른 세자빈을 간택하는 것이 옳겠다."

그리해서 황대임의 여식은 순회세자의 후궁이 되었고, 새로 뽑힌 이가 호군(護軍) 윤옥(尹玉)의 딸인 공회빈 윤씨였다.

황대임의 여식을 대신해 세자빈이 된 공회빈 윤씨는 순회세자 9세에 정식 부인이 되었다. 그러나 순회세자는 4년 후 13세의 나이로 죽었고, 그녀는 1592년까지 과부로 살았다. 당연히 자식도 없었다.

이처럼 순탄치 못한 운명으로 살아왔던 공회빈 윤씨는 죽어서도 편치 못했다. 그녀는 1592년 임진왜란이 일어난 즈음에 창경궁 통명전에서 생을 마감했다. 순회세자의 무덤 곁에 장사를 치러야 했지만 임진왜란으로 인해 사정이 여의치 않았다. 선조는 하는 수 없이 임시로 후원에 매장하고서 난리를 피했다. 그런데 돌아오니 공회빈 윤씨의 시신이 사라진 것이었다.

선조가 내관과 궁녀들 사이에서 무릎을 꿇었다.

"내가 무슨 말을 하리오. 내 죽어 어찌 아바마마와 선대왕, 형님을 뵈올까."

결국 공회빈 윤씨의 시신은 찾지 못했다. 선조는 명을 내렸다.

"공회빈 일은 내가 차마 말을 할 수 없다. 사변으로 인해 국가가 황황(遑遑)하여 아직 신주를 세우지 못하였고, 순회세자 또한 신주가 없으니, 내 이를 생각하면 눈물이 하염없이 떨어진다. 하니, 새로 신주를 조성하라."

끝내 공회빈 윤씨의 묘는 시신 없이 신주만 모시게 되었다.

* 출처:《연려실기술》제11권 명종조 고사본말(明宗朝故事本末) 순회세자

---

7   良娣. 세자궁에 속한 종2품 후궁의 품계

내 주인님의 원수는
꼭 갚고 말 것이다

정순붕(갑이라는 여종)

1484~1548

을사사화가 끝이 나고 정순붕(鄭順朋)은 그 공으로 위훈에 책봉되어 좌의정에까지 올랐다. 이때 정순붕이 유관(柳灌)을 모함하여 여러 인사들과 같이 죽음으로 몰았다. 정순붕은 그 덕으로 유관의 가족들과 노비 모두를 차지하게 되었다.

노비 중에 나이 열넷의 '갑'이라는 계집종이 있었다. 얼굴도 예쁘고 머리도 영리한 아이라 정순붕의 눈에 들었다. 의복과 음식도 일반 노비와는 달리 친자식마냥, 때로는 첩마냥 대우를 해주었다.

그날도 정순붕이 갑을 앉혀놓고 귀한 음식을 내어놓았다.

"맛나더냐?"

갑이 눈웃음을 치며 고개를 끄덕였다. 정순붕도 흐뭇하여 갑을 도탑게 쳐다보았다. 그런데 그때 갑자기 갑이 소리를 내질렀다. 마당으로

조선의 뒷담화

유관의 여식이 지나가고 있었던 것이다.

"역당 놈이 죽었을 때 네년도 같이 죽었어야 했어. 퉤, 퉤. 대감마님께서 마음이 하늘과 같아서 네년들을 살려주시고 이리 보살펴주시니 온 마음을 다해도 그 은혜를 갚지 못할 것이야."

유관의 여식이 짚신에 해진 무명옷 차림을 하고서는 잠시 멈췄다가 도로 걸음을 뗐다. 한순간 이들은 처지가 바뀌어 있었다. 갑은 상전이 되었고, 상전으로 모셨던 유관의 여식은 정순붕과 갑의 노비일 뿐이었다. 정순붕이 자칫 미안한 표정으로 갑을 보았다.

"그래도 옛정이 있을 것이거늘, 어찌 그리 막말을 하는 것이야?"

갑이 서운한 듯 눈을 흘겼다. 눈물이 곧 떨어질 것처럼 보였다.

"대감마님께서는 그런 말씀 마시어요. 저것들이 나를 어찌 학대하였는지 모르실 것이어요. 하니, 저 또한 이리 보복을 하는 것이옵니다."

갑의 눈에서 실제로 눈물이 떨어졌다. 정순붕이 아이 어르듯 달랬다.

"알았다, 알았어. 어찌 우는 것이야? 울지 말거라. 어허! 뚝 하여라. 내 그 서러움을 어찌 모를까."

정순붕은 갑으로 인해 흡족했다. 아니, 솔직히 얹힌 듯 묵은 체증이 갑으로 인해 조금은 뚫리는 것도 같았다. 나쁜 것들이라고, 실로 못된 것들이라고 호통을 쳐주니 그것으로 위안을 삼고 있는 정순붕이었다.

갑은 정순붕의 사랑을 믿고 도둑질까지 해댔다. 그러나 정순붕은 갑을 꾸짖는 것으로 항상 무마시켰다. 갑은 점점 더 과감해졌다. 갑은 정순붕의 젊은 사내종과 은밀한 사이였다. 갑이 늦은 밤 정순붕 몰래 정을 나눈 사내종에게 말했다.

"대감마님께서 너와 나의 사이를 알고 꾸짖는다면, 아니 의심하여 나를 닦달한다면…."

사내종의 눈이 휘둥그레진 채 바삐 되물었다.

"의심한다면, 알게 된다면? 그것이 지금 무슨 말이야? 대감마님께서 눈치채셨단 말이야? 아이고, 난 죽었네. 난 죽었어."

갑이 고개를 내저었다.

"아니, 아직은 눈치를 채신 것 같지는 않아. 만약 말이야, 만약에 나를 의심하여 매질을 한다면 매가 무서워 너를 끌어들일지도 몰라."

"하면, 내 어떻게 할까?"

갑이 눈을 반짝이며 사내종의 귀에 입술을 가져다댔다.

"내가 방술을 할 테니, 너는 꼭 역질(疫疾)로 죽은 시체의 사지를 가져와. 할 수 있겠어? 이것만이 너와 내가 살 방법이야."

사내종의 인상이 구겨졌다.

"천연두로 죽은 시체의 사지를?"

갑이 고개를 끄덕였다. 그럼에도 역질로 인해 두려워하는 사내에게 갑이 쐐기를 박았다.

"두려운 게야? 그 정도 각오도 없이 나를 품었던 것이야? 하면 나는 내 살길을 찾을 수밖에."

"아니야, 아니야. 누가 하지 않겠다고 했어? 알았어. 약조할게."

사내가 비장하게 고개를 끄덕이며 갑을 안심시켰다.

며칠이 지난 야밤에 사내종이 갑을 불러냈다. 사내의 손에는 천으로 돌돌 말린 것이 들려 있었다. 사내가 천을 내밀며 말했다.

"조심해. 역질이 옮으면 너도 죽는 것이야."

"괜찮아. 나는 이 집으로 올 때부터 이미 죽은 목숨이었어."

사내종이 의아해하며 갑을 보았다. 갑이 싱긋 웃고는 종종걸음으로 사라졌다.

갑이 정순붕의 침소에 몰래 들어가 베개를 뜯었다. 사내가 준 천을 풀어보니 역질로 죽은 시체의 팔뚝이 모습을 드러냈다. 갑이 정순붕의 베개에 그것을 넣고는 도로 방을 나섰다. 그날로부터 정순붕이 시름시름 앓기 시작하더니 급속도로 위급해졌다. 열이 끓고 온몸에 반점이 돋기 시작했다. 누가 보아도 역질이었다. 역질은 곧 죽음을 의미했다.

집안사람들조차도 정순붕 곁으로 가기를 피했다. 그렇게 정순붕은 역질에 걸려 죽고 말았다. 장사를 치르기 위해 정순붕의 침소를 정리하다 베개에서 역질에 걸린 팔이 나왔다. 정순붕의 부인이 갑을 의심하며 잡아들였다.

"네년이렸다? 대감마님의 은혜도 모르고 꾐을 그렇게 받더니 무엇이 두려워 이런 짓거리를 한 것이더냐?"

갑이 부인을 보며 웃었다.

"너희가 우리 주인님을 죽였으니 곧 나의 원수이다. 처음부터 죽이려 하였으나 사정이 여의치 않아 오늘에서야 죽으니, 이제 내 일은 끝이 났다. 자! 어서 나를 죽여라."

갑은 그 자리에서 목이 베어 죽었다.

* 출처:《연려실기술》제11권 명종조 고사본말 명종조의 상신 중 정순붕 편

금년이 죽을 날이거늘,
어찌해서 명이 아직도 붙어 있단 말인가

상진
1493~1564

살금살금 걸음걸이가 조심스러운 걸 보니 밤손님이 찾아온 듯했다. 상진(尙震)이 잠이 든 척 시치미를 떼고는 잠자리에서 꿈쩍도 하지 않았다. 방으로 몰래 숨어든 도둑은 이것저것을 훔치는 것 같았다. 그런데 연기를 하고 있던 상진이 재채기를 하고 말았다.

"엣취!"

도둑이 외려 놀라며 말을 더듬었다.

"깨, 깼소?"

"아이고, 미안하네. 그런데 잠시만 있어보시게."

상진이 몸을 일으켰다. 도둑은 어찌할 바를 몰라 허둥지둥댔다. 상진은 영의정에 있다가 관직에서 물러난 노인이었다. 도둑이 상진을 보며 협박했다.

"소, 소리를 지르면 큰일 날 줄 아시오."

"재채기만 나지 않았어도 조용히 갈 걸음을 이리 잡아놔서 미안하이. 주리고 떨면서 쪼들리다가, 어찌 쉬운 걸음이었겠나. 그것들은 그냥 가져가거라."

도둑이 생뚱맞은 몸짓이 되었다. 그냥 가져가라니. 상진이 다시 말했다.

"혹여 배가 또 고프고 춥고 하거든 내게 와서 고하되, 다시는 이런 일은 하지 말았으면 좋겠구나. 어서, 어서 가거라. 아랫것들이 움직이면 골이 아플 것이야."

참 희한한 재상을 다 본 도둑이었다. 도둑은 훔친 물건을 안고 떠나면서도 영 찝찝했다. 상진이 그 모습을 보며 웃고 말았다.

다음 날, 상진이 자신의 초상에 쓰일 물품들을 또 한 번 단속했다.

"참 이상한 일일세. 죽을 때가 되었건만 어찌 죽지 않는 것인가."

상진이 혼잣말을 해대고 있으니 손님이 들었다. 점 잘 치기로 유명한 홍계관(洪繼灌)이었다. 상진이 반갑게 맞이했다.

"아이고, 어서 오시게. 그렇지 않아도 내 궁금한 것이 있어 한번 찾을까도 했지만 자네가 호남에 가 있으니 이리 하루하루 마음만 조리고 있었네."

홍계관도 상진을 보며 심각한 낯빛이 되었다.

"소인 또한 호남에 있으면서 서울에서 오는 손님이 있으면 꼭 정승의 안부를 물었는데, 참 별일입니다."

"우리의 대화가 참으로 웃긴 것이 아닌가? 더 살고 싶어 발버둥 치는 것이 인간일진대 어찌해서 우리는 죽을 날을 이다지도 기다린단 말인가. 하하하!"

"하하, 그러게나 말입니다."

일찍이 상진이 홍계관에게 점을 보았다. 상진의 길흉화복을 모두 맞추니 조금도 어긋난 것이 없었다. 홍계관은 상진의 죽을 해까지도 알려주었다. 그리해서 초상 준비까지 모두 끝낸 상태였다.

상진이 물었다.

"한데, 어찌 자네의 점이 어긋났단 말인가? 금년으로 내 명이 다 된 줄로만 알고 이리 기다렸건만."

홍계관이 골똘히 생각에 잠겼다가 말을 받았다.

"대감의 사주로 본다면 제 점이 틀리지 않사오나, 예전 음덕[8]으로 수명을 연장한 이가 있긴 합니다. 잘 생각을 해보십시오. 혹 그러한 일이 있었는지요?"

"음덕이라…. 자네가 알다시피 도둑님이 오시면 내 다 내어주긴 하였지. 그러나 그건 음덕이 아니라 그자의 사정이 딱하여 그저 내어놓았네만."

홍계관이 상진의 몸짓을 예의주시했다. 무언가 골똘히 생각해내려는 모습이 있었다. 상진이 불현듯 옛일이 떠올랐다.

"내 수찬으로 있을 당시 일이 하나 있긴 하네만."

"말씀을 해보시지요."

"퇴근하고 집으로 돌아오는 길에 붉은 보자기 하나가 떨어져 있었지. 그걸 주워보니 순금으로 된 잔 한 쌍이 들어 있었네. 다음 날 대궐 문 앞에 방을 붙였지. 아무 날 물건을 잃어버린 자는 나를 찾아오라

8　蔭德. 남이 모르게 적선하는 것

고. 이튿날 한 사람이 와서 자기는 대전 수라간 별감이라고 하더군. 아들과 손자의 혼인이 있어 몰래 주방에 있는 금잔을 빌려 내왔다가 잃어버려서 죽을 날만 기다리고 있다고 하였지. 그래서 물건을 내보이니 맞는다고 하더군. 하여 주었네. 그 기억밖에는 달리…."

"감축드립니다."

상진이 홍계관을 보았다. 눈빛이 무슨 소리냐며 묻고 있었다.

"대감마님의 수명이 연장된 것은 그것 때문입니다. 한 사람의 목숨을 살렸으니, 아니 한 집안을 살렸으니 어찌 염라대왕께서 대감마님의 목숨을 그저 거두어가겠습니까?"

"하면 이제 내가 언제 죽겠는가? 자네는 나의 집안일을 모두 맞히지 않나?"

"소인이 귀신을 모시고 길흉화복을 점치지만 염라대왕의 일까지 어찌 맞히오리까. 그리 짧지는 않을 것입니다."

상진은 그로부터 15년을 더 살았다.

* 출처: 《연려실기술》 제11권 명종조 고사본말 명종조의 상신 중 상진 편

7세에 처음으로
살인을 저지르다

정여립
1546~1589

　정여립(鄭汝立)의 나이 7세였다. 나무 높은 곳에 둥지를 치고 까치가 알을 낳아 품었는데, 정여립이 친구들과 함께 새끼 까치 하나를 잡아냈다.

　"잘 봐. 이놈을 어떻게 요리하는지."

　정여립이 새끼 까치를 손바닥에 올려놓고는 거드름을 피웠다.

　"불쌍해. 그러지 말고 놓아주자, 응?"

　한 아이가 말했다.

　"이게 얼마나 재미난 놀이인데. 싫으면 넌 빠져."

　사내아이들은 눈을 반짝이며 정여립의 행동을 주시했다. 정여립이 까치를 바닥에 내려놓았다. 아직 털이 다 자라지 못한 까치의 배는 숨을 쉴 때마다 연분홍빛 살결을 드러냈다.

"삐! 까악!"

새끼 까치의 외마디 비명이었다. 정여립이 새끼 까치의 다리를 꺾어 부러뜨린 것이었다. 날개가 파닥거리며 통증을 대신했다. 정여립이 사내아이들을 훑어보았다. 그의 얼굴에는 잔인한 미소가 흡족하게 매달려 있었다.

"삐, 삐!"

새끼 까치의 울음소리가 이번엔 더 크게 울렸다. 정여립이 날개 죽지를 꺾었다. 새끼 까치는 한쪽 날개를 바동거리며 헤엄치듯 먼지를 일으켰다.

"하하, 하하하!"

아이들이 그 모습을 보며 웃었다. 정여립은 더욱 신이 났다. 정여립은 나머지 날개 하나마저도 찢어놓았다. 핏물이 떨어졌다. 새끼 까치는 나오지도 않는 신음을 내뱉듯 주둥이만을 간헐적으로 움직였다.

"윽!"

한 아이가 인상을 찌푸렸다. 정여립은 까치의 주둥이마저 돌로 부숴버렸다. 주둥이만 그렇게 한 게 아니었다. 까치의 머리부터 발끝까지 뼈를 부러뜨리고 살을 찢어놓았다.

아이들이 모여 있는 광경이 예사롭지 않아 아버지 정희증(鄭希曾)이 다가갔다. 정희증은 잔혹한 장면에 입을 떡 벌렸다.

"대체 누가 이런 짓거리를 한 것이야, 누가!"

사내아이들이 주춤 물러섰다. 그 속에 섞여 있던 정여립도 마찬가지였다.

"어미와 떨어져 그마저도 세상 두려웠을 이 자그마한 새끼를, 그런 새끼를 돌보아주어도 모자랄 판국에 어찌하여 이런 악독한 짓을 한 것이야. 누구냐?"

모두 슬그머니 정여립을 곁눈질했다. 정희증이 한 번 더 재촉했다.

"어허! 누구의 짓이더냐?"

"도, 도련님께서….."

계집종 하나가 말을 더듬으며 대꾸했다. 정희증의 눈이 매섭게 정여립을 향했다. 처음 정여립을 잉태했을 때도, 저 아이를 낳던 날도 정희증은 정중부(鄭仲夫)의 꿈을 꾸었었다. 정중부는 고려 시대 무신정변을 일으킨 주모자였다. 친구들이 와서 아들을 낳았다고 축하할 때도 정희증은 정중부의 꿈으로 인해 크게 기뻐할 수가 없었다.

"당장 따라오너라."

정희증이 정여립에게 소리쳤다. 정여립이 정희증과 함께 사랑채로 들었다. 얇은 회초리가 몇 개나 부러졌는지 몰랐다. 정여립의 종아리는 핏물에 진물까지 고였다.

"한낱 미물도 생명이 있거늘, 인간과 어찌 다를쏘냐. 너의 그 잔혹한 성미를 고치지 않는다면 끝내 화를 부를 것이야."

정희증이 정여립을 홀로 두고는 사랑채를 나섰다. 눈물과 콧물이 범벅이 된 정여립의 눈빛만은 여전히 매섭게 어딘가를 노려보고 있었다.

그날 밤 정희증에게 사실을 고한 계집종의 어미와 아비가 방아를 찧기 위해 집을 나섰다. 그들을 염탐하던 정여립이 계집종의 방으로 들어갔다. 잠이 들려던 계집아이가 화들짝 놀라며 상체를 일으켰다.

"도, 도련님."

"네년이 감히 나를 이렇게 만들었겠다? 어디 네년도 죽어봐. 죽어, 죽어!"

정여립이 고함을 내지르며 계집아이에게 칼을 휘둘렀다. 계집아이는 소리조차 지르지 못한 채 배에 칼을 맞고는 그 자리에서 죽었다. 계집아이의 부모가 돌아와 방을 열어보니 온 바닥이 시커먼 피로 흥건했다. 딸아이는 이미 차갑게 굳은 뒤였다.

"아이고, 아이고…."

자지러지는 비명에 집안사람들이 모여들었다. 통곡 소리에 놀란 이웃 사람들도 몰려들었다. 그때 어두운 곳에 서 있던 정여립이 모습을 드러냈다.

"내가 죽였다. 그러니 그리 알아라. 이년은 분명 죽을 짓을 하였다."

정여립이 피 묻은 옷자락을 휘날리며 방을 빠져나갔다. 지켜보던 이들이 모두 혀를 내둘렀다. 사람들을 헤치며 지나가는 정여립은 전혀 기가 꺾이지 않은 모습이었다. 사람들이 정여립을 보며 속닥거렸다.

"악장군(惡將軍)이 났어, 악장군이."

훗날 정여립은 선조 대에 난을 일으켜 죽었다.

* 출처:《연려실기술》제14권 선조조 고사본말 기축년 정여립의 옥사 편

사람이
사람을 잡아먹다

임진왜란
1592~1598

"어머니, 배가 고파요. 배가 너무 고파요."

어린아이를 끌어안고 어미가 울었다. 배가 고프다고 우는 아이를 보고 있는 어미의 억장은 무너졌다. 이미 산 중의 풀잎과 소나무, 느릅나무의 껍질, 뿌리 등은 진즉에 동이 났다.

"잠시만 기다려보아라. 어미가 얼른 가서 먹을 것을 구해 오마. 문을 열고 나와서는 절대로 안 돼. 어미 말 알아들었지?"

아이가 눈물범벅이 된 채 고개를 끄덕였다. 아이의 손은 어미의 치맛자락을 꼭 붙잡고는 놓지 못했다. 아이의 손을 어미가 치맛자락에서 겨우 떼어냈다.

"괜찮아. 어미가 꼭 먹을 것을 구해서 올 것이야. 그러니 명심해. 문을 열고 나와서도, 문을 열어주어서도 아니 돼. 알았지?"

아이의 어미가 비장한 낯빛으로 문을 열고 나섰다. 사방은 이미 어둠에 묻혀 캄캄했다. 그런 여인의 손에는 부엌칼이 들려 있었다. 여차하면 누구라도 찌를 기세였다. 낮 동안 보아놓은 시체를 떠올렸다. 죽은 지 얼마 되지 않은 시체였다. 이제 더는 배고픔을 참지도, 견디지도 못했다. 이미 인육을 먹는 이들은 사방에 즐비했다. 그조차도 먹지 않으면 그야말로 배가 고파 죽었다. 낮엔 아이와 아녀자들은 돌아다닐 수도 없었다. 건장한 사내들이 많았고, 건장한 사내가 아니더라도 허기를 달래지 못해 이미 인간이 아닌 자들도 많았다. 모두 아이들을 잡아다가 먹었다. 아녀자들도 잡아다가 먹었다.

아이의 어미가 어둠을 더듬어 보아두었던 시체로 향했다.

"으흑, 으흐흑!"

여인이 그만 바닥에 엎드려 흐느끼고 말았다. 큰 결심을 하고 나섰건만 낮에 보아두었던 시체는 이미 뼈만 남아 있을 뿐이었다. 그 옆으로 한 늙은이가 죽어 있었는데, 늙은이의 손에는 살이 발려진 시체의 뼈가 들린 채였다. 배고픔을 이겨내지 못해 살이 발린 생뼈를 빨아 먹은 모양이었다. 늙은이 또한 뼈만이 앙상한 채 흡사 살을 도려낸 해골과도 같았다.

"아니야, 아니야. 내 새끼가 죽어가고 있어. 나는 할 수 있어."

여인이 미친 듯이 늙은이의 바지를 벗겼다. 노인의 허벅지도 가죽만이 붙은 채 앙상했다. 여인이 칼을 들었다.

"으, 으…"

여인이 놀라 칼을 떨어뜨렸다. 노인이 살아 있었다. 노인의 손이 여인의 옷을 붙잡으려다 다시 힘없이 떨어졌다. 여인이 칼을 도로 주워서는 노인의 허벅지 살을 급히 발라내기 시작했다. 노인은 어떤 미동도 없었다. 귀신에 홀린 듯 가죽만을 벗겨낸 여인이 재빨리 자리를 떠났다. 더 머물다가 누군가에게 들키는 날이면 자신의 목숨이 위태로웠다.

부엌에 들어가 불을 지핀 여인의 얼굴은 참담했다. 웃고 있는 것인지, 울고 있는 것인지도 알 수 없었다. 그것도 고기라고 물이 끓자 냄새가 피어올랐다.

인육을 삶아 방으로 들어갔다. 아이가 가죽에 붙은 작은 살점을 뜯기 시작했다. 여인은 꾸역꾸역 올라오려는 구역질을 겨우 참아냈다.

"어머니, 고기가 어디서 났습니까? 너무 맛있습니다."

"나, 낮에… 개새끼 한 마리가, 우욱!"

아이의 어미가 헛구역질을 해대다 가슴을 치며 겨우 말을 이었다.

"개새끼 한 마리가 죽어 있는 걸 보았지. 이미 다른 이들이 다 가져가고 이리 껍질만 남았더구나."

아이가 고기를 내려놓았다. 서글픈 표정이 되었다.

"그 강아지가 불쌍하여 어머니는 드시지 않는 것입니까?"

"아니, 아니다. 그 강아지가 너의 목숨을 살렸으니 기뻐서 그런 것이다. 마저 먹어라."

아이의 어미가 뒤돌아 앉았다. 자꾸만 입에 침이 고였다. 등을 돌리고 있지 않으면 이성을 잃을 것 같았다.

너무한 세상이었다. 시체는 쌓여가고, 그 시체를 사람들이 먹었다. 그 시체를 먹다가 돌아서면서도 기운이 없어 죽어갔다. 보석은 있어도 팔 수가 없었다. 오직 먹을거리만이 전부인 세상이었다.

며칠 전 명나라 병사 하나가 술에 취해서 배불러 먹은 것들을 모두 게워내었다. 굶주린 이들이 너나없이 달려들어 토사물을 주워 먹고 핥아 먹었다. 힘이 없어 주워 먹지 못한 이들은 뒤에서 울 뿐이었다.

아이의 엄마가 문고리에 숟가락을 꽂으며 자물쇠를 대신했다. 아이가 말했다.

"내일도 밖으로 나가지 못하는 것입니까?"

"전쟁이 너무 오래가니 호랑이가 내려와 사람들을 잡아먹는다고 하질 않니? 그러니 조심해야지. 또 왜놈이 언제 쳐들어올지 모르니 꼭꼭 숨어 있어야 해."

"하면 내일도 굶는 것입니까?"

"어미가 또 밤에 나가볼 테야. 하니, 너는 걱정하지 말아라."

* 출처: 《연려실기술》 제17권 선조조 고사본말 난중(亂中)의 시사(時事) 총록(摠錄)

적의 머리를 베어 오면
과거시험을 허락하고 벼슬을 줄 것이야

임진왜란

나라에서 활쏘기 시합을 벌여 다섯 번에 한 번을 맞히면 전쟁에 참여할 수 있는 기회를 주었다. 기회를 얻은 이들 중에 전쟁에서 왜군의 머리를 베어 오는 자는 과거시험까지 볼 수 있는 영광이 주어졌다. 사람들은 그것을 두고 '머리 벤 급제'라고 불렀다.

"천한 놈이 글을 알아야 과거시험을 볼 것이 아닌가. 그나마 글을 아는 놈이라면 천운이 따르는 것이지. 내 참, 더러워서."

"그러니 있는 놈들만, 배운 놈들만 아직도 좋은 세상이 아닌가 이 말일세."

사내 둘이 나라 욕을 하며 바닥에 침을 뱉었다. 침이라도 뱉지 않는다면 구역질을 참아내기 힘든 일을 사내들은 하고 있었다.

그때 그들 사이로 한 사내가 다가왔다. 목 잘린 머리를 들고 온 사내가 투덜거렸다.

"이건 죽은 지 너무 오래된 거 같지? 이제 이마저도 찾기가 쉽지 않아. 너도나도 목을 베고 있으니, 원."

사내가 내려놓은 머리는 이미 눈이 꺼져 죽은 지 꽤 지난 것이었다.

"이제 별수가 없군. 죽어가는 놈들 머리라도 베어야지."

사내들은 앉아서 목이 잘린 머리의 머리카락을 밀어냈다. 그들이 들고 있는 머리는 일본인의 것이 아니었다. 같은 민족인, 이웃의 또는 옆 동네에서 죽은 조선인의 것이었다. 왜적의 목을 걸고 나라에서 벼슬을 준다 하였더니 굶주린 백성 중에 머리를 보존하는 이가 없을 정도였다.

"아이고, 내가 죽인 것도 아니건만 어찌해서 머리칼이 이리도 안 벗겨지냐고. 억울해서 이러는 것이오? 그러기에 어찌 죽었소. 죽은 것은 억울하지만 그 덕에 우린 엽전이나 좀 만져보자굽쇼."

사내가 잘린 목을 보며 언짢게 말했다. 옆 사내가 말을 받았다.

"어허! 성을 낼 곳에 성을 내. 이 사람 덕에 한 푼이라도 더 벌게 되었으니 부모님 모시듯 조심히 다뤄야지."

"이 짓도 더는 못 해먹겠어."

"안 하면 입에 풀칠은 어찌하고? 그래도 돈 있는 놈들이 이 머리통들을 사들이는 바람에 몇 푼이라도 벌어서 다행이지."

"세상이 이 지경이 되었는데도 바뀌는 것이 하나 없으니. 예나 지금이나 돈 있는 놈들만 똑같이 잘사는 세상 아닌가. 에잇, 퉤! 퉤!"

돈이 있는 자들은 왜적의 머리를 사서 나라에 바쳤다. 그러고는 벼슬을 얻었다. 그래서 시체나, 그도 모자라면 살아 있는 자들의 머리를 잘라서는 머리털을 밀어 왜적의 수급을 만들고 있었다.

"오늘은 몇 개나 자르고 밀었는가?"

"여섯 개는 되는구면."

"어느 놈이 사러 올지, 이젠 값도 올려야겠어. 이 머리통으로 1품, 2품의 관직에 오른 이도 있다니 그놈들 곡간이나 털어야지. 그래야 이리 죽은 머리통들도 덜 분할 게 아닌가."

* 출처: 《연려실기술》 제17권 선조조 고사본말 난중의 시사 총록

조선의 뒷담화

부인, 그 몸뚱어리가
나의 벼슬보다 중하단 말이오?

이조낭관과 어느 선비

　　광해군 시절이었다. 인조반정이 일어나기까지 임진왜란을 비롯하여 백성들의 노고는 말이 아니었다. 너도나도 관직을 사기 위해 재산을 내어놓고, 심지어 종이었던 자가 관직을 사서 벼슬을 하기도 했다. 어지러운 난국에 서로들 정권을 잡으려고 고변을 일삼았으며, 벼슬아치들은 그 기회를 이용해서 돈을 벌어들였다.

　　이때 이조낭관(吏曹郎官)으로 있던 자가 줄을 잘 타 세력을 형성했다. 그로 인해 하루아침 벼슬을 얻고, 그로 인해 하루아침 벼슬이 갈리기도 했다.

　　"꼭 이리해야겠습니까?"

　　한 선비의 부인이 걱정스러운 눈길로 말했다. 선비는 한숨을 내쉬었다. 그의 손에는 어렵게 구한 비단이 들려 있었다.

"이렇게라도 해서 벼슬을 구해야 조상님들께 면목이 설 게 아니오? 아무리 천한 기생년이라지만 대가 없이 내 청을 받아주겠소? 다녀오리다."

선비가 집을 나섰다. 이웃에 인물이 아주 좋은 기생이 살았다. 이조낭관이 계집을 좋아한다 해서 둘을 엮어줄 속셈이었다. 둘의 합방만 잘 성사된다면 벼슬 하나쯤이야 어렵지 않았다.

기생을 만나고, 이조낭관과 날까지 잡은 선비가 돌아왔다. 그리고 드디어 운명의 날이 되었다. 기생의 손놀림, 입놀림 하나에 자신의 벼슬길이 달렸다.

선비와 부인이 함께 기생의 집으로 들었다. 마당으로 들어 두리번거렸으나 집은 비어 있었다.

"부인은 어서 부엌으로 들어 주안상을 준비하오. 나는 예서 이조낭관을 기다리겠소."

부인이 주안상을 보기 위해 부엌으로 들었다. 아랫것을 시켜도 될 것인데 기생은 굳이 선비의 부인으로 상을 차리게 했다.

"헛! 흠."

싸리로 엮어 담이 낮음에도 이조낭관은 괜한 헛기침으로 자신의 존재를 알렸다. 선비가 얼른 뛰어나가 맞았다.

"오시느라 애쓰셨습니다. 어서 안으로 드시지요. 주안상부터 올리겠습니다."

이조낭관이 방으로 들었다. 선비는 애가 탔다. 기생년은 어디로 사라진 것인지 아직도 돌아오지 않았다.

선비가 주안상을 들고는 방으로 들었다.

"이조낭관께 잘 보이려고 치장에 열을 올리고 있으니 한잔 받으시고 편히 계십시오."

선비가 술을 올렸다. 이조낭관이 술잔을 받았는데 영 기분이 못마땅해 보였다. 선비가 마당으로 다시 나왔다. 이리 갔다, 저리 갔다 불안한 심정이 발길에 고스란히 전해졌다. 어둠이 깔리는데도 기생의 행방은 여전히 오리무중이었다.

애가 탄 선비가 부엌으로 급히 들었다.

"부인!"

"예, 서방님!"

잠시 시간을 지체했던 선비가 이내 말을 꺼냈다.

"내가 지금 이조낭관에게 잘못 보이면 종신토록 벼슬은 얻지 못할 것이오."

부인이 고개를 떨궜다. 기생이 어서 빨리 돌아오지 않는다면 남편의 말은 현실이 될 터였다. 선비가 말했다.

"부인이 방으로 들어가 이조낭관을⋯."

"예?"

부인의 눈이 휘둥그레졌다. 이미 그녀의 손은 저고리 고름을 꽉 움켜쥐었다.

"이대로 변명을 하자면 신용을 잃는 것이오. 밤이 어두워 아무도 모를 것이니, 부탁이오. 부인, 참으로 부탁하오."

"신첩을 보고 지금 지조를 팔라는 것입니까?"

부인의 눈에는 눈물이 벌써 떨어지기 시작했다. 선비가 부인의 손을 붙잡았다.

"이미 나와 사랑을 나누고, 마음을 나누지 않았소? 지아비를 위하여 그것도 못 해준단 말이오?"

"이것이, 칠거지악을 익힌 신첩에게 하실 말입니까?"

부인이 흐느꼈다.

"순결은 이미 나에게 바친 것인데, 나는 억울할 것도 없소이다. 하니 부탁이외다, 부탁이오."

선비는 자신의 부인을 부엌에서 억지로 끌어냈다.

"이조낭관께 아룁니다. 아리따운 여인께서 이제야 얼굴을 뵙니다."

선비가 자신의 부인을 억지로 방에 밀어 넣었다. 이조낭관은 허겁지겁 덮치려 했다. 그때 부인이 가슴에서 은장도를 꺼냈다.

"나는 나의 의도와는 상관없이 들어왔습니다. 저를 죽이십시오. 차라리 저를 죽이고 가십시오."

이조낭관이 괘씸하여 소리쳤다.

"이런 미친년을 보았나. 한낱 몸이나 파는 년이 지금 무어라?"

"으흐흑! 서방님을 위해서라면 무엇이든 못 하겠습니까? 하오나, 이리 몸을 더럽히지는 못하겠습니다. 저는 이 집에 기거하는 기생이 아닙니다. 기생이 아니옵고… 으흐흑!"

이조낭관이 방에서 뛰쳐나왔다. 그러고는 뒤도 돌아보지 않고 대문을 넘었다. 선비는 영영 벼슬을 하지 못했다.

* 출처:《연려실기술》제21권 폐주 광해군 고사본말(廢主光海君故事本末) 광해군의 난정(亂政)

계집종이
박팽년의 집안을 살리다

박팽년
1417~1456

박팽년(朴彭年)과 하위지(河緯地), 성삼문(成三問), 이개(李塏), 유응부(兪應孚)가 의금부에 하옥되었다. 이들은 단종을 복위시키려고 기회를 엿보다가 김질(金礩)과 그의 장인인 정창손(鄭昌孫)이 배신하면서 거사가 실패로 돌아갔다. 계획이 수포로 돌아갔다는 소식을 접한 유성원(柳誠源)은 집에서 스스로 목을 찔러 자결했다.

세조가 김질을 시켜 이들을 찾아가게 했다. 배신한 놈들이긴 하나 그 재주가 아까워 거둘 수 있는 인재는 살리고 싶은 마음도 있었다. 하여 김질로 하여금 태종이 정몽주에게 그랬듯 〈하여가〉를 불러보게 한 것이었다.

"네놈이 어찌 모습을 보이는가? 그러고도 네놈이 사람이더냐?"

김질을 본 박팽년 등이 분개했다. 김질이 미안한 듯 고개를 아래로 떨어트렸다.

"미안하네, 실로 미안하네. 하나, 나는 살고 싶었네. 살고 싶지 않은 사람이 어디에 있던가?"

박팽년이 김질의 멱살이라도 잡을 기세였다.

"하면 그저 조용히 입을 막고 있을 것이지. 어찌하여 일을 이 지경까지 만든 것이야?"

김질은 한참 동안 말없이 고개만 숙인 채 이들 앞에서 무릎을 꿇었다.

"돌아가게나."

감정이 제법 누그러진 채로 박팽년이 말했다.

"곧 먼 길 갈 벗들이 아닌가. 술 한잔이라도 받고 가시게."

김질이 모두에게 술잔을 돌리며 회유에 나섰다.

"잘못을 뉘우치고 우리 모두 살면 아니 되겠는가? 전하께서 자네들이 마음만 돌리면 이 일을 덮으시겠다 하였네."

성삼문이 버럭 소리를 질렀다.

"대체 누가 우리의 전하란 말인가? 우리의 전하는 영월에 계시는 단종뿐일세."

박팽년이 성삼문의 소리에 웃으며 단가 하나를 외웠다.

"금생여수[9]라 한들 물마다 금이 나며, 옥출곤강[10]이라 한들 뫼마다 옥이 나랴. 아무리 여필종부[11]라 한들 임마다 좇을쏘냐."

---

9   金生麗水. 금은 중국의 여수에서 많이 난다는 말
10   玉出崑岡. 옥(玉)은 곤강(崑岡)에서 남
11   女必從夫. 아내는 반드시 남편(男便)의 뜻을 좇아야 한다는 말

하옥된 이들이 모두 고개를 끄덕였다. 절대로 두 임금은 모시지 않겠다는 박팽년의 굳은 의지가 담긴 시였다. 김질이 술잔을 내밀었다.

"천금을 얻어서 천수를 누리시다 오시게."

박팽년이 술잔을 받아들고는 조롱했다. 술잔을 시원하게 들이키고는 박팽년이 등을 돌렸다.

다음 날 박팽년이 수레에 실려 의금부를 나섰다. 죄인을 구경하러 나온 사람들로 거리는 발 디딜 틈이 없었다. 박팽년이 그들을 향해 소리쳤다.

"너희는 나를 난신[12]이라고 생각하지 말라. 우리들의 죽음은 계유정난에 죽은 사람들과 같지 않다. 그들은 자신들만의 이익을 위해 싸웠지만 우리는, 우리의 왕을 위해 목숨을 던진 것이다."

형을 위해 따라나섰던 금부랑 김명중이 사사로이 박팽년에게 물었다. 진실로 눈물이 맺혀 있었다.

"공은 어찌 전하께 불충하여 이런 화를 스스로 당하려고 하는가."

"나는 괜찮네. 나라의 중심이 마음에 들지 않는데 어찌 진심이 가겠는가? 잘 지내시게."

그때 박팽년의 부인이 사람들을 뚫고 다가왔다.

"대감, 대감!"

"부인께 송구하여 어찌합니까? 평생을 관비로 살아야 할 것을. 내 부인께 지은 죄는 훗날 꼭 갚겠소. 하고, 며늘아기가 회임 중인데 그것이 큰일입니다. 그래도 할아비라 손주 걱정은 되나 보오. 태어나보지도

---

12 亂臣. 나라를 어지럽히는 신하

못한 그 아이를, 그 아이를….”

박팽년이 부인의 손을 두어 번 도탑게 두드리고는 놓았다. 수레가 다시금 출발했다.

박팽년은 목이 베였다. 베인 목은 창에 꽂혀 저잣거리에서 구경거리가 되었다. 곧 박팽년의 집안사람들, 자식들도 모두 죽음을 면치 못할 것이었다. 아녀자는 모두 관노가 될 운명이었다.

관청에서 사람들이 박팽년의 집으로 들이닥쳤다. 아들들은 모두 잡혀가고 아녀자들만이 마당으로 끌려 나왔다. 박팽년의 아들 순(珣)의 아내 이씨는 회임 중이었다.

“박순의 아내 이씨는 대구로 간다. 지금 임신 중이니 만일 아들을 낳으면 바로 죽일 것이고, 여식을 낳으면 관비가 될 것이다.”

이씨의 아비가 대구의 현감 이일근(李軼根)이었다. 이에 이씨가 대구로 자청했는데 다행히 그곳으로 가게 되었다. 이씨가 부른 배를 감쌌다. 벌써부터 오열이 터질 것만 같았다. 아들이면 곧바로 죽을 것이요, 여식이면 평생을 관비로 살아야 할 운명.

그때 이씨의 옆으로 여종 하나가 다가왔다.

“아씨는 아무 걱정도 마십시오. 쇤네가 아씨를 모시고 가겠습니다. 아씨가 딸을 낳으면 다행이지만, 혹 아들을 낳더라도 제가 낳은 자식으로 대신하고 제 새끼를 죽이겠습니다.”

여종도 마침 임신 중으로 이씨와 출산일이 비슷했다. 대구로 관비가 되어 간 이씨는 아들을 출산했다. 그때 여종은 여자아이를 낳았는데 이씨와 아이를 바꾸었다. 이씨가 여종의 여식을 안고는 말했다.

“너의 이름은 이제 박비(朴婢)이니라. 미안하구나. 이름을 이리 지어줄 수밖에 없어서.”

'비'는 계집종이란 뜻이었다.

세월이 흘러 성종이 왕이 되었다. 박팽년의 손자도 여종의 아들로 장성했다. 이때에 박순의 동서 이극균(李克均)이 대구의 감사로 오게 되었다. 이극균이 이씨의 행방을 수소문해 박팽년의 손자이자, 박순의 아들과 마주했다. 이극균이 눈물을 훔치며 말했다.

"잘 컸구나. 잘 커주었어. 이제 네가 이렇게 장성하였으니 너의 존재를 조정에 알려야겠다. 이미 모두가 신원이 회복되었다. 전하께서는 그때 죽임을 당한 사육신의 후손을 벼슬에 오를 수 있게끔 하시었다. 나와 함께 가자."

박팽년의 손자는 이름을 박일산(朴壹珊)으로 고쳤다. 믿음직한 여종 하나로 박팽년의 대는 다행히도 끊어지지 않았다. 지금 박동지(朴同知) 충후(忠後)가 그의 자손이다.

* 출처:《연려실기술》제4권 단종조 고사본말 정난에 죽은 여러 신하 중 박팽년 편

조선의 뒷담화

© 2022

1판 1쇄 2022년 3월 10일
1판 2쇄 2023년 6월 1일
ISBN 979-11-87400-62-2 (03910)

지은이. 김경민
펴낸이. 조윤지
P   R. 유환민
편   집. 박지선
디자인. studio forb

펴낸곳. 책비
출판등록. 제215-92-69299호
주   소. 13591 경기도 성남시 분당구 황새울로 342번길 21 6F
전   화. 031-707-3536
팩   스. 031-624-3539
이메일. readerb@naver.com
블로그. blog.naver.com/readerb

'책비' 페이스북
www.FB.com/TheReaderPress

책비(TheReaderPress)는 여러분의 기발한 아이디어와 양질의 원고를 설레는 마음으로 기다립니다.
출간을 원하는 원고의 구체적인 기획안과 연락처를 기재해 투고해 주세요.
다양한 아이디어와 실력을 갖춘 필자와 기획자 여러분에게 책비의 문은 언제나 열려 있습니다.
readerb@naver.com